戴菁 著

个人发展的法理探究

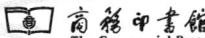

前 言

发展,是人类社会的永恒主题。发展权作为一项新型的人权被确认,以1986年联合国《发展权利宣言》的通过为标志。

1986年12月4日,联合国大会通过了《发展权利宣言》。该宣言第1条指出:"发展权利是一项不可剥夺的人权,由于这种权利,每个人和所有各国人民均有权参与、促进并享受经济、社会、文化和政治发展,在这种发展中,所有人权和基本自由都能获得充分实现。"发展权突破了传统意义上西方国家的人权观,是继民族自决权之后又一次以集体形式出现的人权,在人权事业的发展中具有里程碑的意义。发展权既是一项集体人权,又是一项个人人权,尽管其"每个人和所有各国人民"的双重主体观念已经为国际法律文件所载明,并成为有章可循的文本依据,但是在国际实践中的争议并未因此而完全停止。

作为一项新型的人权,在人权研究中,发展权的理论研究相对薄弱。发展权理论应当是一个完整的理论,既包括集体权利理论也包括个人权利理论,既包括集体发展权理论也包括个人发展权理论。在发展权研究中,我国学者主要从集体发展权的角度来进行学术研究,个人发展权的研究则更为薄弱。个人发展权的概念是什么?权利主体是什么?义务主体是什么?它的实现有哪些障碍?对这些最基本问题的研究尚付阙如,但它们对于个人发展权的研究来说,都是重大的问题和全新的课题,亟待推进相关的理论研究及创新。本书旨在对这些基本而重大的问题做初步的探讨,以期引起学界对个人发展权问题的重视与研究。除导论外,本书一共分为七章。

第一章主要介绍个人发展权的由来与研究意义。发展权是在世界格局变化、人权事业发展以及人对发展的理论认知等各种因素的推动下产生的,是历史发展的必然产物。本书认为,就发展权理论乃至整个人权理论来讲,有关个人发展权的研究具有十分重要的理论意义与实践意义。因为每一个国家的发展问题,尤其是发展权利实现与否的最后结果,都是归属于特定国家的每一个公民的。同时对于饱受西方人权攻击的中国来说,开展个人发展权的研究还是争取国际话语权的重要方面与实际行动,具有独特的价值。必须指出的是,我们所说的个人发展权,与西方的个人主义有着根本的不同。我们所强调的个人发展权,与西方的人权观有着不同的文化基础,我们坚持以马克思主义和人类命运共同体理念为指导,坚持个人人权与集体人权的统一。

第二章主要阐述个人发展权研究的思想指导,即以马克思主义为指导。虽然由于时代的原因,马克思和恩格斯本人没有直接研究或者论述过个人发展权的问题,但是他们对于人的发展包括个人发展都有许多精彩的论述,对于权利也有许多深刻的认知。所有这些对于我们今天进行个人发展权研究依然具有重要的政治意义与学术意义。可以说,个人及其发展是马克思主义的关注焦点,个人发展是马克思主义的重要目标,研究个人发展权理论是研究共产主义理论的必然要求。

第三章主要论述了个人发展权的内容。个人发展权的内容极其丰富,实际上它是个人发展方面的法律权利的结合体或者总和。它是一项综合性的权利,至少应当包括个人在政治、经济、文化和社会方面的发展权利。传统法学著作的论述或者既有法律制度的规定,都是从国家与社会角度来表达个人发展权的。本书试图从个人的视角,对这些既有的权利做出新的观测,期待能为个人发展权的研究提供一些与既有法学著作和既有法律制度不完全相同的见解,以推动个人发展权理论的发展。

第四章主要研究了个人发展权的主体。个人发展权的实现，取决于多种因素。就权利主体来说，个人作为个人发展权的主体，其发展权的实现受到阶层、性别、能力、年龄等各方面因素的影响。就义务主体来说，国家作为个人发展权的首要义务主体，可以为个人发展权的实现创造制度环境，提供制度保障。在具体的法律关系中，个人发展权的义务主体往往是具体的个人，个人是普遍的义务主体。群体和社会机构几乎涵盖了人们从事共同活动的一切社会组织，它包括政治组织、经济组织、文化组织以及为了实现特定目的而有意识组合起来的其他社会群体等。群体和社会机构是特殊的义务主体。

第五章主要研究了实现个人发展权的障碍因素。人的全面发展是每个人追求的应然目标，每个人享有充分的发展权是现代文明社会发展的最高诉求。但是，从实然层面上来说，个人发展权的实现与否及实现程度受到多种因素的制约。具体来说，个人发展权的实现至少受到个人的素质和能力、相关主体的认知局限、制度不当的不利影响以及非制度性的障碍因素等的约束及限制。从这个意义上说，人的发展权实现的状况和程度是一个理想与现实相互作用的过程与结果，是一个不断推进、不断发展的历史过程。

第六章主要论述了实现个人发展权的法治保障。虽然人权问题不是单纯的法律问题，但是法律始终是人权最稳定、最可靠的保障途径。该章主要从法治运行的过程出发，具体分析了在立法、执法、司法、守法、教育这五个环节中对个人发展权的保障。对于个人发展权的实现来说，立法解决的是有法可依的问题，执法解决的是法律实施的问题，司法解决的是法律执行的问题，守法解决的是法律遵守的问题，教育解决的是法律意识的问题。这五个环节缺一不可，共同为个人发展权的实现提供最稳定、最可靠的保障。

第七章主要讨论了个人发展权的新视野。人权事业是无限发展的事业,个人发展权也必然会随着世界的变化、时代的演进而不断发展。社会发展与人权内容的丰富,为个人发展权营造了更好的增长空间。在当前乃至今后一个较长时期,环境权问题、信息权问题、共同富裕问题、世界全球化发展问题,都为个人发展权的未来提出了新课题,创造了新机遇,开拓了新境界。

目 录

导 论 ·· 1

第一章 个人发展权的由来与研究意义 ·· 13
  第一节 发展权问题提出的历史背景 ·· 13
  第二节 发展权的提出与国际法确认 ·· 17
  第三节 发展权主体上的个人与集体 ·· 22
  第四节 个人发展权的含义及其研究意义 ··································· 29

第二章 个人发展权研究的思想指导 ··· 39
  第一节 个人是马克思主义的关注焦点 ······································ 39
  第二节 个人发展是马克思主义的重要目标 ································· 46
  第三节 个人发展权理论应以马克思主义为指导 ·························· 56

第三章 个人发展权的内容 ·· 62
  第一节 个人发展权是一项综合性权利 ······································ 62
  第二节 个人经济发展权 ·· 64
  第三节 个人政治发展权 ·· 76
  第四节 个人文化发展权 ·· 91
  第五节 个人社会发展权 ·· 98

第四章 个人发展权的主体 ·· 104
  第一节 个人发展权的权利主体 ·· 106

第二节　个人是普遍的义务主体 ………………………………… 120
　　第三节　群体和社会机构是特殊的义务主体 …………………… 126
　　第四节　国家及其政府是重要的义务主体 ……………………… 130

第五章　实现个人发展权的障碍因素 …………………………………… 140
　　第一节　主体自身的素质及能力 ………………………………… 141
　　第二节　相关主体的认知局限 …………………………………… 149
　　第三节　制度不当的不利影响 …………………………………… 154
　　第四节　非制度性的障碍因素 …………………………………… 159

第六章　实现个人发展权的法治保障 …………………………………… 170
　　第一节　立法保障 ………………………………………………… 170
　　第二节　执法保障 ………………………………………………… 180
　　第三节　司法保障 ………………………………………………… 184
　　第四节　守法保障 ………………………………………………… 192
　　第五节　教育保障 ………………………………………………… 198

第七章　个人发展权的新视野 …………………………………………… 206
　　第一节　个人发展权与环境权 …………………………………… 206
　　第二节　个人发展权与信息权 …………………………………… 225
　　第三节　个人发展权与共同富裕 ………………………………… 234
　　第四节　个人发展权与全球化背景下的人权发展 ……………… 242

参考文献 …………………………………………………………………… 258

后　　记 …………………………………………………………………… 268

导　论

一、新中国人权事业的历史发展

尊重和保障人权是中国共产党人的不懈追求。党的百年奋斗史，贯穿着党团结带领人民为争取人权、尊重人权、保障人权、发展人权而进行的不懈努力。回顾中国人权发展道路的历史进程及特点，对于我们更好地推动人权事业的发展具有重要的意义。

（一）颁布第一部人权白皮书，打破人权理论研究的禁区。人权白皮书是由各国政府机构定期或不定期发布的人权报告，其内容主要是对过去一个阶段该国人权事业发展状况的回顾与总结，是全面记录该国人权状况的重要历史资料，具有历史记载和对外传播的功能。20世纪80年代末90年代初，针对当时西方敌对势力的人权攻势，1991年11月1日，我国发布《中国的人权状况》白皮书，这是中国向世界公布的第一份以人权为主题的官方文件，也是中国第一部人权白皮书。

这份约4.5万字的文件包括前言和10个部分，白皮书阐述了中国关于人权问题的基本立场和基本政策，以大量的事实介绍了新中国成立后中国人权状况发生的根本变化。白皮书重点表明了以下三点。第一，将人权的普遍性与中国的历史和现实相结合，提出观察一个国家的人权状况，应当本着从实际出发、实事求是的态度，不能割断该国的历史，不能脱离该国的国情；衡量一个国家的人权状况，不能用一个模式或者某个国家或区域的情况来套。第二,指出中国人权的三个显著特点:广泛性,即享受人权的主体是全体中国公民;公平性,即各项公民权利为全社会的公民平等地享有;真实性,即宪法和法律中规定的各种公民权利,同人们在现实生活中所享受的权利是一致的。第三,坚决反对任何国家利用人权问题推行自己的价值观念、意识形态、政治标准和发展模式,以人权问题为借口干涉别国特别是广大发展中国家的内政。

白皮书的发布具有重要的里程碑意义。对于国内来说,作为首份肯定人权的政府文件,白皮书打破了人权理论研究的禁区,将人权称为"伟大的名词",强调享有充分的人权是"长期以来人类追求的理想"、实现充分人权是中国社会主义所要达到的崇高目标等等,起到了巨大的思想解放作用,有力推动了国内人权理论研究的发展。对于国外来说,白皮书向世界系统阐述了中国真实的人权状况,明确树立起中国的人权观,这对于当时西方敌对势力对我国人权状况的种种攻击和指责,是一种有力的回击,在国际上产生了重要的影响。从此,定期或不定期就中国的人权状况发表白皮书,成为我国人权国际传播的一个重要内容,中国的人权建设由自发走向自觉。

(二)将人权写入党的代表大会公报,使"尊重和保障人权"成为我们党治国理政的重要原则。在革命根据地时期,中国共产党就高度重视对人民权利的保障。1931年11月,在江西瑞金举行了中华苏维埃第一次全国工农兵代表大会,宣布成立中华苏维埃共和国临时中央政府,通过了《中华苏维埃共和国宪法大纲》。该宪法大纲指出:苏维埃全政权是属于工人、农民、红军兵士及一切劳苦民众的。各抗日民主政权先后制定了施政纲领;在各施政纲领确保人权的原则指导下,各根据地相继制定了相应的人权保障条例。1997年9月,中国共产党第十五次代表大会召开,首次将"人权"概念写入党的全国代表大会的主题报告。报告的第六部分"政治体制改革和民主法制建设"明确提出,"共产党执政就是领导和支持人民掌握管理国家的权力,实行民主选举、民主决策、民主管理和民主监督,保证人民依法享有广泛的权利和自由,尊重和保障人权"。人权概念首次被写入党的全国代表大会的正式文件,尊重和保障人权被明确作为中国共产党执政的基本目标纳入党的行动纲领之中,同时"作为政治体制改革和民主法制建设的一个重要主题纳入中国改革开放和现代化建设的跨世纪发展战略之中"①。

2002年,党的十六大报告将"尊重和保障人权"作为政治文明建设的重要目标写入报告,重申在政治建设和政治体制改革中,要"健全民主制度,丰富民主形式,扩大公民有序的政治参与,保证人民实行民主选举、民主决策、民主管理、民主监督,享有广泛的权利和自由,尊重和保障人权"。2007年,根据全面建设小康社会的实际,党的十七大报告强调"尊重和保障人权,依法保证全体社会成员平等参与、平等发展的权利","做到发展是为了人民、发展依靠人民、发展成果由人民共享","努力使全体人民学有所教、劳有所得、病有所医、老有所养、住有所居"。这为新时期人权的全面发展确立了明确的指导方针。同年,党的十七大首次将"尊重和保障人权"写入《中国共产党章程》。2012年,党的十八大把坚持人民主体地位提到了更加突出的地位,强调必须发挥人民的主人翁作用,坚持发展为了人民、发展依靠人民、发展成果由人民共享的根本原则。2017年,党的十九大报告明确提出"加强人权法治保障,保证人民依法享有广泛权利和自由",为全面推进中国人权事业提供了根本遵循。人权写入党的代表大会报告,体现了尊重和保

---

① 董云虎、常健主编:《中国人权建设60年》,江西人民出版社2009年版,第27页。

障人权成为我们党治国理政的重要原则,极大推动了国家人权事业的发展。

(三)人权入宪,将"国家尊重和保障人权"作为宪法的根本原则。2004年3月14日,十届全国人大二次会议通过了第四个宪法修正案,首次将人权的概念写入宪法,增加了"国家尊重和保障人权"的条款。宪法是国家的根本大法,是治国安邦的总章程,是党和人民意志的集中体现。近现代以来,无论是成文宪法国家,还是不成文宪法国家,宪法在一国的法律体系中都具有最高的法律地位。宪法在法律体系中的根本法地位,决定了宪法是其他部门法的法律渊源。我国宪法明确规定:"一切法律、行政法规和地方性法规都不得同宪法相抵触。""一切国家机关和武装力量、各政党和各社会团体、各企业事业组织都必须遵守宪法和法律。""一切违反宪法和法律的行为,必须予以追究。任何组织或者个人都不得有超越宪法和法律的特权。"

对于人权保障来说,宪法是其最根本、最主要的渊源。我国宪法规定:"国家的一切权力属于人民。"这是"主权在民"原则的生动体现。在一个国家的法律体系中,既往的部门法对于人的基本权利的保障往往是"单个的、孤立的,缺少整体性和权威性"[1],而只有从宪法这一层级对人权加以确认和保障,才是范围最广泛、层次最高级、效力最强大的确认和保障。宪法的内容主要是规定国家的根本制度和根本任务,涉及国家社会生活的各个基本方面,但其根本职能在于:一是规范政府的权力,二是保护公民的权利。其中,贯穿于宪法始终的就是权力与权利这二者之间的关系,规范政府的权力是手段,保护公民的权利是目的,通过规范政府的权力从而使公民权利真正得以实现。因此,列宁

---

[1] 汪习根:《法治社会的基本人权——发展权法律制度研究》,中国人民公安大学出版社2002年版,第3页。

说:"宪法就是一张写着人民权利的纸。"①宪法是人权的宣言书和保障书,其核心价值就在于对人权的尊重和保护。

我国现行宪法对人权的有关规定集中体现在"公民的基本权利和义务"这一章中,具体权利包括:选举权和被选举权,言论、出版、集会、结社、游行、示威的自由,宗教信仰自由,人身自由,人格尊严,劳动权,受教育权,科学研究和文学艺术创作自由,等等。同时,在宪法的总纲中,还规定了公民的私有财产权、环境权、民主监督权等等,这些都属于人权保障的范畴。而从宪法这一最高层级的法律形态的层面来看,将"国家尊重和保障人权"作为一项根本原则确定下来,进一步确立了人权在中国法律体系和国家建设中的突出地位,使尊重和保障人权由党和政府的意志上升为人民和国家的意志,体现了党的主张、国家的意志和人民的愿望的一致性,体现了社会主义制度的本质要求,为中国人权事业的进一步发展奠定了坚实的根本法基础。

(四)制定国家人权行动计划,有计划地全面推进人权事业发展。从人权发展的内在规律来看,人权不是抽象的概念,而应当是具体的、现实的。人权的发展也不是自发的,而是要靠国家、社会组织以及每一个人的积极作为才有可能实现。其中,国家是人权保障最大的义务主体。国家人权行动计划作为以人权为主题的国家规划,重点在于用行动全面系统地推进人权保障,将人权理想付诸实践。1993年6月,第二次世界人权大会在维也纳召开,会上通过了《维也纳宣言和行动纲领》,建议各国考虑是否可以拟定国家行动计划,以明确该国为促进和保护人权所应采取的步骤。2002年8月,联合国人权事务高级专员办事处出版了《国家人权行动计划指南》,并为制定国家人权行动计划的

---

① 《列宁全集》第12卷,人民出版社1987年版,第50页。

国家提供技术指导和资金援助。制定国家人权行动计划是一项极为重要和系统的措施,国家人权行动计划已经成为国际社会衡量一个国家政府人权现状的重要指标之一。

中国积极响应联合国关于制定国家人权行动计划的倡议。2009年4月,中国制定、颁布了第一个以人权为主题的国家规划"国家人权行动计划(2009—2010年)"。迄今为止,中国已经制定了4期国家人权行动计划。据联合国人权事务高级专员办事处网站,目前全世界已有30多个国家制定了人权行动计划,但连续制定4期人权行动计划的国家很少,中国是其中之一。国家人权行动计划发布后,中央和国家机关各有关部门、各级地方政府立即行动起来,依照"各司其职、分工负责"的原则,将人权行动计划纳入本部门、本地区的工作职责,周密部署,精心组织,采取切实有效的措施积极推动落实。

国家人权行动计划顺应人民对高品质美好生活的期待,不断满足人民日益增长的多方面的权利需求,从不断变化的实际出发来推进人权保障。2021年9月发布的"国家人权行动计划(2021—2025年)"为满足人民群众日益增长的优美生态环境需要,把环境权独立成章;面对数字化时代人权保障的挑战,对信息权利的保障做出了具体的回应。应当说,国家人权行动计划与时俱进,不断充实和完善权利内容。

需要特别指出的是,每一期国家人权行动计划都有着严格的考核评估程序:建立国家人权行动计划联席会议机制,由国务院新闻办公室和外交部牵头,国家立法和司法机关、国务院相关职能部门以及人民团体、社会组织等负责统筹协调计划的执行、监督与评估工作。可以说,国家人权行动计划反映出中国人权事业进入有计划、有步骤的迅速发展时期,适应了世界人权发展的趋势,充分显示了中国政府推进人权保障、履行国际义务的坚定信念,有力推动了人权事业的高质量发展。

（五）脱贫攻坚战取得全面胜利，为人权事业发展打下了更为坚实的物质基础。消除贫困，是人权保障的重中之重。贫困是一种世界范围内广泛存在的现象，是国际社会共同面临的发展问题。联合国《维也纳宣言和行动纲领》指出："极端贫穷的广泛存在妨碍人权的充分和有效享受。""绝对贫困和被排除在社会之外是对人的尊严的侵犯……各国必须扶助最贫困者参与他们所生活的社区的决策进程，促进人权和努力扫除绝对贫困现象。"① 贫困的广泛存在严重妨碍人权的充分实现和享有，消除贫困是人类梦寐以求之事，是各国人民追求幸福生活的基本前提。

我们坚持以生存权、发展权为首要的基本人权。党的十一届三中全会之后，中国政府把扶贫作为一项重要的事业，不断加大扶贫的力度。中国成立了专门扶贫工作机构，在全国范围内开展了有计划、有组织的大规模开发式扶贫，先后实施了"国家八七扶贫攻坚计划（1994—2000年）"、"中国农村扶贫开发纲要（2001—2010年）"、"中国农村扶贫开发纲要（2011—2020年）"等中长期扶贫规划，把减贫作为国家战略的重要组成部分。党的十八大以来，党中央把扶贫开发置于治国理政的重要位置，提升到事关全面建成小康社会、实现第一个百年奋斗目标的新高度，纳入"五位一体"总体布局和"四个全面"战略布局进行决策部署。党的十九大报告明确指出，"让贫困人口和贫困地区同全国一道进入全面小康社会是我们党的庄严承诺"，把精准脱贫作为决胜全面建成小康社会必须打好的三大攻坚战之一。

经过全国上下勠力同心的持续奋斗，我国如期完成新时代脱贫攻坚目标任务，现行标准下9899万农村贫困人口全部脱贫，832个贫困

---

① 1993年《维也纳宣言和行动纲领》，https://www.un.org/zh/documents/treaty/A－CONF－157－23。

县全部摘帽,12.8万个贫困村全部出列,区域性整体贫困得到解决,完成了消除绝对贫困的艰巨任务。脱贫攻坚战取得全面胜利,这是在中华大地上实施的最大的一项人权工程,是对世界人权进步事业交出的一份满意的答卷,书写了一篇最为精彩的人权故事。

作为世界上最大的发展中国家,中国在实现自身发展的同时,积极推动实现共同发展,积极参与全球人权治理,为发展中国家提供力所能及的帮助,不断深化减贫领域交流合作,推动建立以相互尊重、合作共赢为核心的新型国际减贫交流合作关系,携手增进各国人民福祉。新中国成立70多年来,中国向亚洲、非洲、拉丁美洲、大洋洲和欧洲等地区的160多个国家和国际组织提供多种形式的援助,减免部分国家债务,为广大发展中国家实现千年发展目标提供帮助。[①]

人权发展没有最好,只有更好。在中国共产党的领导下,我们尊重人民主体地位,成功走出了一条顺应时代潮流、适合本国国情的人权发展道路,为更好实现人的全面发展奠定了坚实的基础。

二、个人发展权的缘起

发展,是人类社会的永恒主题。发展权作为一项新型的人权被确认,首先是以集体人权的面貌出现的。它的出现,有特定的历史背景。

第二次世界大战之后,一大批殖民地、半殖民地取得民族独立,建立主权国家。这些国家因为在历史上长期受殖民主义和帝国主义的剥削与压榨,经济上一直处于贫困落后的状态。虽然在政治上获得了独

---

① 参见国务院新闻办公室2021年4月6日发布的《人类减贫的中国实践》白皮书,http://www.scio.gov.cn/zfbps/32832/Document/1701632/1701632.htm。

立,但是仍然面临着发达国家对其在经济、政治、文化、军事等各方面的控制和掠夺,同时面临着新殖民主义的威胁和侵略。发达国家和发展中国家的贫富差距进一步加大。在这样的情形下,发展中国家迫切需要发展经济、建设国家,迫切需要摆脱这种不均衡、不平等的国际关系,因此它们要求建立一种有利于自身发展的平等、公正的国际经济新秩序,谋求经济、社会、文化的全面发展。发展权首先由发展中国家在国际社会中提出,继而扩展到每个个人,于是发展权就具有了"每个人和所有各国人民"的双重主体意义。①

在广大的发展中国家坚持不懈的努力和推动下,1986年12月4日,联合国大会通过了《发展权利宣言》。《发展权利宣言》的颁布标志着发展权作为一项正式意义上的人权被联合国确认。发展权的提出,突破了传统意义上西方国家的人权观,是继民族自决权之后又一次以集体形式出现的人权,在人权事业的发展中具有里程碑意义。

随着时代的发展、人权事业的进步,发展权作为一项正式意义上的人权得到越来越多国家的认可。尽管发展权的双重主体观念已经为国际法律文件所载明,并成为有章可循的文本依据,但是在国际实践中的争议并未因此而完全停止。从发展权的相关研究来看,在国际法上关于发展权的研究,更多是从国家这个集体主体出发的;在国内法上关于个人发展权的研究基本处于空白状态。这当然与发展权的产生背景不无关系。作为一项新的人权,作为一项由发展中国家推动的、以集体人权形式出现的发展权,从集体人权的角度来进行学术研究和论证是时代的需要,也是人权领域斗争的需要。但是从另一个方面来说,作为以

---

① 《发展权利宣言》第1条规定:"发展权利是一项不可剥夺的人权,由于这种权利,每个人和所有各国人民均有权参与、促进并享受经济、社会、文化和政治发展,在这种发展中,所有人权和基本自由都能获得充分实现。"

个人为主体的发展权——个人发展权,在国际法和国内法的双重视角上却受到了不应有的忽视。

近年来,国际上较为系统地对发展权问题进行研究的专著有联合国发展权独立专家森古普塔(Arjun Sengupta)的《关于发展权的反思》(*Reflections on the Right to Development*)。[①] 这本书汇集了一些专业学者对发展权问题的具体思考和见解,从理论和实践两个层面探讨了实现发展权的途径和方法。马克斯(Stephen P. Marks)在其专著《发展权:入门篇》(*The Right to Development: A Primer*)以及相关的论文中,介绍了关于发展的人权框架,探讨了七种可以将人权理念应用于发展实践的途径和方法。诺贝尔经济学奖得主阿马蒂亚·森自1990年以来为联合国的《人类发展报告》设计理论框架,他的《以自由看待发展》一书对个人发展问题进行了深入的研究,书中指出:"自由是发展的首要目的,自由也是促进发展的不可缺少的重要手段。"[②]人类面临着各种难题,个人的主体地位对于消除这些困难具有中心意义。"个人应当是参与发展的能动的主体,而不是分配给他们利益的被动的接受者。"[③]总的来说,国际上对发展权的研究正朝着多学科、跨学科方向推进,正如佛罗里达大学教授纳甘(Winston P. Nagan)所言,在发展权理论的发展中,强调个人在发展理论的中心意义以及跨学科知识整合的必要性越来越成为重要的元素。[④]

[①] See Arjun Sengupta, *Reflections on the Right to Development*, Sage Publications, 2005, p.24.

[②] 阿马蒂亚·森:《以自由看待发展》,任赜、于真译,中国人民大学出版社2013年版,第1页。

[③] 阿马蒂亚·森:《以自由看待发展》,任赜、于真译,中国人民大学出版社2013年版,第24—25页。

[④] See Winston P. Nagan, "The Right to Development: Importance of Human and Social Ca-pital as Human Rights Issues", *CADMUS*, Vol.1, No.6, 2013.

从国内的发展权研究现状来看,国内较为系统地研究发展权的,是汪习根教授的学术专著《法治社会的基本人权——发展权法律制度研究》。这本专著对发展权的个人主体地位予以肯定,但是缺乏对个人发展权的系统论证。在李步云教授主编的《人权法学》教材以及张晓玲教授主编的《人权法学》教材中,对发展权的论述都集中在"集体人权"一章中。从个人人权的角度对发展权进行系统研究的则很少,甚至个人发展权的概念都还没有形成。从中国知网的搜索结果来看,以"个人发展权"为题的论文更是寥寥无几。从现有的研究成果来看,我们对于个人发展权的关注与研究还远远不够。因此,从学术研究的角度来说,研究个人发展权具有特别重大的意义,本书将在第一章予以更加详细的论述。

带着对以上问题的思考,我选择了个人发展权这一研究课题,尝试对个人发展权的思想、个人发展权的内容、个人发展权的主体、个人发展权的实现障碍以及个人发展权的法治保障等基本而重大的问题做一些探讨,以期引起学界对个人发展权问题的重视与研究,推动个人发展权的理论与实践,为人权理论的进步与发展做出努力。

三、个人发展权的法学逻辑

人是发展的主体,这种共同的基本认知落实到人权的权利主体上,也就包含着个人、群体、民族、社会、国家等等。但是作为个人发展权的主体来说,一定是也只能是个人。个人是个人发展权唯一的权利主体,但是就个人发展权的义务主体来说,就不仅仅是个人了。除个人之外,还有群体和社会,还有国家及其政府等。

人的全面发展是每个人追求的应然目标,每个人享有充分的发展权是现代文明社会发展的最高诉求之一。但是,从实然层面来说,个人发展权的实现受到多种因素制约,并不取决于个人的主观愿望。具体来说,个人发展权的实现至少受到个人的素质和能力、相关主体的认知、制度不当以及非制度性障碍等因素的约束及限制。从这个意义上说,人的发展权实现的状况和程度是一个理想与现实相互作用的过程与结果,是一个不断推进、不断发展的历史过程。

个人发展权作为法律上的权利,必须获得法律的保障。由于个人发展权对应的义务主体是多元的,而多元的主体中国家及其公权力是最为重要的。再加上,在所有侵犯个人发展权的主体中,公权力又是最难以约束的。一般的法律保障并不能有效保证个人发展权的实现,而唯有法治,唯有能够有效约束公权力的法治,才可能为个人发展权提供最有效、最有力的保障。法治对于个人发展权的保障意义是极为突出的,是异常必需的,因此也是我们为之努力的重要方面。

没有对于个人发展权的充分保障,国家的发展权也很难落到实处。每一个国家的发展问题,尤其是发展权利实现与否的最后结果,都归属于特定国家的每一个公民。对个人发展权的保障,是保障发展权的实际行动和具体内容,必须被重视。发展权理论是一个完整的理论,既包括集体权利理论也包括个人权利理论,既包括集体发展权理论也包括个人发展权理论,没有个人发展权的发展权理论是不完整的。由于历史和现实的原因,对于个人发展权的研究,相对于集体包括民族和国家的发展权来说,仍较薄弱。我们亟须在个人发展权研究上进行理论创新,进而丰富、充实和完善整个发展权理论,为每个个体和人类整体的更好发展以及权利保障做出更好的理论探索与理论引导。

第一章 个人发展权的由来与研究意义

第一节 发展权问题提出的历史背景

一、历史背景

在人权的发展历史上,作为一项新型的人权,发展权概念最初由塞内加尔第一任最高法院院长、联合国人权委员会委员凯巴·姆巴伊(Keba M'baye)于1970年提出。1986年12月4日,联合国大会通过了《发展权利宣言》,发展权作为一项正式意义上的人权得到国际法律文件的确认。

任何一项权利的产生都有其历史渊源,发展权的产生也有着独特而深刻的历史背景。第二次世界大战结束后,世界格局发生了巨大变化,一大批殖民地、半殖民地获得民族独立,建立主权国家。因为历史上长期受殖民主义和帝国主义的剥削与压榨,这些国家在经济上一直处于贫困落后的状态,因此在主权独立之后便有着强烈的发展诉求去争取经济、社会、文化的全面发展。发展权正是在这样的历史背景下应运而生的。它反映了广大发展中国家打破旧的国际经济秩序,建立一种国际经济新秩序,以争取平等发展民族经济,促进经济、社会、文化等各方面发展的迫切诉求。发展权问题的提出是发达国家和发展中国家之间的"非均衡性和不平等性日益恶化"[①]的必然产物,它对于打破旧的国际经济秩序,建立国际经济新秩序,让每个国家都能获得平等发展的机会,平等参与发展,平等享受发展成果,具有重要的意义。

从人权的历史发展来看,"二战"以后,人类开始反思两次世界大战给人类造成的创伤,意识到保护人权的紧迫性,认识到对人权的尊重与保障关系全人类共同的命运。人权开始进入一个新的历史发展时期,发展权正是在这样一个历史阶段中孕育而生的。联合国教科文组织前法律顾问卡雷尔·瓦萨克(Karel Vasak)认为,在人权发展的历史进程中,世界自近代以来产生了三代人权。第一代人权主要是消极权利,重点是维护个人自由,这为公民权利和政治权利的出现奠定了基础。第二代人权主要是积极权利,侧重于经济、社会和文化权利,旨在敦促国家创造和维持条件来满足个人的需要。第三代人权是社会连带的权利。连带性人权需要在国内和国际层面达成相当程度的共同意见和承诺,共同建立协调有效的保障人权的应对机制。发展权正是第三代人权的代表。

从发展理论的学理背景来看,"二战"以后,随着广大的发展中国家迫切要求改变经济落后的现状,人们一直在思考的问题是:什么是发展?发展的意义是什么?从现代化理论到依附理论、经济增长理论、综合发展理论,再到以人为中心、以权利为中心的发展理论,理论上的反思与推进体现了人们对发展问题的思考。人们开始意识到,对于发展中国家来说,发展的现代化并不等于"西方化",如果仅仅从不平等的

---

① 汪习根:《法治社会的基本人权——发展权法律制度研究》,中国人民公安大学出版社2002年版,第22页。

国际经济格局中去寻找经济落后的原因而忽视自身原因,也是行不通的。人们开始由过去单纯关注经济增长,转变为从人权的角度来思考发展理论,并认识到发展应该是"以人为中心的整体发展"①,发展是"有关人和为了人"②的问题。可以说,正是发展理论研究的不断深入推动着发展权理念的形成和发展。

二、有关的国际争议与分歧

作为一项新型人权,发展权被认可并非一路坦途,其过程充满了发达国家与发展中国家的分歧和争论。《发展权利宣言》主要是在发展中国家坚持不懈的推动下诞生的,当时联合国大会以146票赞成、1票反对、8票弃权通过该宣言,投赞成票的主要是发展中国家,投反对票的是美国,弃权的包括日本、英国等发达国家。③ 发达国家不承认发展权的理由主要有以下几点:第一,认为发展本身不能构成人权。一些发达国家认为,发展或是一种机遇,或是一种目标,或是一个过程,但不是一项人权。第二,它们认为发展权的主体应当是个人,而不是集体。第三,它们认为发展权首要的应当是公民权利和政治权利,而不是发展中国家所强调的经济和社会权利。

在当时的时代背景下,分歧的背后有着更为复杂深刻的社会历史原因:第一,发展权涉及发达国家和发展中国家的利益之争。英国学者

---

① 颜晓峰、谈万强主编:《发展观的历史进程》(下卷),人民出版社2007年版,第608页。
② 颜晓峰、谈万强主编:《发展观的历史进程》(下卷),人民出版社2007年版,第605页。
③ 参见里奇:《发展权:一项人民的权利?》,载沈宗灵、黄枬森主编:《西方人权学说》(下),四川人民出版社1994年版,第294页。

文森特(R. J. Vincent)指出,发展权体现了一种发展中国家要求"偿付债务"①的心理,偿付由于历史上的殖民侵略所造成的利益损失。发达国家则认为,发展主要是通过发达国家向发展中国家提供援助、转让财富的方式获得的,这涉及发达国家的切身利益。因此,发达国家不承认发展权,很重要的一点是从本国实际利益出发来考量,发展权不符合其国家利益。第二,发展权涉及国际人权领域的斗争。这里面主要涉及发达国家和发展中国家对于人权问题的个人主义和集体主义、公民权利和政治权利与经济和社会权利之间的对立。其中最大的分歧聚焦在发展权的主体上。发达国家承认发展权的个人主体地位,排斥发展权的集体主体地位。因此,发达国家对于发展权在国内层面的意义是不否认的,但是对于发展权在国际层面的意义不愿意承担责任。同时,发达国家否认经济和社会权利优先,试图将发展权鼓吹成西方国家所强调的政治权利。这背后实质上体现了一场"人权领域的争夺主动权的斗争"②。因此,我们可以说,《发展权利宣言》的通过充满了争论与折中。

综上所述,发展权是在世界格局变化、人权事业发展以及人对发展的理论认知进步等各种因素的推动下产生的,是历史发展的必然产物。虽然发展权遭遇过强烈的反对,但是这些都没能阻碍历史发展的进程,没能阻止发展权概念的提出、传播和发展。从 20 世纪 80 年代开始,发展权越来越多地出现在国际文书中,得到了国际上越来越多国家至少是形式上的承认。

---

① R. J. 文森特:《人权与国际关系》,凌迪等译,知识出版社1998年版,第111页。
② 庞森:《发展权问题初探》,《国际问题研究》1997年第1期。

第二节　发展权的提出与国际法确认

发展权正式作为一项人权被予以确认,是以 1986 年联合国《发展权利宣言》的通过为标志的。但是实际上从 20 世纪下半叶开始,发展权的思想在联合国的相关文件中就已有体现。从发展权思想萌芽到正式作为一项人权被确认,这中间大致可以分为三个阶段。

一、发展权思想的萌芽

20 世纪四五十年代,联合国大会的一系列文件中已体现了发展权思想。1945 年,联合国大会通过了《联合国宪章》,其中包含了发展权的思想,它指出:"促成国际合作,以解决国际间属于经济、社会、文化及人类福利性质之国际问题,且不分种族、性别、语言或宗教,增进并激励对于全体人类之人权及基本自由之尊重。"[1]对"于其所负有或担承管理责任之领土,其人民尚未臻自治之充分程度者"[2],"于充分尊重关系人民之文化下,保证其政治、经济、社会及教育之进展,予以公平待遇,且保障其不受虐待"[3]。

1948 年,联合国大会通过了《世界人权宣言》。该宣言第 22 条指出:"每个人,作为社会的一员,有权享受社会保障,并有权享受他的个

---

[1]　1945 年《联合国宪章》,https://www.un.org/zh/charter-united-nations/index.html。
[2]　1945 年《联合国宪章》,https://www.un.org/zh/charter-united-nations/index.html。
[3]　1945 年《联合国宪章》,https://www.un.org/zh/charter-united-nations/index.html。

人尊严和人格的自由发展所必需的经济、社会和文化方面各种权利的实现,这种实现是通过国家努力和国际合作并依照各国的组织和资源情况。"①《世界人权宣言》作为第一个关于人权的国际性文件,在强调人权保护的重要性的同时,指出国家和国际社会有义务积极为个人尊严与人格的自由发展创造经济、社会和文化各方面的条件。

在这一阶段,发展权思想的萌芽已经开始出现,但此时发展权思想的内涵更多源于自然法中天赋人权的理念。这种思想萌芽为发展权概念的提出奠定了基础。

二、发展权概念的提出

20世纪六七十年代,发展权的概念正式被提出,引起国际社会的广泛关注。1960年,联合国大会通过了《关于准许殖民地国家及民族独立之宣言》。该宣言指出,"殖民主义之继续存在妨碍国际经济合作之发展,阻挠未独立民族社会、文化与经济之发展,且与联合国世界和平之理想相悖"②,强调殖民主义的继续存在是殖民地国家实现发展权的关键障碍。

1968年,国际人权会议通过了《德黑兰宣言》。该宣言指出,"经济上发达国家与发展中国家日益悬殊"③,已成为实现国际社会人权的障碍,各国应尽最大努力消除差距。在这里,《德黑兰宣言》指出了经济

---

① 1948年《世界人权宣言》,https://www.un.org/zh/about-us/universal-declaration-of-human-rights。

② 1960年《关于准许殖民地国家及民族独立之宣言》,https://www.un.org/zh/documents/treaty/A-RES-1514(XV)。

③ 中国人权研究会:《〈德黑兰宣言〉在人权发展史上有什么地位》,http://politics.people.com.cn/GB/1026/3246331.html。

发展与人权实现之间的关系,提出要通过解决发达国家与发展中国家经济上日益悬殊的问题来实现国际人权保护。

发展权正式作为一种概念,引起国际社会共同关注,一般认为源自1969年阿尔及利亚正义与和平委员会发表的《不发达国家发展权利》报告。该报告首次提出了"发展权利"的主张,指出发展权利是一项人权,因为人类没有发展就不能生存。1970年,联合国人权委员会委员凯巴·姆巴伊在一篇题为《作为一项人权的发展权》演讲中,提出"发展权"的概念。"发展权"的概念被提出后,立即受到了国际社会的广泛关注,尤其受到了广大发展中国家的强烈支持。

1969年,第24届联合国大会通过的《社会进步和发展宣言》对发展权的思想有了系统的规定。该宣言对发展的原则、目标以及途径都有详细的阐述。宣言指出:"一切人民和全体人类不分种族、肤色、性别、语言、宗教、国籍、人种来源、家庭地位或社会地位、政治信念或其他信念,均应有权在尊严和自由中生活和享受社会进步的成果,而他们本身则应对此作出贡献。"①同时指出:"发展中国家实现其发展的主要责任在于这些国家本身,认为迫切需要缩短并从而消除经济上较先进的国家和发展中国家之间的生活水准的差距,为达该目的,各会员国应有责任采取各种旨在促进整个世界社会进步,特别是帮助发展中国家加速其经济成长的对内和对外政策。"②宣言提出,发展中国家对于自身的经济社会发展负有首要的责任,同时联合国各成员国亦有责任帮助发展中国家实现经济发展,目的在于缩小发达国家与发展中国家的差距。《社会进步和发展宣言》为发展权的形成奠定了国际法律基础。

---

① 1969年《社会进步和发展宣言》,https://www.un.org/zh/documents/treaty/A‐RES‐2542(XXIV)。
② 1969年《社会进步和发展宣言》,https://www.un.org/zh/documents/treaty/A‐RES‐2542(XXIV)。

1974年5月1日,联合国大会第六届特别会议通过了《建立新的国际经济秩序宣言》。该宣言是发展中国家争取建立国际经济新秩序的重要文件,强调建立一种新的国际经济秩序"应当成为各国人民之间和各国之间的经济关系最重要的基础之一"①。这种秩序将建立在各个国家主权独立平等、相互合作、公平互利的基础之上,而不问它们的经济和社会制度如何,每一个国家都有权自主选择适合本国经济和社会发展的制度。该宣言指出了缩小发达国家与发展中国家差距的出路在于建立一种新的国际经济秩序。同年,联合国大会通过了《各国经济权利和义务宪章》,这是联合国通过的旨在建立新的国际经济关系的重要文件,强调各国应进行合作,以促进较为公平合理的国际经济关系,并在一个均衡的世界经济范围内鼓励结构变革,变革应符合各国特别是发展中国家的需要和利益。

在这一阶段,国际社会对于发展权的认识进一步深化,开始认识到发展与人权的关系,指出发展中国家发展的障碍在于南北悬殊,强调建立新的国际经济秩序的重要性。可以说,发展权概念于此时逐渐形成并明确。

三、发展权正式被确认

20世纪八九十年代,发展权正式作为一项人权被确认。1986年,联合国大会通过了《发展权利宣言》。《发展权利宣言》的发布标志着发展权作为一项正式意义上的人权被予以规定,这在发展权形成的历

---

① 1974年《建立新的国际经济秩序宣言》,https://www.un.org/zh/documents/treaty/A‐RES‐3201(S‐Ⅵ)。

史上具有重要意义。该宣言明确指出:"发展权利是一项不可剥夺的人权。"[①]同时强调指出,人是发展的主体,人应成为发展权利的积极参与者和受益者。《发展权利宣言》对发展权的权利主体、权利内容、义务主体以及实现途径等基本内容做了宏观而全面的阐述。[②] 这是世界人权史上具有里程碑意义的大事,开启了人权事业的新篇章。

1993年的《非政府组织曼谷人权宣言》重申了《发展权利宣言》中确立的发展权是一项普遍、不可剥夺的权利,是基本人权的组成部分的主张;强调必须通过国际合作、尊重所有基本人权、设立监测机制和为实现此种权利创造必要的国际条件等途径,促其实现;确认鉴于南北之间与贫富之间的差距日益扩大,实现发展权利的主要障碍存在于国际宏观经济层面。

1993年,世界人权会议通过了《维也纳宣言和行动纲领》,对于发展权问题形成了新的共识,曾经对《发展权利宣言》投反对票的美国也表示赞成。《维也纳宣言和行动纲领》指出,虽然发展能促进人权的享有,但缺乏发展不得被援引为剥夺国际公认的人权之理由。各国应互相合作,确保发展。国际社会应促进有效的国际合作,实现发展权利,消除发展障碍。为了在执行发展权利方面取得持久的进展,需要在国家层面实行有效的发展政策,以及在国际层面创造公平的经济关系和有利的经济环境。该宣言在重申发展权是一项普遍人权的基础上,对于人权的实现途径做出了阐释,认为发展权的实现需要国家施行积极有效的发展政策,同时需要国际社会的通力合作,呼吁人权委员会设立关于发展权的专题工作组。

发展权的提出在人权理论上的重要成果之一,就在于它是以集体

---

① 1986年《发展权利宣言》,https://www.un.org/zh/documents/treaty/A‐RES‐41‐128。
② 1986年《发展权利宣言》,https://www.un.org/zh/documents/treaty/A‐RES‐41‐128。

形式出现的人权,并且得到了国际法的认可,突破了传统意义上西方国家的个人人权观,是人权事业发展的新起点。

第三节 发展权主体上的个人与集体

如前所述,在发展权争论中,发达国家与发展中国家之间很重要的一点分歧就集中在发展权的主体上。研究发展权主体之前,我们有必要对权利的主体做基本的分析。

一、人权主体中的个人与集体

在人权理论中,集体人权与个体人权之间的关系一直是存在极大争议的问题,一度被认为是社会主义和资本主义两种不同的社会制度中意识形态分歧的重要方面。

在西方的人权理论中,自近代资产阶级启蒙运动开始,西方对于人权的追求一直是以个人人权为主要内容的,西方的社会文化传统也更加强调个体在社会中的作用和价值。正如美国学者亨金(Louis Henkin)所言:"美国人的个人权利是天然的、固有的权利;它们不是来自社会或任何政府的赠与。它们不是来自宪法;它们是先于宪法而存在的。"[①]加拿大学者汉弗莱(John Humphrey)认为:"人权这个词仅仅指

---

① 亨金:《美国人的宪法权利与人权》,载沈宗灵、黄枬森主编:《西方人权学说》(下),四川人民出版社1994年版,第369页。

人由于其人的属性而具有的个人权利和自由。"①同时,一些西方学者对发展中国家重视的集体人权提出质疑。他们指出,许多亚洲国家的政治和法律关注的是人民的经济和社会发展的集体权利,包括中国在内的许多亚洲国家都致力于保障人民的集体权利。他们认为注重集体人权观的倾向和趋势会导致在追求发展权的过程中对个人权利的极大破坏。②甚至有学者指出,集体人权名义上是人权,其实是纯粹的政治目标,可以说是滥用了"人权"这个词,人权概念的特点就是个人享有的权利,而不是集体所享有的。③

在我国,20世纪90年代,围绕国际社会对该问题的质疑与争论,李步云、郭道晖等学者对集体人权和个人人权之间的关系进行过专门的阐述。

李步云教授强调集体人权和个人人权之间的统一性与一致性,认为二者之间的界限是相对的,而不是绝对的,对于这两种类型的人权要予以同样的重视与保护,"不宜讲它们之中哪种权利更重要,也不宜强调它们之中哪种权利层次与地位更高"④。因为在法律上,我们不可以以权利主体的大小高低来确定权利的等级以及被保护的地位。集体人权从某一角度来看,也是个人人权。他以发展权举例,指出发展权作为一项国家的集体人权,主要指的是所有的国家都享有的平等发展的权利;发展权作为一项个人人权,则指的是每个人都应成为"发展权利的

---

① 约翰·汉弗莱:《国际人权法》,庞森等译,世界知识出版社1992年版,第12页。
② 参见艾若·孟德斯:《人权、发展权与均衡法的法律及宪法基础——一种在中西人权概念的鸿沟上架设桥梁的加拿大尝试》,载白桂梅主编:《国际人权与发展——中国和加拿大的视角》,法律出版社1998年版,第55页。
③ See Ragnar Hallgren, "The UN and the Right to Development", *Peace Research*, Vol.22, No.4/Vol.23, No.1, 1990/1991.
④ 李步云:《论个人人权和集体人权》,《中国社会科学院研究生院学报》1994年第6期。

积极参与者和受益者"。①

郭道晖教授认为,集体人权和个人人权之间的关系是非常复杂的,它们或平等并存,或相互转化,或相互交融,或相互制约,二者之间甚至还存在着某种过渡的形态。他同样以发展权举例,指出发展权就是集体人权和个人人权并存的代表。集体和个人之间并不总是全部与部分的关系,集体人权并不总是个人人权之和这样简单,很多情形下,二者在量上乃至质上都不尽相同。集体人权和个人人权不存在孰轻孰重之分,但是在一定意义上,"集体权利归根到底是为实现个体权利这一最终目的服务的"②。

他们论述的角度不尽相同,但有两点是一致的:一是集体人权与个人人权是人权的两种形态,发展权就是集体人权和个人人权共存的代表;二是不宜从价值层面来对集体人权和个人人权做出孰轻孰重的判断,认为"集体人权高于个人人权"或者"个人人权高于集体人权"的观点都是片面的。对人权主体进行基本的分析,有助于我们对发展权的主体做进一步的探讨。

二、作为发展权主体的个人与集体

汪习根教授在《法治社会的基本人权——发展权法律制度研究》一书中,对发展权主体的争论有着较为详细的梳理,主要的观点大致有三点。

发展权是一项个人人权。该观点在西方发达国家得到广泛的认

---

① 李步云:《论个人人权和集体人权》,《中国社会科学院研究生院学报》1994 年第 6 期。
② 郭道晖:《论集体权利和个体权利》,《上海社会科学学术季刊》1992 年第 3 期。

同。持该观点的学者认为,个人是发展权的主体,否认国家和其他集体主体是发展权的主体。"一个实际的发展过程是一个个人的人权实现的过程。"[1]"发展权"概念的提出者凯巴·姆巴伊就认为,发展权的概念产生于生存权,认为"发展权显然是一项个人人权,因为没有无发展的人权"[2]。

发展权是一项集体人权。持该观点的学者认为,国家和社会是发展权的主体,否认个人是发展权的主体。卡雷尔·瓦萨克认为,以发展权为代表的第三代人权的重要属性就是"连带性"。这说明,发展不是光靠个人就可以完成的,而是要靠社会的通力合作才可以实现。

发展权在原则上和结论上是一项个人权利,在其实现方式上是一项集体权利。持该观点的学者认为,把发展权单独归为个人人权或是集体人权,都具有片面性,发展权在"原则上和结论上是一项个人权利,在其实现方式上是一项集体权利"[3]。汪习根教授认为,这种观点似乎是从两个极端的观点中寻求一条中间的出路,但在逻辑上是混乱的。[4] 发展权在"原则和结论上是一项个人权利",这意味着个人是发展权成果的最终享有者;而发展权在"实现方式上是一项集体权利",这说明发展权的行使者是集体。而权利的主体应是权利的"行使者""承担者""享用者","主体"就是权利的"载体"。发展权的权利主体

---

[1] 汪习根:《法治社会的基本人权——发展权法律制度研究》,中国人民公安大学出版社2002年版,第62页。

[2] Keba M'Baye, "Le droit au development comme un droit de l'homme", *Revue des droits de l'homme*, Vol.5, 1972, p.530. Cited in *Africa Human Rights and the Global System*, Greenwood Press, 1994, p.108.

[3] Jean Rivero, Suv le droit au development. UNESCO, U.N. Doc55－78/conf./630/Supp. 2 (1978). Cited in *Texas International Law Journal*, Vol.16, No.2, 1981. Michael Niemann, *Regional Integration and the Right to Development in Africa. Africa Human Rights and the Global System*, Greenwood Press,1994, pp.108－109.

[4] 参见汪习根:《法治社会的基本人权——发展权法律制度研究》,中国人民公安大学出版社2002年版,第63页。

与权利的受益者相分离,这种观点存在逻辑错误。

随着发展权概念的传播和理论研究的推进,发展权既是集体人权也是个人人权的观点在国际社会得到了越来越多国家的肯定。首先,从相关的国际文件来看,1986年《发展权利宣言》在谈及国家这一发展权主体的同时,亦不忘顾及个人这一发展权主体。比如,强调发展的目的是让所有人民和所有个人积极参与发展并享有发展带来的所有利益,以改善所有人民和所有个人的福利;强调发展机会均等是国家以及组成国家的个人的一项特有权利;承认创造有利于各国人民和个人发展的条件是国家的主要责任;等等。

其次,从学理上看,讨论发展权的主体是个人还是集体,还要厘清个人人权与集体人权之间的关系。正如前文所说,个人人权与集体人权二者之间既相互依存又相互联系。个人人权是集体人权的基础,集体人权的实现则有利于加强对个人人权的保障。"各个国家与国际社会应当对这两类人权予以同样的重视与保护,不宜讲它们之中哪种权利更重要,也不宜强调它们之中哪种权利层次与地位更高。"①

最后,从法律规定上来看,发展权作为集体人权,很多时候是从国际法的领域来考虑的。发展权从一开始主要出现在国际法领域,是和民族自决权、和平权、环境权等权利一样,由发展中国家在反帝、反殖、反霸过程中以集体人权的形式争取而产生的。在李步云教授主编的《人权法学》教材中,发展权被视为一项"国家权利",即集体人权,其基本含义是"世界上的任何一个国家,首先是那些发展中国家(即第三世界国家)享有同其他国家'发展机会均等'的权利,它要求整个国际社会及所有国家,首先是那些发达国家,应在国际一级采取政策的、立法

---

① 李步云:《社会主义人权的基本理论与实践》,《法学研究》1992年第4期。

的、行政的及其他措施来保障这一权利的实现"①。因此,在国际法领域,发展权作为一项集体人权,是以国家作为权利主体的。而发展权作为个人人权,主要是从国内法领域来考虑的,其基本含义是,国家应当采取积极的措施来实现人民的发展权利,确保所有人发展机会均等,都能获得教育、就业、住房、医疗等各方面的资源。

三、人的个体与集体的关系状况

发展权主体当中的集体和个人,二者没有完全绝对的界限。作为集体形式的发展权,也并不完全是抽象的概念,它的权利诉求及实现途径也是具体的,它需要集体中每一个个体都发挥主观能动性,积极参与发展的过程。个人发展权的存在是以人的个体性与集体性状况为根据的。

首先,人是以个体状态存在的。马克思曾经说过:"任何人类历史的第一个前提无疑是有生命的个人的存在。"②在哲学概念上,人可以分为个体的人以及作为类的人。作为类的人,是一个高度抽象的概念,指的是整个人类社会,是由无数个个体的人所组成的。作为个体的人与作为类的人的发展规律不完全相同。人类社会的产生及发展,迄今已有漫长的历史。但是每一个人,作为生命的个体存在,却只有短短的几十年,最多者有一百多年的存续时间。相较于人类社会来说,每一个个体的存在都不过是某一个细微的片段,但是每一个个体的存在都有其特殊的价值和意义,因为作为类的人的发展最终要通过每一个个体

---

① 李步云主编:《人权法学》,高等教育出版社2005年版,第49页。
② 《马克思恩格斯全集》第3卷,人民出版社1960年版,第23页。

的发展来体现。在法律概念上,人作为能够享受权利并承担义务的主体而存在。权利的最终享有者都会是具体的,即使是作为集体的权利,亦有很多具体的规定,权利最终还是要落实到一个个能够享有权利并履行义务的个体身上。

其次,人是以个体状态发展的。人类的历史"始终只是他们的个体发展的历史"①。人类社会的发展是无限的,但是作为每一个现实的、具体的人来说,其发展是有限的,且具有一定的客观规律。作为个体状态存在的人,一生之中要经过婴儿、幼儿、少年、青年、中年、老年这几个阶段。刚出生的婴儿,只是作为生命个体而存在,其体力、智力是在日后的成长以及社会交往中不断发展的。作为个体的人的发展过程,是一个从自然人转向社会人,在不断完善自身的基础上实现其潜在可能性的过程。在这个过程中,人始终是以个体的状态发展的。正如德国学者米夏埃尔·兰德曼(Michael Landmann)所说,"人必须独自地完善他自己"②,"必须试图依靠自己的努力解决他那专属自己的问题。他不仅可能而且必须有创造性。创造性决不局限于少数人的少数活动;它作为一种必然性植根于人本身的存在结构中"③。

最后,集体是个体结合的产物。集体是具有某种共同属性的一类人的集合,是由个体结合而成的,个体是构成集体最基本的、最小的元素。集体的表现形式可以是国家、民族、政党,或者是具有某种功能的社会组织。虽然个体是构成集体的最小元素,但是对于任何一个集体

---

① 《马克思恩格斯全集》第27卷,人民出版社1972年版,第478页。
② 米夏埃尔·兰德曼:《哲学人类学》,张乐天译,上海译文出版社1988年版,第202页。
③ 米夏埃尔·兰德曼:《哲学人类学》,张乐天译,上海译文出版社1988年版,第202页。

来说,都必须承认个体的存在,都不可忽视个体的价值。因为失去个体,集体就失去了根基。马克思特别指出:"应当避免重新把'社会'当作抽象的东西同个人对立起来。个人是社会存在物。"①

因此,只有充分调动集体中的每一个个体都参与发展,才能从整体上推动集体的发展。同时,个体的发展不能脱离于集体而实现。只有集体发展了,才能更好地为集体中的每一个个体创造更好的环境与条件,以实现个体自身的发展。所以,不论是国家的发展权,还是民族的发展权,发展权的最终目的都是使集体中的每一个人充分享受到发展的成果。因此,个人发展权无论是对于个体的人的发展,还是对于整个人类的发展,都具有重要的价值和意义。

第四节　个人发展权的含义及其研究意义

个人发展权的内涵极为丰富,为了对个人发展权进行更好的研究,必须对其基本含义加以探究。从个人发展实际、个人发展权实践、发展权理论乃至整个人权理论上讲,对于个人发展权的研究都具有十分重要的理论意义与实践意义。同时对于饱受西方人权攻击的中国来说,开展个人发展权的研究还是争取国际话语权的重要方面与实际行动,更有独特的价值。

---

① 《马克思恩格斯全集》第42卷,人民出版社1979年版,第122页。

一、个人发展权是使人获得进步性质变化的权利

作为一项新型的人权,学术界对于发展权的定义非常有限,且概念模糊;对于个人发展权的定义与阐释就更加稀缺了。

发展权的概念在国际上最早是由联合国人权委员会委员凯巴·姆巴伊在一篇题为《作为一项人权的发展权》的演讲中提出的。诺贝尔经济学奖得主阿马蒂亚·森认为,发展可以看作是扩展人们享有的真实自由的一个过程。[①] 财富、技术进步、收入提高等等固然是人们所追求的目标,但是它们终究是属于为人的发展服务的工具性层面。因此,"以人为中心,最高的价值标准就是自由"[②]。联合国发展权独立专家森古普塔认为,发展权是实现所有人权和基本自由的发展进程的权利。这个定义源于发展本身的定义。在他看来,发展是一个过程,既不是某一个特定的事件,也不是一个最终的结果。[③] 汪习根教授在《法治社会的基本人权——发展权法律制度研究》一书中,对发展权的概念做了较多的梳理分析。他把对发展权含义的各种解说归纳为四种不同的观点,即主体定义法、代际定义法、结构分析法、内涵分析法。[④] 他对这四种含义进行利弊分析之后认为,发展权是"全体个人及其集合体有资格自由地向国内和国际社会主张参与、促进和享受经济、政治、文化和

[①] 参见阿马蒂亚·森:《以自由看待发展》,任赜、于真译,中国人民大学出版社2013年版,第3页。

[②] 阿马蒂亚·森:《以自由看待发展》,任赜、于真译,中国人民大学出版社2013年版,第3页。

[③] See "The Right to Development: An Interview with Dr Arjun Sengupta", *Essex Human Rights Review*, Vol.1, No.1, 2004.

[④] 参见汪习根:《法治社会的基本人权——发展权法律制度研究》,中国人民公安大学出版社2002年版,第50—51页。

社会各方面全面发展所获利益的一项基本权利"[①]。简言之,发展权是"关于发展机会均等和发展利益共享的权利"[②]。汪习根教授对于发展权的定义,指明了发展权的主体是个人以及集合体,义务主体是国家以及国际社会,权利的内容是经济、政治、文化、社会等各方面的发展权利;同时指出了发展权的核心价值在于平等。

本书认为,对个人发展权进行定义,要区分"发展"与"发展权"。"发展"是一个哲学概念,指的是人或事物由低级向高级、由简单向复杂的一种"进化与上升"[③],或者更应该表述为"进步性质的变化"。"发展权"是一个法律概念,指的是人所享有的进化与上升即获得发展的权利。因此,个人发展权的定义也许可以归纳为:个人所应当享有的,向国家、社会、他人等主张的,能够参与、促进、享受经济、政治、文化和社会等各方面发展的,使自身获得进步性质变化的权利。根据这一定义,我们可以明确其内涵,主要包括以下几个方面的内容。

第一,个人发展权的权利主体是个人。这一主体限定是极有意义的。这意味着个人发展权主体具有特定性,它不允许用集体、国家或者其他任何主体来取代个人的主体地位。

第二,个人发展权的义务主体主要是国家、社会、他人等,是对特定权利主体的发展负有义务的所有主体。个人发展权的义务主体是相当广泛的,既有具体法律关系中的当事人,也有普遍法律义务意义上的一般义务人。

[①] 汪习根:《法治社会的基本人权——发展权法律制度研究》,中国人民公安大学出版社2002年版,第60页。
[②] 汪习根:《法治社会的基本人权——发展权法律制度研究》,中国人民公安大学出版社2002年版,第60页。
[③] 汪习根:《法治社会的基本人权——发展权法律制度研究》,中国人民公安大学出版社2002年版,第55页。

第三,个人发展权是具有国际法和国内法双重意义的法律权利。它体现在国际法和国内法之中。由于特定个人更多地生活在一国范围之内并更多地与国内法上的相应主体建立法律关系,因此其权利甚至更多地体现在国内法领域中。

第四,个人发展权的内容十分丰富。就特定权利来说,其内容是多种而特定的,但是就其整体来说则是一项综合性的权利,内容包括经济、政治、文化、社会等各方面的发展权利。

第五,个人发展权是一种使人获得进步性质变化的权利。个人发展权所追求的最终目的是使特定主体自身获得进步性质的变化。尽管对于何谓进步性质的变化,不同的人也许有不同的认知,但是"使自身获得进步性质的变化"这一目标设定则是确定无疑的。

第六,个人发展权是权利人的行为权、请求权以及获得法律保护权的统一。当个人发展权表现为行为权时,权利主体有权做出一定行为或不做出一定行为;当个人发展权表现为请求权时,权利主体有权请求义务主体做出一定行为或不做出一定行为,国家、社会、他人不得妨碍权利主体合法的自由,当权利主体行使发展权受到阻碍时,国家、社会以及特定的义务人则须积极作为,使权利得以实现;当个人发展权表现为一种被保护权时,一旦权利被侵犯,权利主体有权请求国家法律给予保护和救济。

二、个人发展权的研究意义

(一)保障个人发展及其权利的需要

个人发展始终是集体乃至人类发展的重要基础。个体是集体包括群体的元素与起点。人的类的存在总是以个人的存在为先决条件的。有个体未必有群体,但是没有个体便一定无群体。对于个人的尊重,对于个人的关注,对于个人发展的重视,是必然而首要的。每个人的发展对于集体或群体或类的发展来说都具有重要的价值,因此我们必须高度关注个人的发展、个人发展权以及与个人发展权相关的理论。

个人发展的差异性要求我们必须对个人发展及其相关权利进行更为全面的研究。个人状态是多样的,多样的个人状态为个人发展提供了不同的条件和能力。人的个体差异性为人的不同发展提供了前提,也为人与人之间的不平等发展和发展的不平等创造了条件,于是个人的发展状况也是千差万别的。随着人类文明的发展,人类个体应当获得更自由、更全面的发展空间。对于每一个人自由而全面的发展空间的保障,需要我们从政治、经济、文化、社会等各个方面做出努力,法律就是多种努力之一,同时又是必须借助的重要手段和必要手段。至于发展中的弱势者,我们必须给予更多的关注乃至帮助,以保障其个人发展权的实现。这又从另外一个角度对法律的保障提出了新的更高的要求。

没有个人发展权的理论研究,发展权保护的实践就不可能全面推进,发展权就无法得到全面保障。没有相应的研究,个人发展权的保护就会因此而受到局限,集体发展权也就失去了极为重要的个体基础。个人发展权理论在整个发展权理论中具有基础性的重要意义。国家作为集体的人权主体,是在国际法意义上的,但是在国际法和国内法的双重意义上,个人都是发展权的重要主体。没有对于个人发展权的充分保障,国家的发展权也很难落到实处。每一个国家的发展问题,尤其是发展权利实现与否的最后结果,都是归属于特定国家的每一个公民的。因此,对个人发展权的保障,是保障发展权的实际行动和具体内容,不仅不可忽视,而且必须被重视。

(二) 推进发展权法律理论研究的需要

在人权研究中,发展权的理论研究十分薄弱,急需强化相关的理论研究。发展权的理论研究之所以十分薄弱,是有其客观、主观和时间的原因的。从客观上讲,发展权研究只是人权研究的构成部分与内容之一。人权的内容极为丰富,人权理论也是一个内容博大的理论体系。发展权不过是人权之一,发展权理论不过是人权理论的构成部分。因此,对于发展权的研究无多,既是事实,也有客观的原因。从主观上讲,长期以来,人们倾向于认为发展权是国际人权,是国际法中的问题,相对忽视了发展权在国内与在国内法中的意义。在对发展权的认识上,国内学者倾向于认为发展权主要是国家作为一个集体的权利,而相对忽视了个人发展权的研究。这两种认识都成为影响发展权理论进展的主观因素。从时间上讲,发展权理论研究起步甚晚,它的发展状况不能与其他权利研究相提并论,也是理所当然的。发展权理论是在第二次世界大战之后,才逐步引起人们的关注的。从发展权问题被提出到现在,还不到一个世纪。研究时间不长,也是理论发展不充分的重要原因之一。正是由于以上的原因,人类关于发展权研究的理论积累并不丰富,甚至可以说十分贫弱。面对整个发展权研究都比较薄弱的现实状况,加强对个人发展权的研究必然会有助于整个发展权理论研究,进而丰富整个人权理论研究。

在中国对发展权的研究中,个人发展权的研究更为薄弱,急需相关的理论创新。理论的第一属性必须是科学性,必须符合事物的客观实际。发展权本来就既有集体的发展权,又有个人的发展权,如果仅仅研究集体的发展权,那么发展权理论必然是残缺的。科学认识个人发展权,是我们认识和把握个人发展权乃至整个发展权的理论需要。理论的科学性,制约着实践的正确性。如果说发展权的主体是双重的,那么个人发展权也居其二分之一,其重要性在理论上是不言而喻的。目前,我们在理论上对于集体发展权的重视无疑是值得肯定的,但是对于个人发展权的忽视也是必须要被修正的。我们急需在个人发展权研究上推进理论创新,进而丰富和完善整个发展权理论,为人类个体和整体的更好发展以及权利保障做出更好的理论引导。

(三) 中国争取国际话语权的需要

总体上我们完全可以说世界是美好的,但是也可以说,世界是不平静的。由于国内外状况的不同、客观环境的限制、思想认识的差异、意识形态的影响等等,在人权问题上,国际社会存在着一些重大的分歧乃至斗争都是不争的事实。这些分歧又往往成为国际社会各种力量较量与消长的重要原因。在国际人权话语体系中,不可否认的是西方仍然处于强势状态,中国的国际话语权相对较弱。面对西方的强势话语压力,我们必须争取中国的国际话语权,用科学、理性的声音修正西方的偏见,发出中国的声音,推进中国人权理论的发展。在人权问题上,中国要争取国际话语权,一是要努力地发展人权事业,切实提高人权保护水平和实际保护状态,为中国的人权话语权提供事实根据,二是要加强人权理论研究,为中国的人权话语权提供理论支撑,这就意味着要有大量关于人权研究的理论成果,尤其是在一些重要的人权理论领域。这两个方面缺一不可,同时,这两个方面又紧密联系。没有人权的进步,就难以有人权理论的发展;没有人权理论的发展,人权事业的发展也会受到认识的局限。

在中国当下,开展个人发展权研究也是我们争取国际话语权、发表中国见解、进行国际人权斗争的需要。"发展是解决所有问题的关键",时至今日,我们对发展权对于人类的重要意义已经形成共识。我们国家始终坚持以人民为中心的发展思想,在推动发展权方面做出了艰苦的努力,也取得了巨大的成就。党的十九大报告指出:"脱贫攻坚战取得决定性进展,六千多万贫困人口稳定脱贫,贫困发生率从百分之十点二下降到百分之四以下。教育事业全面发展,中西部和农村教育明显加强。就业状况持续改善,城镇新增就业年均一千三百万人以上。城乡居民收入增速超过经济增速,中等收入群体持续扩大。覆盖城乡居民的社会保障体系基本建立,人民健康和医疗水平大幅提高,保障性住房稳步推进。"但是在国际上,受各种因素的影响,一些西方国家往往以我们国家在发展过程中"集体人权高于个人人权"为由进行人权攻击。攻击的背后,既有意识形态差异的因素,也有我国在人权领域国际传播能力不足的原因。这体现了我们在个人发展权上的理论研究不足,不能很好地回应西方的质疑。因此,加强个人发展权的理论研究是做好人权的国际传播、构建中国特色人权话语体系、加强我们在国际人权领域话语权的多重需要。我们要用学术向世界阐释,在发展权上,我们始终坚持个人人权与集体人权的统一,我们发展的目的就是为了人民,就是为了每一个人自由而全面的发展。从人权的国际传播上来说,个人发展权的研究是一个现实的课题。

三、研究个人发展权应坚持的原则

需要指出的是,本书所探讨的个人发展权和西方所强调的个人主义有着根本的区别,主要体现在以下四个方面。

第一,我们所说的个人发展权,坚持以马克思主义为指导。马克思主义坚持唯物论,认为人权是一种社会的、历史的产物;西方认为人权是天赋的,具有先验性。马克思主义体现着人类对人、历史、社会的科学认知,对于个人发展权的理论研究具有重要的科学意义,是科学的指导思想。个人发展权理论是共产主义理论的必然要求。共产主义社会的理想目标就是每个人的自由发展与一切人的自由发展,二者并存,共同成为统一的整体。

第二,我们所说的个人发展权,坚持个人人权与集体人权的统一。马克思主义认为,人既具有自然属性,又具有社会属性,其中社会属性是人的根本属性。人的社会属性决定了人不能脱离集体而实现个人的发展。"每个人的自由发展是一切人的自由发展的条件"[1],"只有在共同体中,个人才能获得全面发展其才能的手段"[2]。我们既重视个人发展权,又重视集体发展权,努力使二者相互协调、相互促进。没有个人的发展,就没有集体的发展;同时,也只有在集体中,个人才能获得全面发展。发展权既是每个人的人权,又是国家、民族和全体人民共同享有的人权。个人发展权只有与集体发展权统一起来,才能实现发展权的最大化。

第三,我们所说的个人发展权,与西方人权观有着不同的文化基础。中国传统文化里的个人,讲究"仁义礼智信""先天下之忧而忧,后天下之乐而乐""吾日三省吾身""己所不欲,勿施于人",等等。我们的传统文化注重的是一种内省的、利他的个人权利。而西方文化中更多强调的是自我,是一种个人主义的人权观。对于这种过于强调个人主义所带来的消极影响,美国学者霍勒曼指出:"与这种对个人的盲目信

---

[1] 《马克思恩格斯选集》第1卷,人民出版社1995年版,第294页。
[2] 《马克思恩格斯选集》第1卷,人民出版社1995年版,第119页。

仰相伴随的,是对集体、特别是对政治机构的不信任。"①

第四,我们所说的个人发展权,坚持以人类命运共同体理念为指导。自我国提出的构建人类命运共同体理念被写入联合国人权理事会决议之后,人类命运共同体理念已成为国际人权话语体系的重要组成部分。人类命运共同体理念尊重文明的多样性,强调包容互鉴是促进和保护人权的动力,不同的国家、不同的文明之间应平等交流、相互借鉴。坚持以人类命运共同体理念为指导,就必然要尊重人权的普遍性与特殊性相结合的原则。国与国之间经济发展水平、历史文化传统的不同,决定了各国在实现个人发展权的过程中会有轻重缓急之分,我们必须科学理性地予以认知。

---

① 霍勒曼:《西方人权运动中的个人主义》,载沈宗灵、黄枬森主编:《西方人权学说》(下),四川人民出版社1994年版,第338页。

第二章　个人发展权研究的思想指导

马克思主义对于我们今天的法律和法学学习者、研究者来说,具有政治指导和学术先导的双重意义。虽然由于时代的原因,马克思和恩格斯本人都没有直接研究或者论述过个人发展权的问题,但是他们对于人的发展包括个人发展都有许多精彩论述,对于权利有着许多深刻认知。他们的论述和认知对于我们今天进行个人发展权研究依然具有重要的政治与学术意义。本章拟对马克思、恩格斯两位思想家的相关论述做一个简要的梳理,并以此指导后文对个人发展权的研究。

第一节　个人是马克思主义的关注焦点

一、必须从个人出发

人首先是个体的。没有个人,就没有社会;没有个体,就没有集体。个人与社会、个体与集体总是相对应而存在的。个人是出发点。我们所有的人或者说一切人的发展都是以个人发展为基础的。马克思主义作为唯物论和辩证法的集大成者,当然是就此得出科学结论的伟大学说。

马克思对于"个人"有许多经典论述。这些论述揭示了人类社会科学研究的一个重要真理,即必须从个人本身出发。他认为一切有关人类社会历史的研究都应该从现实的、有生命的个人本身出发,这是一个基础性质的认知,他告诉了我们社会科学研究的起点和基点。从人延伸到社会再延伸到更广阔的领域,我们的研究就可以获得更多的成果。这是为什么?因为如同马克思所看到的,"全部人类历史的第一个前提无疑是有生命的个人的存在"①,"人们的社会历史始终只是他们的个体发展的历史"②。人类的发展的确存在超乎个人之上的集体发展、社会发展等,但是这些发展都与个人发展密切相关,而且始终没有离开过个人发展。还因为"人是一个特殊的个体,并且正是他的特殊性使他成为一个个体,成为一个现实的、单个的社会存在物"③。人作为特殊的个体,是相对于其他动物的个体性而言的,作为个体的人不同于其他动物;同时,也是相对于人的社会性而言的,人当然具有社会性,甚至社会性还是人的本质属性,但是即使是社会性也没有离开人的个体性,人的社会性也是基于个体而具有的社会性。

恩格斯曾经十分明确地指出:"我们必须从我,从经验的、肉体的个人出发,不是为了像施蒂纳那样陷在里面,而是为了从这里上升到'人'。"④这一句话的内容十分丰富,我们先来看它的第一个方面:必须从"我"出发,从个人出发。这与前述马克思的一系列论述是一致的。对于个人重要性的认识和强调,是马克思和恩格斯学说的共同之处,他们都认为,个人应该是我们开展社会历史和科学研究的出发点。如同

---

① 《马克思恩格斯选集》第1卷,人民出版社1995年版,第67页。
② 《马克思恩格斯全集》第27卷,人民出版社1972年版,第478页。
③ 《马克思恩格斯全集》第42卷,人民出版社1979年版,第123页。
④ 《马克思恩格斯全集》第47卷,人民出版社2004年版,第330页。

马克思一样,恩格斯反复告诉我们他对于人的思考。在他看来,对于人的一切研究的基点或者说出发点,就是个人。从这里出发,并不是要局限于这里,而是要上升到"人",是为了对"人"做更为深入的研究,得出更为普遍、更为科学的结论,这是恩格斯论述的另一个方面。这两个方面结合起来,便构成了恩格斯对于个人的基本看法。

在马克思看来,我们每个人都是以个体的他人作为"镜子"来认识自己的,而且人这个物种就是以个体为表现形式的。为此,马克思有过一段精彩的论述,他说:"人起初是以别人来反映自己的,名叫彼得的人把自己当作人,只是由于他把名叫保罗的人看作是和自己相同的。因此,对彼得说来,这整个保罗以他保罗的肉体成为人这个物种的表现形式。"①这里的彼得、保罗都是个人,他们通过认识别人来认识自己。这里的"别人""自己"都是一个个活生生的个人。"个人"是人认识自己的重要基点和起点。

专制政体是对个人价值的否定,这当然是对个人的反动,是对个人地位、尊严乃至作为社会活动主体的否定。马克思和恩格斯都是专制政体的反对者。马克思在批判普鲁士书报检查令时说:"我们大家都服从检查制度,就像专制政体下面人人一律平等一样,这当然不是从承认我们每个人的价值的意义上来说,而是从我们大家都无价值的意义上来说。"②专制政体对于个人来说,是否定。它常常假借集体之名,行否定个人之实。马克思对专制政体的批判,至今仍然具有重要的理论意义和实践价值,是批判反动的专制统治、推动社会民主发展的重要思想武器和精神动力。

---

① 《马克思恩格斯全集》第23卷,人民出版社1975年版,第67页注释。
② 《马克思恩格斯全集》第1卷,人民出版社1956年版,第90页。

二、必须从社会视角来认识个人

上文引述了恩格斯的论述:"我们必须从我,从经验的、肉体的个人出发,不是为了像施蒂纳那样陷在里面,而是为了从这里上升到'人'。"[1]这一论述除了必须从"我"、从个人出发的意思之外,还有另外一层意思,就是必须上升到"人"来认识个人,也就是必须从社会视角来认识个人。下面这段马克思的论述,也许可以理解为是对恩格斯见解的有力补充。他说:"对于各个个人来说,出发点总是他们自己,当然是在一定历史条件和关系中的个人,而不是思想家们所理解的'纯粹的'个人。"[2]从历史条件和关系来看,"个人"再也不是纯粹的"个人",而是特定社会环境中的"个人","个人"在这里就具有了更为丰富的社会意义。

从社会生产力的角度来看,个人并不是真正的力量。个人是生产力的元素,但是无法成为真正的社会生产力的全部,因为"个人(他们的力量就是生产力)是分散的和彼此对立的,而这些力量从自己方面来说只有在这些个人的交往和相互联系中才能成为真正的力量"[3]。任何个人都是分散的和彼此对立的,只有在人的交往和相互联系中,才能成为真正的力量。社会的生产力依赖于个人,但并不局限于个人。

个人既是自然的,也是社会和国家的。要全面认识个人,就必须放到社会和国家的视野下加以考察。因出生而被赋予生命的个人,是自

---

[1] 《马克思恩格斯全集》第47卷,人民出版社2004年版,第330页。
[2] 《马克思恩格斯全集》第3卷,人民出版社1960年版,第86页。
[3] 《马克思恩格斯全集》第3卷,人民出版社1960年版,第75页。

然属性的个人,而国家规定的个人,才是社会意义的个人。马克思认为:"出生只是赋予人以个人的存在,首先只是赋予他以生命,使他成为自然的个人;而国家的规定,如立法权等等,则是社会产物,是社会的产儿,而不是自然的个人的产物。"①马克思进一步阐释道:"我生下来就是人,这和社会是否承认无关,可是我生下来就是贵族或国王,这就非得到大家的公认不可。"②因此,"人并不是抽象地栖息在世界以外的东西。人就是人的世界,就是国家、社会"③。马克思在这里论述了自然出生与国家规定的差异,虽然同为个人,但是一个是自然的个人,一个是社会的个人。马克思的论述,深化了对于人的社会性的认识。人是自然的,这是肯定的。但是,人不仅是自然的,更是社会的,更是由国家规定的。个人的特定社会地位、特定的社会职能等甚至就是由立法权来设定的。所以,不可以把人作为孤立的个人来理解,要把人放到国家和社会的背景下加以认识。

个人并不是个体的存在,他总要与政府权力产生联系。马克思曾经用"马铃薯"来比喻19世纪的法国农民与政府权力之间的关系,形象而生动地揭示了个人与政府权力之间的关系状态。"小农人数众多,他们的生活条件相同,但是彼此间并没有发生多式多样的关系。他们的生产方式不是使他们互相交往,而是使他们互相隔离。这种隔离状态由于法国的交通不便和农民的贫困而更为加强了。他们进行生产的地盘,即小块土地,不容许在耕作时进行任何分工,应用任何科学,因而也就没有任何多种多样的发展,没有任何不同的才能,没有任何丰富的社会关系。每一个农户差不多都是自给自足的……这

---

① 《马克思恩格斯全集》第1卷,人民出版社1956年版,第377页。
② 《马克思恩格斯全集》第1卷,人民出版社1956年版,第377页。
③ 《马克思恩格斯全集》第1卷,人民出版社1956年版,第452页。

样,法国国民的广大群众,便是由一些同名数相加形成的,好像一袋马铃薯是由袋中的一个个马铃薯所集成的那样。……他们不能代表自己,一定要别人来代表他们。他们的代表一定同时是他们的主宰,是高高站在他们上面的权威,是不受限制的政府权力。"①个人不可能离开国家和社会,即便哪一天国家消亡了,社会依然是存在的,人既是个人,也是社会的人,是社会中的个人。

三、历史发展与更进步的个人自主活动

历史发展与个人是什么关系?马克思主义思想家有许多论述,一个整体的判断是,"整个历史发展过程中构成一个有联系的交往形式的序列,交往形式的联系就在于:已成为桎梏的旧的交往形式被适应于比较发达的生产力,因而也适应于更进步的个人自主活动类型的新的交往形式所代替;新的交往形式 à son tour〔又〕会变成桎梏并为别的交往形式所代替。由于这些条件在历史发展的每一个阶段上都是与同一时期生产力的发展相适应的,所以它们的历史同时也是发展着的、为各个新的一代所承受下来的生产力的历史,从而也是个人本身力量发展的历史"②。到了共产主义社会,个人不但没有被消灭,反而具有了更为普遍的意义,因为那时"狭隘地域性的个人为世界历史性的、真正普遍的个人所代替"③。

马克思和恩格斯的以上论述内涵极为丰富,至少可以给我们这样几点启示:

---

① 《马克思恩格斯全集》第 8 卷,人民出版社 1961 年版,第 217 页。
② 《马克思恩格斯全集》第 3 卷,人民出版社 1960 年版,第 81 页。
③ 《马克思恩格斯全集》第 3 卷,人民出版社 1960 年版,第 39 页。

一是,马克思主义认为,历史发展、社会交往形式发展、生产力发展、人本身力量发展与更进步的个人自主活动类型,是相关联的。个人更进步的发展离不开历史发展、社会发展、生产力发展、人本身力量发展,也许可以认为是它们发展的基础和表现。

二是,马克思主义认为,个人是进步发展的;个人的进步发展在历史发展中具有重要的地位,必须予以高度的关注。个人进步发展的重要内容是"更进步的个人自主活动类型"。个人的自主活动是个人主观能动性的体现,是个人的生命活力,这些自主活动也是不断发展进步的。

三是,马克思主义认为,在共产主义社会中,个人不是被消灭或者不再存在,而是由"世界历史性的、真正普通的个人"将"狭隘的地域性个人"取代。个人在共产主义社会中得到了新的发展,成为了新的重要元素,他将成为新社会的主体,成为"真正普通的个人"。

在马克思看来,要使个体的个性成为可能,就必须发展每个人的能力。他说:"要使这种个性成为可能,能力的发展就要达到一定的程度和全面性。"[1]个人发展,不是指某一方面的发展,而是要有程度与范围的考量。程度要达到一定的状况,范围要具有全面性。在全面性的能力发展中,马克思特别强调艺术与科学的因素。他在著作中特别强调人的个性自由发展中包含着在艺术、科学等方面的发展。"个性得到自由发展,因此,并不是为了获得剩余劳动而缩短必要劳动时间,而是直接把社会必要劳动缩减到最低限度,那时,与此相适应,由于给所有的人腾出了时间和创造了手段,个人会在艺术、科学等等方面得到发展。"[2]实现个人在科学、艺术上的发展,当然需要条件,这个条件就是

---

[1] 《马克思恩格斯全集》第30卷,人民出版社1995年版,第112页。
[2] 《马克思恩格斯全集》第46卷(下),人民出版社1980年版,第218—219页。

社会必要劳动缩减到最低限度。能把这一点做到最佳状态的只有一个社会形态,那就是共产主义社会。马克思对于人的发展的论述总是和他所认定的人类理想——共产主义社会紧紧联系在一起的。

第二节 个人发展是马克思主义的重要目标

在马克思主义的视野中,人的本质是一种社会存在,人的发展就是作为社会主体的现实的人,通过实践将自己的内在需要、内在潜能、内在意志力等本质力量外化,在这种外化的过程中不断占有自己本质的过程。作为个体的人的发展历史,就是人的自身不断得到完善、逐步走向全面发展的历史。

一、人的发展的历史阶段

马克思认为,人追求自身解放从而获得全面发展是一个历史发展过程。人将随着时间的推移而不断地发展,这个历史发展过程可以分为三个阶段:"人的依赖关系(起初完全是自然发生的),是最初的社会形态,在这种形态下,人的生产能力只是在狭窄的范围内和孤立的地点上发展着。以物的依赖性为基础的人的独立性,是第二大形态,在这种形态下,才形成普遍的社会物质交换、全面的关系、多方面的需求以及全面的能力的体系。建立在个人全面发展和他们共同的社会生产能力成为他们的社会财富这一基础上的自由个性,是第三个阶段。第二个阶段为第三个阶段创造条件。"①

第一阶段——人的依赖关系。由于生产力水平极其低下,分工不发达,社会关系比较单一,人的依赖关系是建立在自然经济形态基础之上的,人与人之间彼此相互依赖,比如庄园主和农奴、地主与农民、行东与帮工等等,都是建立在物质生产关系之上、以人身依附关系为特征的。在这个阶段,人的个性发展是原始的、狭隘的,受生产力水平以及社会关系的制约。

第二阶段——人的独立性。一方面,生产力的高度发展随之带来了一系列的变化,分工和私有制出现,商品生产与交换发展起来,在此基础之上,人们的社会关系开始丰富多样,人们开始从原始的人身依附关系中解放出来,拥有了相对独立性和自由。另一方面,资本主义经济的高度发展同时带来了人的异化。人的劳动不是自由自觉的劳动,而是异化的劳动,异化劳动使得人的发展又是片面、畸形的。

第三阶段——自由个性。这一阶段相当于共产主义社会阶段,整个社会建立在共同占有和控制生产资料的基础上,私有制、阶级以及剥削制度等都已消失,作为个体的人真正实现了自由和独立。"人们第一次成为自然界的自觉的和真正的主人,因为他们已经成为自己的社会结合的主人了……只是从这时起,人们才完全自觉地自己创造自己的历史;只是从这时起,由人们使之起作用的社会原因才在主要的方面和日益增长的程度上达到他们所预期的结果。这是人类从必然王国进入自由王国的飞跃。"②人类发展的这个最高阶段,"代替那存在着各种阶级以及阶级对立的资产阶级旧社会的,将是一个以各个人自由发展

---

① 《马克思恩格斯全集》第46卷(上),人民出版社1979年版,第104页。
② 《马克思恩格斯全集》第19卷,人民出版社1963年版,第245页。

为一切人自由发展的条件的联合体"①。

与人的依赖关系、人的独立性、自由个性这三个阶段相对应的,也就是人的发展的三个阶段:原始狭隘的人—片面独立的人—自由全面的人。马克思主义特别重视人的发展,在他的众多理论学说中,都关注到人的发展问题,他毕生为之奋斗的事业就是要实现人的自由而全面的发展,实现全人类的解放。

二、个人发展与一切人发展

人的发展是指"每一个社会成员都能够完全自由地发展和发挥他的全部力量和才能"②。在马克思看来,人的发展包括了每一个人的发展以及一切人的发展,发展权的主体既是具体的人,也是抽象的人,应当包括个人发展权和一切人的发展权。1848年2月,马克思、恩格斯在《共产党宣言》中指出:"代替那存在着阶级和阶级对立的资产阶级旧社会的,将是这样一个联合体,在那里,每个人的自由发展是一切人的自由发展的条件。"③1894年1月3日,意大利人卡内帕写信给恩格斯,请他为即将出版的《新纪元》周刊的创刊号题词,要求用尽量精炼的语言来描述对未来的社会主义纪元的构想。恩格斯认为,除了有一段话,恐怕再也找不到更合适的。恩格斯所指的那段话,依然是《共产党宣言》里的这段话。

马克思主义认为,人的自由发展首先应当是每一个人的自由发展;在个人发展与集体发展之间,个人发展具有特殊的重要意义。当然,马

---

① 《马克思恩格斯全集》第4卷,人民出版社1958年版,第491页。
② 《马克思恩格斯选集》第1卷,人民出版社1995年版,第237页。
③ 《马克思恩格斯选集》第4卷,人民出版社1995年版,第730—731页。

克思从来没有否认过集体对于个人发展的重要性,他认为:"只有在共同体中,个人才能获得全面发展其才能的手段。"①人的本质是一切社会关系的总和,个人的发展依赖于社会的发展,依赖于与他直接或间接进行交往的其他一切的发展,因此,人不可能独立于集体而实现自身的发展。人的自由发展的主体,首先应当是作为个体的、现实的、具体的人的发展,"人们的社会历史始终只是他们的个体发展的历史,而不管他们是否意识到这一点"②,"每个人的自由发展是一切人的自由发展的条件"③。可见,马克思认为,个人的发展是集体发展的基础和条件,只有集体中的每个人发展了,集体的发展才有动力和可能。从这个意义上说,每个人的自由发展是一切人的自由发展的条件。

恩格斯在《反杜林论》中指出:"要不是每一个人都得到解放,社会本身也不能得到解放。"④"一些人靠另一些人来满足自己的需要,因而一些人(少数)得到了发展的垄断权;而另一些人(多数)经常地为满足最迫切的需要而进行斗争,因而暂时(即在新的革命的生产力产生以前)失去了任何发展的可能性。"⑤马克思、恩格斯强调个人发展的主体是平等的,发展是每个人都应当享有的权利,而不是被少数人垄断的特权。如果只是一部分人发展,另一部分人处于发展的边缘或者被剥夺了发展的权利,社会的发展则是片面、畸形的,或者是难以持续的。长此以往,即使享有发展特权的人也逐渐会被边缘化。平等的发展权为社会中的每一个人提供平等的发展机会、发展资源、发展条件以及发展保障。只有社会中每一个人都享有发展的权利,每个人的潜能都被激

---

① 《马克思恩格斯选集》第1卷,人民出版社1995年版,第119页。
② 《马克思恩格斯选集》第4卷,人民出版社1995年版,第532页。
③ 《马克思恩格斯选集》第1卷,人民出版社1995年版,第294页。
④ 《马克思恩格斯全集》第20卷,人民出版社1971年版,第318页。
⑤ 《马克思恩格斯全集》第3卷,人民出版社1960年版,第507页。

发,人类社会才能得到真正的发展。因此,平等的发展权是每一个人发展的保障。

三、个人需要与个人发展

需要是生物体为了维持自身的生存和发展的本性,人的需要也即是人的本性。马克思在《德意志意识形态》中说:"他们的需要即他们的本性,以及他们求得满足的方式,把他们联系起来。"①从这里不难看出,需要是人的本性,需要及其满足方式是人与人联系的纽带。没有需要就没有人。人从其一出现就产生需要,正是需要获得满足才使人获得了生存的条件与可能,人才切实地生存了下来。

个人需要首先是对物质生活资料的需要。1883年,恩格斯在《在马克思墓前的讲话》中说:"正像达尔文发现有机界的发展规律一样,马克思发现了人类历史的发展规律,即历来为繁茂芜杂的意识形态所掩盖着的一个简单事实:人们首先必须吃、喝、住、穿,然后才能从事政治、科学、艺术、宗教等等;所以,直接的物质的生活资料的生产,因而一个民族或一个时代的一定的经济发展阶段,便构成为基础,人们的国家设施、法的观点、艺术以至宗教观念,就是从这个基础上发展起来的,因而,也必须由这个基础来解释,而不是像过去那样做得相反。"②恩格斯指出的马克思发现的人类历史的发展规律,阐明了人作为有生命的个体存在,生存是人第一位的要求。人,首先是自然的人。人是拥有自然生命的生命体,这是人得以存在的依据。生存是生命的表现状态和存

---

① 《马克思恩格斯全集》第3卷,人民出版社1960年版,第514页。
② 《马克思恩格斯全集》第19卷,人民出版社1963年版,第374—375页。

在方式,生存是人的第一需求。人作为人的意义首先是维系生命、满足温饱,其次才是使人得到发展。正如马克思所发现的人类历史发展规律,人们从事政治、科学、艺术、宗教等活动的权利,必须在吃、喝、住、穿等物质需求都满足了之后才可以实现。需要指出的是,生存对于人的价值意蕴不只局限于物质生活的满足,更重要的是有尊严地生活。对于人而言,生存的标准如果仅仅在于满足温饱,那么人和动物又有什么区别呢?动物满足了温饱就可以生存,而人不仅有物质需求,还有更高层次的精神需求。因此,个人生存需要的满足是个人发展的基础,发展则是个人生存状态及其需要的延伸和必然要求。

人的需要是客观的,具有客观性,在根本上同人的社会存在相联系。不管人们是否承认需要的客观性,需要都是客观存在的。因为没有需要的客观存在,人类就失去了存在的物质条件。人的客观需要不能否定,也不容否定。需要当然可以进行一定程度的协调或调整,但是需要是不可随意否定的。任何完全否定人的需要的企图,最后都会以失败告终。

人的需要是相当广泛的,是一个大的系统,内容丰富,层次复杂,具有多结构、多层次的特点。在马克思看来,"人以其需要的无限性和广泛性区别于其他一切动物"[1]。从人的本性出发,马克思把人的需要主要划分为自然需要、社会需要、精神需要。因为"在马克思的理论中,人是自然存在物、社会存在物和精神存在物的统一,人性是人的自然属性、社会属性和精神属性的综合,所以,所谓符合人性或者属于人性的需要,从其类型上说,也就是指人的自然需要、社会需要和精神需要"[2]。自然需要是人维持生存最基本的本能需要;社会需要是人在社

---

[1] 《马克思恩格斯全集》第49卷,人民出版社1982年版,第130页。
[2] 袁贵仁:《马克思的人学思想》,北京师范大学出版社1996年版,第148页。

会交往或社会实践中所产生的认知、教育、审美、被认可等需要;精神需要包括人的安全、尊严、幸福、归属感等,包括参与政治、参与决策、进行科学研究、开展文化创作以及实现人生理想等方面的需要。马克思还从需要的性质角度,将人的需要区分为物质需要和精神需要。

人的需要是一个历史发展过程。马克思说:"已经得到满足的第一个需要本身、满足需要的活动和已经获得的为满足需要而用的工具又引起新的需要。"[1]需要—满足—新的需要—新的满足,这是马克思主义对于需要与满足之间关系的描述与概括。其实,人类整体及个人就是在这样的关系中获得了发展乃至新的发展。需要的满足引发新的需要,新的需要要求新的满足,个人和人类就在这样的历史递进中向前发展。人的需要总是伴随着社会的发展而不断呈现一种上升趋势,实现人的自由而全面的发展,就是人最高的发展需要。

当人类处于不同的发展阶段时,用来满足自身需要的方式是不同的,并且也是发展着的。人的需要的满足方式反映了人的发展阶段,也反映了社会发展的文明程度。马克思曾说:"饥饿总是饥饿,但是用刀叉吃熟肉来解除的饥饿不同于用手、指甲和牙齿啃生肉来解除的饥饿。"[2]人的需要是发展的,人满足需要的方式也是发展的。在马克思看来,人的一切行为都是为了满足自己的某种需要,人实现自身发展的动机就在于不断满足自身发展的需要。马克思说:"每一种革命和革命的结果都是由这些关系决定的,是由需要决定的。"[3]恩格斯认为:"就单个人说,他的行动的一切动力,都一定要通过他的头脑,一定要转变为他的意志的动机,才能使他行动起来。"[4]正是这种客观存在的、

---

[1] 《马克思恩格斯选集》第3卷,人民出版社1960年版,第32页。
[2] 《马克思恩格斯全集》第12卷,人民出版社1962年版,第742页。
[3] 《马克思恩格斯全集》第3卷,人民出版社1960年版,第439页。
[4] 《马克思恩格斯选集》第4卷,人民出版社1995年版,第251页。

不断发展着的需要,推动着人不断实现自身的发展。

人是具体的人、现实的人、社会的人,是对象化的社会存在。人通过社会实践而存在,在实践中形成各种社会关系。"现实的人"指的是在一定的社会关系中从事实践活动的有生命的感性存在物,"以一定的方式进行生产活动的一定的个人,发生一定的社会关系和政治关系"①。在马克思看来,物质生活本身决定了人的需要和人的意识,"他们是什么样的,这同他们的生产是一致的——既和他们生产什么一致,又和他们怎样生产一致。因而,个人是什么样的,这取决于他们进行生产的物质条件"②。

四、个人需要与生活、享受、发展资料

如前文所述,人的需要是相当广泛的,可以被分为个人需要和社会需要。马克思和恩格斯对于这二者都有许多论述。限于本书的主题,下文将对马克思和恩格斯关于个人需要的论述做一个探讨。

(一) 个人需要与生活资料

马克思认为,"在现实世界中,个人有许多需要"③。个人需要什么呢?恩格斯在《自然辩证法》中对此有回答。他将人的需要对象分为生活资料、享受资料和发展资料,他说:"一有了生产,所谓生存斗争便不再围绕着单纯的生存资料进行,而要围绕着享受资料和发展资料

---

① 《马克思恩格斯选集》第1卷,人民出版社1995年版,第71页。
② 《马克思恩格斯选集》第1卷,人民出版社1995年版,第68页。
③ 《马克思恩格斯全集》第3卷,人民出版社1960年版,第326页。

进行。"①

在马克思的心目中,个人需要是客观存在的,而且内容是丰富的——有"许多"个人需要。这些个人需要是必要的需要,也是归结为自然主体的那种个人需要,而不是超出作为自然主体的个人需要。满足作为自然主体的个人需要的那些对象,在恩格斯那里就是生活资料。

马克思曾经有这样的论述:"在任何社会生产……中,总是能够区分出劳动的两个部分,一个部分的产品直接由生产者及其家属用于个人的消费,另一个部分即始终是剩余劳动的那个部分的产品,总是用来满足一般的社会需要,而不问这种剩余产品怎样分配,也不问谁执行这种社会需要的代表的职能。"②马克思讲的"一部分产品"就是恩格斯讲的生活资料。在马克思看来,这种对于生活资料的需要就是必要的需要。"必要的需要就是本身归结为自然主体的那种个人的需要。"③

马克思的认识并没有止步于此,他还进一步分析了生活资料与不同国家和不同文明状况之间的关系。他说:"工人作为工人而生活所需要的生活资料,在不同国家,不同的文明状况下当然是不同的。衣、食、住和取暖这些自然需要本身的多少,取决于不同的气候。同样,因为所谓的第一生活需要的数量和满足这些需要的方式,在很大程度上取决于社会的文明状况,也就是说,它们本身就是历史的产物,所以,在某一国家或某一时期属于必要的生活资料的东西,但在另一国家或另

---

① 《马克思恩格斯全集》第20卷,人民出版社1971年版,第653页。
② 《马克思恩格斯全集》第25卷,人民出版社2012年版,第992—993页。
③ 《马克思恩格斯全集》第46卷(下),人民出版社1980年版,第20页。

一时期却不是必要的生活资料。"[1]

（二）个人需要与享受资料

个人需要的对象不仅有生活资料，还有享受资料。恩格斯在个人需要对象三分法的基础上说："人不仅为生存而斗争，而且为享受，为增加自己的享受而斗争。"[2]恩格斯的这一论述充分说明了享受的正当性。只要是在道德上正当的享受，就是个人正当的需要。

人类及个人首先要满足的当然是生活资料的需要，因此需要生产生活资料。随着人类生产的发展，人们还会为享受而生产，为奢侈品而生产。"人类的生产在一定的阶段上会达到这样的高度：能够不仅生产生活必需品，而且生产奢侈品，即使最初只是为少数人生产。这样，生存斗争——假定我们暂时认为这个范畴在这里仍然有效——就变成为享受而斗争，不再是单纯为生产资料斗争。"[3]人类为奢侈品而生产，是人类较高层次的需要，对于这种需要的满足也意味着人在生产和生活的两个方面都得到了发展。

（三）个人需要与发展资料

从前面我们所引的恩格斯的论述中可以看到，发展资料与生活资料、享受资料一并是个人需要的重要对象。人不仅仅需要生活，需要享受，还需要发展。要发展就需要发展资料予以满足，而且发展资料是在生活资料、享受资料之上更进一步的需要对象。

个人在满足生活资料，乃至满足享受资料之后，必然会提出自身发

---

[1] 《马克思恩格斯全集》第47卷，人民出版社1979年版，第43页。
[2] 《马克思恩格斯全集》第34卷，人民出版社1972年版，第163页。
[3] 《马克思恩格斯全集》第34卷，人民出版社1972年版，第163页。

展的问题。何以使自己获得发展,是每一个人都会依据自己的理性提出的问题。这一问题是许多人终生思考并努力回答的问题,只是有些人回答得很好,有些人的回答也许不尽人意而已。尽管人们对于发展的理解有所不同,但是人都有谋求发展的愿望则是不言而喻的。

第三节 个人发展权理论应以马克思主义为指导

马克思主义思想家尤其是马克思和恩格斯并没有直接论述或研究过个人发展权的问题。但是他们对于"个人""个人发展""共产主义社会""权利"都有大量研究。这些研究及其成果,对于我们今天的研究,对于本书写作的意义都是巨大的,它们是我们进行个人发展权研究的理论基础和思想指导。我们可以从前人的既有思想成果中,符合逻辑地推导出一系列科学结论,并将其与我们对社会主义的人权事业、个人发展权的认识结合起来。作为人权的个人发展权,可以从马克思主义学说中得到诸多启示,甚至可以直接得出一系列重要结论。

一、个人发展理论的题中之义

个人发展理论是马克思主义发展理论的重要构成部分。马克思主义发展理论是一个极为丰富的宝库。马克思主义的思想家们从不同视角出发对人的发展做出了一系列重要的论述。在马克思主义发展理论中,有个人发展理论、集体发展理论和社会发展理论等等。

马克思、恩格斯当年的论述并不会因为时代发展而有所增减,是马克思主义是一个发展的体系,也是一个发展的理论。在新时代的马克思主义发展理论中,必然要包含现代发展理念,体现新时代的发展要求。从发展理论或者个人发展理论中进行符合逻辑的推演就必定会发现,在发展权中,有集体发展权理论,也一定会有个人发展权理论。个人发展权理论应是新时代人的发展理论尤其是个人发展理论的重要组成部分。

2016年12月4日,中国国务院新闻办公室和外交部联合举办了纪念《发展权利宣言》通过30周年国际研讨会。来自40多个国家、地区和国际组织的150多名官员、学者齐聚北京,围绕"共享发展:更好造福各国人民"的主题进行研讨。联合国《发展权利宣言》确认发展权利是一项不可剥夺的人权。作为一个拥有14亿多人口的世界最大发展中国家,发展是解决中国所有问题的关键,也是中国共产党执政兴国的第一要务。中国坚持把人权的普遍性原则同本国实际相结合,坚持生存权和发展权是首要的基本人权。多年来,中国坚持以人民为中心的发展思想,把增进人民福祉、保障人民当家作主、促进人的全面发展作为发展的出发点和落脚点,有效保障了人民发展权益,走出了一条中国特色人权发展道路。

二、共产主义理论的必然要求

个人发展权理论是共产主义理论的必然要求。因为共产主义社会的理想目标就是每个人的自由发展与一切人的自由发展。马克思和恩格斯在《共产党宣言》中对共产主义社会的描述是,"代替那存在着阶级和阶级对立的资产阶级旧社会的,将是这样一个联合体,在那里,每个人的自由发展是一切人的自由发展的条件"[1]。每个人的自由发展是基础,是前提;一切人的自由发展则是延伸,是结果。每个人的自由发展与一切人的自由发展二者并存,共同成为统一的整体,成为共产主义的理想图景。

此外,马克思在很多地方论述过个人发展与共产主义社会的关系问题。在谈到人的社会解放的时候,他说,"要不是每一个人都得到解放,社会本身也不能得到解放"[2];在谈到私有制的消灭时,他说,"私有制只有在个人得到全面发展的条件下才能消灭"[3];在谈到共产主义的社会形式时,他说,共产主义是"以每个人的全面而自由的发展为基本原则的社会形式"[4]。

通过以上的论述,我们几乎可以毫不犹豫地说,个人发展是共产主义社会的条件、前提、标志、要求、表现等等。既然如此,每一个人当然地就应该获得发展甚至自由而全面的发展的权利,享有个人发展权;社会、国家乃至国际社会就应当承认并依法认可每个人都有发展的权利;开展个人发展权研究,创建个人发展权理论,推进个人发展权实践,就是共产主义理论的必然要求。

三、权利及其人权理论的应有内容

个人发展权是马克思主义权利理论包括人权理论中应有的内

---

[1] 《马克思恩格斯选集》第4卷,人民出版社1995年版,第730—731页。
[2] 《马克思恩格斯全集》第20卷,人民出版社1971年版,第318页。
[3] 《马克思恩格斯全集》第3卷,人民出版社1960年版,第516页。
[4] 《马克思恩格斯选集》第2卷,人民出版社1995年版,第239页。

容。马克思在《哥达纲领批判》中说:"权利永远不可能超出社会的经济结构以及由经济结构所制约的社会的文化发展。"①其实,当下中国,决定着权利包括个人发展权的根本因素还是中国的社会经济结构。

社会经济结构从根本上影响和制约社会各个领域的发展,推动人类社会的总体进程和发展态势,是个人发展权实现的物质基础和基本前提。从历史唯物主义角度来看,法作为上层建筑,最终是由社会经济基础所决定的。生产力和生产关系是社会经济结构的基础性要素,它决定着社会的基本面貌,决定着人们的社会交往,从根本上决定着权利的产生和发展。因此,个人发展权最终决定于社会经济结构。

人的本质是一种社会存在,物质生产条件是人的本质得以存在的基础。张文显指出,人权是基于经济原因而产生的,不同时代背景的人权状况要从经济关系及其历史发展中去说明。②要想真正理解人的权利,就要把人放在当时的社会历史阶段中去把握。不能超出现实的、特定的历史阶段的社会物质条件,不能离开现实的、特定的历史阶段的人们的生产活动及在此基础上所形成的人们的生活方式去理解人权。

马克思承认资本主义在一定程度上对人的发展是起到积极作用的,资本主义生产力的高度发展为人的发展提供了经济基础,使人实现自身发展具备了现实的可能性。但是资本主义条件下的异化生产却使得人的本质被异化,人成为机器、工具的奴役,这种劳动压制、扭曲了人的本性,抑制了人的潜在能力,限制、剥夺了人的发展权利。在资本主义经济制度下,即使有个人的发展权,那也是少数人的发展权,是资本家的特权,这样不平等的个人发展权是建立在对其他人发展权的剥夺

---

① 《马克思恩格斯全集》第 19 卷,人民出版社 1960 年版,第 22 页。
② 参见张文显:《权利与人权》,法律出版社 2011 年版,第 137 页。

的基础上的。而在马克思、恩格斯所描绘的共产主义社会中,整个社会建立在共同占有和控制生产资料的基础上,私有制、阶级对抗、剥削制度等都已消失,此时个人的发展才真正实现了"对人本质的真正占有",人类才真正实现了由"必然王国进入自由王国的飞跃"。

如同整个权利一样,包括个人发展权在内的整个人权也会受制于特定历史阶段的社会经济结构,我们不能超越社会经济结构去空谈个人发展权。任何以超出社会经济基础而提出过高个人发展需求的主张,都是不切实际的,都只能是空洞的宣言而已。只有社会经济发展水平提高了,整个社会创造出日益丰富的物质生活资料,每个人才能满足自身的发展需求以及享受发展的成果。因此,个人发展权最终决定于社会经济结构。我们应该立足于新时代中国的社会经济结构,努力推动个人发展权理论的发展,推动个人发展的人权实践。所以说,个人发展权理论是马克思主义权利理论特别是人权理论的应有内容。

四、马克思主义是个人发展权研究的重要指导

马克思主义体现着人类对人、历史、社会的科学认知。马克思主义对人类的个人和社会、个体和集体等进行了深入研究,对于人类社会的发展进行了深入研究,并为人类社会的未来发展指明了方向。马克思主义是人类社会科学研究的思想成果、理论成果,对于个人发展权的理论研究具有重要的科学意义,是具有科学意义的指导思想。

马克思主义是我们的政治指导思想。我国宪法明确宣布马克思主义是我们全部实践的指导思想。作为指导思想的马克思主义指导着我们进行一切科学研究,指导着我们的社会科学研究,当然包括法学研究在内。马克思主义的思想学说几乎涉及社会科学研究的各个领域,当

然涉及人类学领域、社会学领域、政治学领域、法学领域等众多领域,也涉及本书特别关注的个人发展权利等重大问题。马克思主义作为科学成果是我们进行现实研究的重要基础和思想指南。

本书将努力以马克思辩证唯物主义与历史唯物主义的基本原理为指导,包括以马克思主义人类学、社会学、政治学、法学思想为指导,力求科学审视个人发展权,做出新的探索,为中国的人权研究、法学研究贡献绵薄之力。

第三章 个人发展权的内容

个人发展权的内容极其丰富,实际上它是个人发展方面的法律权利的结合体或者总和。《发展权利宣言》指出:"发展是经济、社会、文化和政治的全面进程,其目的是在全体人民和所有个人积极、自由和有意义地参与发展及其带来的利益的公平分配的基础上,不断改善全体人民和所有个人的福利。"①

第一节 个人发展权是一项综合性权利

个人发展权是一项综合性权利,它由诸多与人的发展相关的权利集合而成,也体现在诸多权利之中。我们切不可用单一的权利观念来理解发展权,否则我们的视野就过于局限,不利于对于发展权的全面认识和完整解读,也不利于对于发展权的保护和实现。正如我国发布的《发展权:中国的理念、实践与贡献》所指出的,"发展权贯穿于其他各项人权之中,其他人权为人的发展和发展权的实现创造条件"②。

---

① 1986年《发展权利宣言》,https://www.un.org/zh/documents/treaty/A－RES－41－128。

② 国务院新闻办公室:《发展权:中国的理念、实践与贡献》,http://www.xinhuanet.com/politics/2016－12/01/c_1120029207.htm。

个人发展权在内容上至少应当包括个人在政治、经济、文化和社会方面的发展权利。个人在这些方面的发展权利,在既有的法学理论中早已得到了法学家们的普遍关注,在各国的法律制度之中都有着大量的规定。表面上看,上文所描述的这些权利都是既有权利,甚至是对既有法学理论著作或法律制度规定的重复。其实,深入到个人发展权本身中去研究,就会发现本书是从个人发展权的视角出发,对个人发展的权利问题进行的研究,不仅不是对既有法学著作的重复,也不是对既有法律规定的重述,而是深入研究个人发展权利的必需。

首先,从研究的视角来看,传统的法学著作的论述或者既有法律制度的规定,都是从国家与社会角度来表达个人发展权利的。本书试图从个人发展权利的视角,对这些既有的权利做出新的观测,期待能为个人发展权利的研究提供一些与既有法学著作和既有法律制度不完全相同的见解,以有助于相关的研究,推动个人发展权理论的发展。其次,从研究的主体范围来看,本书并不对包括集体和个人在内的整个发展权利进行论述,而仅仅是对与个人发展密切相关的内容进行探究。本书关注的主体焦点是个人,而不是所有主体。当然,由于本书所论证的个人发展权本身就是人权的重要内容,它必然会与有关人权的论著或者制度有所交叉乃至重叠。诚如联合国发展权独立专家森古普塔所说,发展权的每一个组成部分本身就是一项人权,它与有关具体权利的特定义务部门的政策和公共行动相关联。[①] 佩雷特(Alain Pellet)指出,发展权是一项"基础性权利"。这样的基础性权利,并不是简单意义上的综合。一方面,发展权对已有的若干人权进行回顾性的总结;另一方

---

① See "The Right to Development: An Interview with Dr. Arjun Sengupta", *Essex Human Rights Review*, Vol.1, No.1, 2004.

面,它又对这些已存在的人权中的人的发展进行价值意义上的阐释和延伸。[1]

需要指出的是,在人权体系中,有很多权利都与个人的发展有着千丝万缕的内在联系,本书所论述的,主要是与个人发展有着密切关联、对个人发展具有重要价值与意义的权利。

第二节　个人经济发展权

在社会市场经济学家艾哈德(Ludwig Wilhelm Erhard)看来,对于所有的经济政策而言,人都是其中最为核心的问题。一切经济发展的问题最终还是要归结到人的问题上来,经济发展权是个人发展权的基础,是推动人全面发展的根本动力。

一、财产权

财产权是人权体系的一项基本权利,指的是个人通过劳动或其他合法途径获得与积累财富的权利,[2]是个人其他一切权利的基础。在西方,财产权是伴随着启蒙运动和近代资产阶级革命逐步确立与发展起来的,最先是个人为了对抗国家和政府公权力的滥用,作为保护私人财产的一种法律手段而出现的。财产权的确立,实现了财产权与权力

---

[1]　参见 https://scholar.valpo.edu/twls/vol3/iss1/9。
[2]　参见方竹兰:《市场化与马克思主义的发展》,中国人民大学出版社2006年版。

的分离。

也许正是因为财产权在人权体系中的特殊重要意义,格劳秀斯、洛克、卢梭、康德、黑格尔等思想家们对财产权都做出了专门论述。其中洛克对于财产权的论述颇具代表性,主要集中体现在其《政府论》中。他认为财产权是人的天赋权利,是人的一切权利的基础。"人们既然都是平等和独立的,任何人就不得侵犯他人的生命、健康、自由或财产。"[1]财产权之所以在人权体系中具有特殊重要的地位,就在于每个人的生存与发展都依赖于财产,没有财产,就没有生存与发展的根基,财产权是实现个人其他权利的基础和前提。

财产权所保护的财产,既包括有形的财产,也包括无形的财产。随着社会的发展、市场经济体系的不断完善,财产权自身也在不断丰富和扩展。财产权的突出特点就是可以采用货币等单位来对其价值进行衡量和测算,因此在权利受到侵害时可以要求相对人采取返还原物、等价赔偿等方式来进行救济。

财产权对于个人发展而言,具有以下三个方面的意义。

一是财产权是实现个人其他一切权利的前提。财产权的确立,意味着财产所有人的财产受到法律的保护,任何人都不得侵占或剥夺其财产。财产权为个人的生存提供了法律的保障,也为个人行使政治、社会、文化等其他发展权利提供了更好的条件。第一,人只有在解决了生存上的问题之后,才可能谈发展。当人还在为温饱发愁的时候,他最需要的,可能不是一张选票,而是一块面包。第二,财产权的实现为个人行使其他发展权利提供了经济支撑。如果没有财产权的保障,个人的经济、政治、文化等发展权利都难以实现。比如,一个人想要接受良好

---

[1] 洛克:《政府论》,叶启芳、瞿菊农译,商务印书馆2004年版,第2页。

的教育,除了自身的天资、勤奋之外,如果没有一定的经济基础,恐怕受教育权也是难以实现的。相对于个人发展权的其他权利来说,财产权是最为基础且最为迫切的需要。

二是财产权为个人的自由发展提供了空间。近代资产阶级革命胜利后,很多国家都通过颁布法律来强调财产权神圣不可侵犯。比如,法国1789年《人权和公民权宣言》第17条指出,财产是不可侵犯与神圣的权利,除非合法认定的公共需要对它明白地提出要求,同时基于公正和预先补偿的条件,任何人的财产皆不可受到剥夺。美国1791年《权利法案》第4条规定:"人民的人身、住宅、文件和财产不受无理搜查和扣押的权利,不得侵犯。"[1]其中很重要的一个原因就在于财产权通过规范个人与国家包括政府、与他人的财产关系,为人的自由发展提供空间。人们在依法自由处置自己财产的基础上,可以更自主地选择适合自己的发展道路,也使个人的发展具有了多种可能性。比如,房屋的所有权人可以把房屋装修成一个咖啡馆,从事餐饮娱乐业;也可以把房屋装修成一个艺术馆,从事艺术业;还可以把房屋装修成培训机构,从事教育培训业。总之,只要不违反法律,人们可以通过自由处置财产来选择不同的发展路径。

三是财产权为个人的独立发展提供了保障。大卫·休谟在《人性论》中说:"财富产生快乐和骄傲。"[2]财富为什么能够给人以幸福的感受?就是因为财产权可以使人获得人格上的独立。人们因为财产权而有了安身立命的基础,获得了经济上的独立,而经济独立则是人格独立的基础。由此,人们可以不依附于权力,不依附于他人,可以按照自己的意志来选择"退出"或者"进入"。"退出意味着撤出的自由或拒绝参

---

[1] 美国1791年《权利法案》,http://bjgy.bjcourt.gov.cn。
[2] 休谟:《人性论》,关文运译,商务印书馆1980年版,第351页。

与,是一种分离的能力,切断自己与他人之间的联系。"①"进入则意味着加强个体与群体的联系,从而发挥增进人们进入社会的功能。"②"退出"和"进入"意味着个人的独立发展,意味着可以不按照他人的意志,有能力跳出既定的发展框架,选择一条能够最大程度激发自己潜能的发展途径。

二、劳动权

自古以来,劳动就是人们用来谋生最为基本和普遍的手段。《庄子·让王》曰:"春耕种,形足以劳动。"作为人的本能,劳动在人类社会的发展中历史悠久,但是作为人的一项基本权利,劳动权在整个人权体系中产生的时间却并不长。可以说,劳动权是随着工人运动的发展以及马克思主义思想的传播而得以确立的。

1848年,法国资产阶级临时政府发布了《为全体市民提供劳动机会的宣言》,第一次从法律的意义上确认了劳动权。苏俄社会主义革命的胜利进一步推动了劳动权的发展进程。1918年,苏联通过全世界第一部社会主义宪法——《俄罗斯苏维埃联邦社会主义共和国宪法(根本法)》,第一篇即为列宁起草的《被剥削劳动人民权利宣言》。1919年德国《魏玛宪法》规定,"劳力,受国家特别保护","德国人民应有可能之机会,从事经济劳动,以维持生计。无相当劳动机会时,其必

---

① 易继明:《财产权的三维价值——论财产之于人生的幸福》,《法学研究》2011年第4期。
② 易继明:《财产权的三维价值——论财产之于人生的幸福》,《法学研究》2011年第4期。

需生活应筹划及之"。① 这是在宪法上对劳动权加以保障。

"二战"后,重建国家以及恢复人民的生活水平成为当时最为紧迫的问题。尊重劳动,保障劳动者生活,成为大势所趋。劳动权更加受到重视,成为近现代以来多数国家宪法的重要内容之一。1948年,《世界人权宣言》在国际法的层面上,首次宣告保障劳动权。《世界人权宣言》规定,"人人有权工作、自由选择职业、享受公正和合适的工作条件并享受免于失业的保障"②,"每一个工作的人,有权享受公正和合适的报酬,保证使他本人和家属有一个符合人的尊严的生活条件,必要时并辅以其他方式的社会保障"③。

劳动权与人的基本生存和发展关系密切,无论是国际法还是国内法领域,劳动权都被予以特别重视。劳动权具有多重意蕴,正如有学者归纳,"生存利益与发展利益是劳动者的双重利益需求"④,劳动者的生存利益与发展利益需求都需要通过劳动来实现,因此也必须通过劳动权来确认和保障。对于社会发展来说,劳动权确保劳动者通过劳动创造社会财富和提高社会生产力来推动经济与社会的发展;对于个人发展来说,劳动权确保劳动者参与劳动,提高劳动技能和素质,从而获得自身发展的机会和条件。劳动权对个人发展来说,最根本的价值就在于能够为个人发展提供上升的空间,为人的自我实现提供最大可能性。⑤

---

① 德国1911年《魏玛宪法》,http://max.book118.com。
② 1948年《世界人权宣言》,http://www.un.org/zh/universal-declaration-human-rights/index.html。
③ 1948年《世界人权宣言》,http://www.un.org/zh/universal-declaration-human-rights/index.html。
④ 冯彦君:《劳动权的多重意蕴》,《当代法学》2004年第2期。
⑤ 参见袁立:《作为基本权的劳动权之本位价值:人的自我实现》,《法学论坛》2011年第6期。

劳动权对于个人发展的意义，主要体现在以下三个方面。

第一，劳动权是人维持生存的基本保障。人类的生存依赖于劳动。从人类的进化史来看，劳动是人脱离动物界得以进化发展的根本因素，正是劳动创造了人本身，确立了人的存在，因此恩格斯说："劳动是整个人类生活的第一个基本条件。"[①]可见，劳动在人类发展史上具有极为重要的地位。在现代社会，劳动是创造财富的主要来源，劳动权在国际文书中又被称为工作权，该权利通过赋予人们选择职业的自由，获得相应的物质报酬来保障自己和家属安全、健康的生存，使自己和家属能够有一个符合人的生活条件，即生活水准能够达到社会的基本标准，包括能够解决温饱问题、住房问题、医疗问题等等，在可能的情况下，能够不断地改善自己及家属的生活条件。

第二，劳动权是实现个人价值的必要手段。维持人的生存只是劳动权最基础的保障功能，随着时代的发展，劳动权更重要的意义在于，它是实现个人价值的必要手段。"劳动权中蕴涵着人格利益"[②]，即劳动权保障人有尊严地去生活，能够按照自己的意志去实现个人价值。人们在劳动中，能够提高劳动技能，通过系统的职业训练，提高职业素养，扩大择业范围，为自身发展打造一个上升的空间。同时，人们劳动的过程，亦是一个发挥主观能动性、发挥专业技能的过程，通过劳动来为社会的发展做出自己的职业奉献，将个人的发展与社会的发展融为一体。可以说，劳动权是个人实现自我价值的必要手段。

第三，劳动权是个人获得全面发展的重要保障。从狭义上说，劳动权就是工作的权利。从广义上说，劳动权不仅包括工作的权利，也包括不工作的权利，是一项综合性的权利，其内容涵盖了就业权、获得劳动

---

① 《马克思恩格斯全集》第26卷，人民出版社2014年版，第759页。
② 冯彦君：《劳动权的多重意蕴》，《当代法学》2004年第2期。

报酬权、休息休假权、接受职业技能培训权等等一系列与劳动相关的权利。这些权利彼此之间相互联系,都对个人的发展起着不同的推动作用,为个人获得全面发展提供有效的保障。具体来说,首先,劳动权使人们能够获得稳定的经济来源,为人们实现自身发展提供经济保障;其次,劳动权赋予人们休息的自由,使自身的劳动消耗通过休息得以恢复;最后,劳动权赋予人们接受职业培训的权利,使自身的专业技能、专业素质得以不断提高。总之,劳动权具有保障人的生存和发展的价值意蕴,防止人被劳动异化,为实现人的自由而全面的发展提供了重要的保障。

三、就业权

如前文所述,从广义上来说,就业权、获得劳动报酬权以及休息权等权利都是从属于劳动权的,但是这些权利对于人的发展来说,又各有侧重以及独特的意义,因此下文将对就业权、获得劳动报酬权以及休息权等权利对于个人发展的意义进行具体的分析。

就业权,即参加就业的权利,是指个人"能够获得从事有报酬或收入的职业性劳动的机会的权利,也就是有机会将其劳动力与生产资料相结合的权利"①。就业权是劳动权的实现方式,是个人其他发展权利得以实现的基础,只有实现就业,个人的其他劳动权利才有可能在具体的劳动关系中实现,个人的价值才有可能在具体的劳动过程中实现。

我国《劳动法》第3条明确规定:"劳动者享有平等就业和选择职业的权利。"就业权的核心价值在于平等,但是在实际中,就业权的平

---

① 李步云主编:《人权法学》,高等教育出版社2005年版,第220页。

等实现会受到不同程度的影响和制约。比如,城乡二元结构制约着农民的就业。农民虽然可以自由流动、进城务工,但是一些城市直接或间接限制甚至排斥农民工就业,事实上形成了城乡劳动力相对不平等的就业体系。农民由于无法取得和市民同等的就业机会,因此不能获得同等的个人发展机会。平等地获得就业的机会以及平等地获得就业的待遇,是就业权的核心要义。

就业权对于个人发展的意义体现在以下三个方面。

第一,就业权是个人走向社会、获得发展的基本平台。人的本质是"一切社会关系的总和",作为个体的人要进入社会,进行社会交往,就业是一个基本的渠道。个人的发展是一个历史的过程,有其客观规律。在不同的年龄阶段,个体发展的需求、任务以及具体目标都不相同。比如,在儿童、少年阶段,人的发展主要就是接受教育,使身体和心智得以成熟发展。当人成年之后,必须经过社会化过程,需要通过就业来进入社会,在社会交往中进一步提高实践力。对于个人来说,就业也是一个将所学知识学以致用、将理论和实践相结合的过程。就业权在人们符合就业资格的前提下,保障人们获得平等的就业机会,使个人的发展又站在一个新的起点和平台上,使个人和社会相接轨,将个人发展融入社会发展之中。因此,就业权是个人走向社会、获得发展的基本平台。

第二,就业权是个人职业过程中不断获得发展的重要支撑。如前所述,个人的发展是一个持续不断的历史过程,也是一个不断使自身发展和社会发展相一致的过程。社会是不断发展变化的,必将对人的发展不断提出新的要求。比如,计划经济社会与市场经济社会对人的素质要求就有很多不同,人的发展总是要不断地适应时代和社会的要求。人,既是社会发展的"剧作者",又是社会发展的"剧中人",既推动着社会的发展,也必将被社会的发展所推动。同时,社会的发展也推动着企业不断地进行调整、改变、升级,这种行业的变化也将带来原有劳动分工的变化。没有人可以一成不变,止步不前。为了更好地适应社会和行业的发展,一方面企业会加强对员工的职业培训,另一方面员工自身会追求专业技能的提升,这在客观上都有利于个人在职业过程中不断提高自身的素质和能力,实现自身的发展。

第三,就业权是个人在职业过程中实现自我价值的有效途径。根据马斯洛的需求层次理论,人的需求分成生理需求(physiological needs)、安全需求(safety needs)、爱和归属感(love and belonging)、尊重(esteem)和自我实现(self-actualization)五类,依次由较低层次到较高层次排列。人在职业中的需求除了维持自身和家人的生存需求之外,更高层次是实现自我价值,奉献职业,奉献社会。因此,最理想的职业状态就是能够将自身的价值融入职业发展和社会发展之中,能够从职业中体会到一种成就感,体验到一种幸福感。就业权通过保障个人参加就业的权利,为个人在职业过程中实现自我价值提供了有效途径。同时,当个人就业权的实现存在障碍时,国家则有义务为个人的发展创造就业条件,扩大就业机会。

四、劳动报酬权

劳动报酬权是劳动者基于从属劳动关系而享有的获得劳动报酬的权利,是"劳动者在劳动关系中享有的基本的和核心的权利"[1]。第二次世界大战以后,联合国开始重视劳动报酬权对人权的保障意义,先后制

---

[1] 常凯:《劳权论——当代中国劳动关系的法律调整研究》,中国劳动社会保障出版社2004年版,第163页。

定了一系列涉及劳动报酬权的文件。在联合国1948年通过的《世界人权宣言》中，强调人人享有同工同酬的权利，任何人在工作中不得受歧视。

劳动报酬权对于个人发展的意义主要体现在以下三个方面。

第一，劳动报酬权是对个人发展的价值认同。劳动者的劳动价值用什么来衡量？最基本且最实用的标准就是经济。劳动者获得报酬既是劳动者的基本权利，也是雇主和管理者对劳动者个人劳动价值的肯定。从某种程度上说，劳动报酬就是对劳动者价值的最物化的实际认可。根据经济学中的"理性经济人"理论，雇主和管理者是既具有"理性"行为能力又以"自利"为行为动机的人，他们在做决策时都是最理性的，所追求的目标都是使自己的利益最大化。如果劳动者的劳动不能给企业带来利润，那么雇主将不会考虑雇用他，因为没有雇主会支付没有意义的劳动报酬。当劳动者付出劳动，雇主支付劳动报酬时，就意味着劳动者的劳动对于企业而言是有价值的。因此，劳动报酬权是对个人发展的价值认同。

第二，劳动报酬权是个人生存与发展的物质保障。劳动创造了人类的财富，对于每一个劳动者来说，他创造的财富通过劳动报酬的形式得到对价回报。在《旧约·申命记》中，耶和华告诫说："困苦穷乏的雇工，无论是你的弟兄，或是在你城里寄居的，你不可欺负他。要当日给他工价，不可等到日落。因为他穷苦，把心放在工价上。"[1]可见，人类很久以前就意识到劳动对于人的物质意义是要通过"工钱"，也就是通过劳动报酬来实现的。劳动报酬既是对劳动者付出劳动的经济回报，也是劳动者生存与发展的经济来源。同时，劳动力不是简单的商品，劳动的价值意蕴还体现在对人的发展意义上。国际劳工组织提出"体面

---

[1] 《旧约·申命记》24:14，《圣经》(和合本·新修订标准版)，第308页。

的劳动"战略目标,即每个人所从事的劳动是有尊严且能实现自我价值的,其中最基础、最重要的一个标准就是要获得足够的劳动报酬。因此,劳动报酬权是个人生存与发展的物质保障。

第三,劳动报酬权是对个人发展的正向激励。个人发展的激励来自多方面,主要有物质激励和精神激励这两大类。劳动报酬对个人的激励就属于前者,对人的正向作用主要体现在三个方面:其一,树立正确的劳动观念。按照"理性经济人"理论,雇主一般按照劳动者的付出和贡献多少支付劳动报酬,多劳多得,少劳少得。这样一种公平的原则,可以矫正不劳而获的观念,有利于在社会树立劳动致富的意识。其二,激发劳动者的劳动热情。正是因为有公平的激励原则,劳动者会为了获得更多的劳动报酬去更加努力地工作,其劳动热情因而被激发。其三,促使劳动者"优劳"。劳动者主体之间能力的差异是客观存在的,因此提供的劳动质量也有高低之分。在鼓励多劳多得的基础上,提倡"优劳"有助于促使劳动者不断提高劳动能力来提供更高质量的劳动,获得更高的劳动报酬。

五、休息权

休息权是指劳动者"为保护身体健康,解除精神疲劳,提高劳动效率依法享有的休息和修养的权利"[①]。联合国大会 1966 年通过的《经济、社会及文化权利国际公约》强调要保证"休息、闲暇、工作时间之合理限制与照给薪资之定期休假,公共假日亦须给酬"[②]。休息权是公民

[①] 《中国大百科全书·法学》(修订版),中国大百科全书出版社 2006 年版,第 605 页。

[②] 1966 年《经济、社会及文化权利国际公约》,https://www.un.org/zh/documents/treaty/A‐RES‐2200‐XXI。

的基本权利之一,为劳动权、健康权、生存权提供了重要的保障。

马克思一直强调自由时间对于个人发展的重要意义,他将自由时间看作是人发展的重要条件,指出"时间是人类发展的空间"[①]。马克思认为,如果一个人连处置自己时间的自由都没有,除了满足基本的生存需求时间,剩余所有的时间都是在为资本家劳动,那么人和动物还有什么区别呢？他强调:"所有自由时间都是供自由发展的时间。"[②]除必要的工作时间外,每个人如何处置自由时间决定了每个人的发展状况,最终这种自由时间会改变人本身。马克思认为,为了保证个人体力和智力的健康发展,需要限制工作日,"限制工作日是一个先决条件……它不仅对于恢复构成每个民族骨干的工人阶级的健康和体力是必需的,而且对于保证工人能够发展智力,进行社交活动以及社会和政治活动,也是必需的"[③]。

休息权对于个人发展的意义主要体现在以下三个方面。

第一,休息权为个人的人身健康提供了必要保障。劳动力作为一种资源,有其特殊性。人的生理有弹性,也有极限,这是由人体生理结构的客观规律所决定的。因此,劳动力资源不能过度损耗,如果过度损耗,必然要付出健康的代价,甚至是无法挽回的代价。人的体力和脑力都需要通过休息才能够恢复。对于个体来说,要遵守能量守恒的定律,只有休息有保证,健康才能有保障,人们才能提供优质的劳动,实现可持续发展。

第二,休息权为个人经营和谐美好的家庭生活提供了条件。人在社会中是有多重角色和需求的,不仅需要在职业中得到认可,同时还有

[①] 《马克思恩格斯选集》第2卷,人民出版社2012年版,第61页。
[②] 《马克思恩格斯全集》第31卷,人民出版社1998年版,第23页。
[③] 《马克思恩格斯全集》第21卷,人民出版社2003年版,第268页。

情感需求,需要有和谐美好的家庭生活,因为家是人的心灵港湾,是个人发展的精神动力。休息权为个人经营家庭生活提供了时间保障。工作之余,与家人一起享受家庭时光,既是个人应履行的对家庭的义务,同时也满足了个人的情感需求。因此,休息权为个人经营和谐美好的家庭生活提供了条件,而来自家庭的支持和关爱会给个人的发展带来不竭的动力。

第三,休息权为个人实现更高层次的发展提供了时间保障。国际劳工组织呼吁,人人有权享有一份"体面的劳动","体面的劳动"包含着人格尊严,即不仅要能满足人的物质需求,还要能满足人的精神需求。事实上,当人满足了物质需求之后,精神上的需求就会更多。精神需求意味着人要实现更高层次的发展。从劳动者主体来说,要想在职业中获得理想中的荣誉,唯有不断提高专业素养。同时,人的精神需求还包括文学、艺术等方面的追求。这些精神上的追求,都不是在工作时间能够实现的,更多的则是在工作之余,人们利用休息的时间去接受专业技能、文化教育培训,从而实现自身更高层次的发展。因此,休息权为劳动者实现更高层次的发展提供了时间保障。

第三节　个人政治发展权

两千多年前,亚里士多德就指出,"人是天生的政治动物"[1]。他关于"政治人"的假设是针对古希腊公民在城邦中的生活状态而提出的。

---

[1] 亚里士多德:《政治学》,吴寿彭译,商务印书馆1965年版,第7页。

"政治人"假设具有丰富的内涵。对于个人的发展来说,人的本质是一种社会存在。作为"政治人",人天生具有利益协调能力。人通过参与政治活动,培养、锻炼自身的政治能力,这既是人的本能需求,也是人实现自身发展的重要路径。

一、政治知情权

政治知情权指的是公民有获知与国家政治事务有关的信息的权利。作为一项积极的权利,国家和政府有义务向人民公开与报告其活动信息,满足公民的这一权利请求。政治知情权与信息自由、信息公开是密不可分的。没有信息自由与信息公开,政治知情权形同虚设;没有政治知情权,也就没有信息公开传播的自由。政治知情权关系着每个人的切身利益,是公民实现有序政治参与的基础,也是公民行使选举权、被选举权以及批评、建议、申诉、控告等其他政治权利的前提。一般认为,法国1789年《人权和公民权宣言》最早体现了政治知情权的思想,该宣言第15条规定,社会有权要求全体公务人员报告其工作。"二战"后,知情权成为一项重要的基本人权,并得到联合国相关文件的确认。1946年,联合国大会通过了第59号决议,知情权作为一项基本的人权被予以确认。1948年《世界人权宣言》第19条在规定言论自由权的同时,亦规定了这项权利还包括"通过任何媒介和不论国界寻求、接受和传递消息和思想的自由"[①]。

政治知情权对个人发展的意义主要体现在以下四个方面。

---

① 1948年《世界人权宣言》, https://www.un.org/zh/about-us/universal-declaration-of-human-rights。

第一，政治知情权关系着个人的生存和发展状况。人作为一种社会存在，个体的力量是有限的，其生存和发展依赖于集体的力量来应对外来因素的侵扰。每个人都有权利去了解与自身生存和发展利益相关的情况，包括生存与发展的环境状况，国家的政治制度、经济政策，等等。而个体获取信息的渠道总是有限的，即使能够得到信息，也难以做到真实、全面、及时、有效地获取。这就需要政府通过多种方式做到信息公开，完善信息公开制度，尽可能满足公民的知情权。尤其是在自然灾害、重大事故、突发事件中，公民的生存处于危险境况，政府更应第一时间满足公民的知情权，因为公共安全关涉人的生命权、健康权等，一旦信息滞后，将会给个人带来无法挽回的损失。

第二，政治知情权体现着政治文明的发展状况。个人享有政治知情权的状况是政治文明发展的内在因素和外在表征，反映了主流政治的民主化状态。人民主权原则是现代民主法治国家的基本原则，国家所行使的权力是人民赋予的，人民是国家的主人，国家的一切权力属于人民，一切国家机关都由人民直接或间接选举产生，对人民负责，受人民监督。人民自然享有获知国家和政府信息的权利，国家和政府有义务向人民公开与报告其活动信息。这是一个现代国家人民主权原则的内在要求。对于政治文明，有学者认为，一个国家的政治发展也有评价指标，这个指标体系包括社会政治参与渠道的扩大程度、民众政治参与的普遍性和有效性等。其中公民是否享有政治知情权、享有的程度如何等，直接影响其政治参与的普遍性和有效性。因此，知情权的享有状况，体现着一个国家政治文明的发展程度，是政治文明发展的内在因素与外在表征。

第三，政治知情权是个人了解政治状况的必需。政治作为社会的上层建筑，对社会生活各个方面都有重大影响和作用。从广义上讲，政治包括社会治理的行为,亦指维护统治的行为。政治状况影响着人的生存与发展,是其重要的社会环境。一个国家的政治状况包括国家政权的阶级本质、国家政权的组织形式、国家的结构形式、国家的机关体系、公民的基本权利和义务,以及政党、选举状况等等。就大的方向上来说,执政党指导着一个国家的政治实践和发展走向,对国家的政治生活和社会生活都具有极为重要的影响,同时也深刻影响着每个人的生活。每一个人都无法脱离政治制度而单独地存在,因此每一个人都有了解政治环境的需要,从而根据政治情形做出价值判断和行为选择。一般而言,如果一个国家政治上开明民主,整个社会参政议政的积极性就会增强,人们可以选择通过从政为国家、为社会做贡献,在推动社会文明进步的同时实现自身的理想和价值。如果政治上专制集权,公民政治参与的热情就会被严重压抑,公民所享有的其他各项权利也会不同程度地受到限制。历史的经验教训一再说明,专制集权走向极端的时候,也是社会和人心最为混乱的时刻,社会中的每一位成员都难逃其害。知情权赋予并保障每个人认识政治情形的权利,有利于为自己的行为选择做出理性的价值判断,从而最终维护自己的权利和利益。

第四,政治知情权是个人政治参与的基础。个人政治参与受到多种因素的影响,既有自身能力和水平的因素,也有社会政治文明程度、经济发展水平等诸多因素,但是政治知情权的享有状况是前提性因素。公民政治参与的广度和深度,受制于知情权的享有程度,受制于政府政务公开的程度等。我国宪法规定,公民享有选举权和被选举权(被法律剥夺政治权利的人除外),有批评、建议、申诉、控告、检举等政治权利。这些政治权利的行使,无一不是以知情权为前提和基础的。公民在行使选举权时,如果不了解候选人的信息,包括信仰、背景、经历等,就无法真正行使权利,宪法赋予公民的选举权就会流于形式。公民如果不了解政府工作运行的情况,就无法行使建议权,更无法行使监督权。因此,只要不属于国家机密,对于政治、经济和社会发展的重大问题、重大活动,都应做到信息公开。正如有学者所说:"给予政治权利而不赋予对政治情况的知悉权,无疑又等于收回了政治权。就像说那个孤岛是你的,但又不许你乘任何交通工具登上它一样。"① 只有真正赋予知情权,每个人的政治参与才是有意义的。

二、言论自由权

言论自由权指的是公民口头或书面表达意见、交流思想的自由。在人的各项政治自由中,言论自由是一项基础性的自由,没有言论自由,公民的出版、集会、结社、游行等其他政治自由都不可能实现。

第二次世界大战后,言论自由权作为一项重要的人权,引起越来越多国家的重视,联合国相关文件以及各国宪法中都予以强调和规定。1948年《世界人权宣言》第19条规定:"人人有权享有主张和发表意见的自由;此项权利包括持有主张而不受干涉的自由,和通过任何媒介和不论国界寻求、接受和传递消息和思想的自由。"② 1966年《公民权利及政治权利国际公约》第19条规定:"人人有发表自由之权利。"③

关于言论自由权,有两点值得注意。第一,言论自由权的边界。言

---

① 徐显明:《人权建设三愿》,载徐显明主编:《人权研究》第2卷,山东人民出版社2002年版,第3页。
② 1948年《世界人权宣言》,https://www.un.org/zh/about-us/universal-declaration-of-human-rights。
③ 1966年《公民权利及政治权利国际公约》,https://www.un.org/zh/documents/treaty/A‐RES‐2200‐XXI‐2。

论自由权中的"言论自由"是相对的,不是绝对的。《公民权利及政治权利国际公约》在规定言论自由权的基础上,亦指出了这项权利的行使"附有特别责任及义务"①,因此应受到必要的限制,即言论自由权的行使须"尊重他人权利或名誉"②,"保障国家安全或公共秩序,或公共卫生或风化"③。第二,言论自由权中的"自由"。言论自由既包括表达的自由,也包括不表达的自由,任何人都不得被强迫去表达。同时一个文明的社会,还应适度包容人的错误言论,应当允许一定的与主流舆论不同的言论存在。

言论自由权对个人发展的意义主要体现在以下三个方面。

第一,言论自由权是个人进行社会交往之必需。马克思说过:"语言也和意识一样,只是由于需要,由于和他人交往的迫切需要才产生的。"④人是一种社会存在,社会交往是人的本能,人们需要通过社会交往来获取信息,吸收经验,从而形成自己的思想、主张和意志。这样一个过程是通过人与人之间的交流与表达而形成的。如果人类没有交流与表达的自由,人们的社会交往将不可能进行,社会的发展就会陷入僵局,个人的发展也会陷入停滞。可以说,言论自由是"人们认识、发展和传播知识、经验及真理的重要形式"⑤。人类社会也正是通过言论自由汇聚思想和智慧,从而推动整个人类社会的发展与进步。

第二,言论自由权是实现个人其他政治发展权利的基础。言论自

---

① 1966年《公民权利及政治权利国际公约》,https://www.un.org/zh/documents/treaty/A-RES-2200-XXI-2。
② 1966年《公民权利及政治权利国际公约》,https://www.un.org/zh/documents/treaty/A-RES-2200-XXI-2。
③ 1966年《公民权利及政治权利国际公约》,https://www.un.org/zh/documents/treaty/A-RES-2200-XXI-2。
④ 《马克思恩格斯选集》第1卷,人民出版社2012年版,第161页。
⑤ 赵文广:《论言论自由权的界定与保障》,《人大研究》2007年第4期。

由是民主社会的重要内容,一个国家公民的言论自由状况是这个国家政治文明状况的反映。公民的选举权、被选举权以及集会、结社、出版、游行等政治自由,无不是以言论自由为基础的。法律通过赋予人言论自由的权利,使人参与政治、监督权力成为可能,这也是人民实现当家作主的必由之路。人民通过选举代表来实现管理国家的权力。选谁?为什么选?有哪些意愿?代表的政治意愿、施政纲领是什么?选民和代表的意志都需要通过言论自由权来表达。同时,公民还可以通过各种渠道,发表自己的意见,既为国家治理建言献策,又对公权力进行监督,从而加强个人与个人之间、个人与政府之间的对话与交流,有利于个人实现其他政治发展权利。

第三,言论自由权有利于促进人的个性发展。马克思曾经说:"自由的首要条件是自我认识,而自我认识又不能离开自白。"[1]在这里,自白是"个体思想的真实反映,因为个体差异及对象不同,每一种表达都不可能呈现相同的形式"[2]。人与动物最重要的区别就在于人有抽象思维能力,能够形成自己的思想、观点,同时将这种思想和观点通过语言、文字等各种方式表达出来。基于不同的知识背景和社会经历,每个人在沟通和交流中收获了信息,彼此之间碰撞了思想,丰富了知识结构。同时通过自由辩驳争论,真理得以彰显,人们得以不断地校正认知,使自己的主观世界和客观世界得到改造,从而使个性不断得到发展。如果剥夺人的言论自由权,就会遏制人的个性发展,也会阻碍整个社会的进步与发展。

---

[1] 《马克思恩格斯全集》第 1 卷,人民出版社 1995 年版,第 139 页。
[2] 付子堂:《自由与法律——马克思早期政论文之于言论自由权的意义》,《甘肃政法学院学报》2012 年第 5 期。

三、选举权和被选举权

选举,是人类社会最为古老的一种治理方式。从原始社会人们推选部落首领开始,就产生了选举活动。恩格斯在《家庭、私有制和国家的起源》中谈及易洛魁人的氏族内部习俗时,就论述了氏族选举酋长的问题。他说,氏族选举一个酋长(平时的首脑)和一个酋帅(军事领袖),所有的人,无论男女都参加选举。选举的出现,体现了人类的理性文明的精神,选举制度的产生是"人类政治文明史上最伟大的创造"[①]。

在现代社会,选举是对于政治家的选择。一般来说,这种选择的正确性与参与者的广泛性是成正比的。哪怕是一个选举人的一次投票,也有一定的影响力。每个选举人都在以自己的选票表达自己的意愿,做出自己的选择。而他所选择的不仅仅是自己的领导者或者代表者,也是他人、国家、社会的管理者和服务者。在这个意义上,每一个选民、每一张选票也就具有了奉献社会的普遍意义。对于被选举人来说,他要发挥个人政治才能,实现个人政治上的价值,参选与当选就成为他实现人生理想、体现人生价值的必需。在民主政治中,任何一个人要成为政治家而奉献公众与社会,几乎都离不开党内或党外、国家或社会、区域或全国的选举。从这个意义上讲,参选与当选——行使被选举权,就是政治家们获得奉献组织、社会、国家、人民之机会的路径。

选举权和被选举权起源于人民主权原则。人民主权原则是民主政治最直接、最根本的体现,是指宪法确认并保障国家的一切权力属于人民,人民有权参与国家决策与管理。因为实际上每一个人不可能也不

[①] 李步云主编:《人权法学》,高等教育出版社2005年版,第197页。

需要直接管理国家事务,因此人民可以通过授权的方式把管理国家的权力委托给他们选出的代表,由这些人代表人民行使管理国家的权力。同时,人民主权原则与有限政府原则密切相关,"国家的一切权力属于人民,国家机关的权力产生于人民的委托,不能超越人民委托的范围而享有"[1]。

选举权与被选举权对个人发展的意义主要体现在以下三个方面。

第一,选举权与被选举权是个人政治参与的重要方式。选举虽然不是政治参与的唯一方式,但却是最重要的方式。选民通过选举代表将管理国家事务的权力委托给被选举人,同时选民也可以被选举为国家代议机关成员或国家公职人员来直接行使管理国家事务的权力。无论是选举权还是被选举权,都直接或间接地行使着管理国家的权力。另外,选举过程本身就是一场重要的政治活动,现代国家一般都通过立法来规范选举行为,有效地保障选举权和被选举权。对于参加竞选的代表来说,被选举权不仅是一种资格,同时也是一种竞选的正当性,即"被选举权乃被选举资格与竞选正当性的统一"[2]。参加竞选的代表如何得到选民的认可,如何向选民表达施政纲领和任职承诺?选民如何理性选出能够代表其自身利益的人?这些问题都反映出选举是一场重要的政治参与,选民和候选人都能从中锻炼自身的政治参与能力。

第二,选举权与被选举权是实现人生价值的需要。无论选举还是被选举,都是一种政治责任与担当。选民对于选择谁来行使自己让渡的权利,应当理性慎重、认真负责,确保选出的代表能够胜任工作,能够代表自己的意志行使权力。对于被选举人来说,选票就意味着奉献,意味着拥有能够代表人民行使管理国家的权力。从思想上来说,被选举

---

[1] 《中国大百科全书·法学》(修订版),中国大百科全书出版社2006年版,第422页。
[2] 蒋劲松:《被选举权、竞选正当性与竞选权》,《法学》2010年第2期。

人应具备"以天下为己任"的使命担当;从能力上来说,应具备高超的从政才能以及丰富的从政经验,能够勇于且善于接受挑战。如前所述,人民主权原则是与有限政府原则相联系的,选民对于被选举人权利的让渡并不是全部的让渡,选民还享有监督权、罢免权等,同时授权也有期限。这就从制度的层面对被选举人施加了刚性的约束与限制,使他不得不珍视选民授予的权力。总之,被选举权对于具有从政愿望的人来说,是表达自己、贡献自己、实现自己人生价值的需要。

第三,选举权与被选举权是个人奉献社会的重要路径。奉献社会的方式有很多,作为社会中的一员,每一个人都可以也应当为社会做贡献,这是一个和谐文明的社会的内在要求。通过从政来奉献社会无疑具有更为重要的影响和意义,因为政治影响到社会生活的方方面面,也对每个人的生存与发展影响深远。能够被选举为国家代议机关成员或公职人员,行使管理国家事务的权力,这是人民对被选举人人格与能力的认可和信任,因此被选举人就应该很好地履职,实现人民的意志和利益。而且能够参与选举的人,本身也是有奉献社会的内在需求的,就应当比一般人做出更大的社会贡献。选票的背后,意味着责任;责任的背后,意味着奉献。古语说,"洁己奉公,官守之常节""以公灭私,民其允怀"[1],说的就是从政的奉献精神。因此,选举权与被选举权是个人奉献社会的重要路径。

四、结社权

结社权指的是公民基于共同的意愿和宗旨,按照法律规定的登记

---

[1] 《尚书·周官》。

程序,组织、参加某种社团的自由。《公民权利及政治权利国际公约》第 22 条指出:"人人有自由结社之权利,包括为保障其本身利益而组织及加入工会之权利。"①

　　亚里士多德认为,人是天生的政治动物,人只有在城邦之中,才能展现其社会属性。人类天生就有群居生活的需要,虽然结社是作为社会属性的人的本能需求,但是结社自由作为一项法定权利被确认,不过只有百年历史。一般认为,最早确认结社权的是 1919 年德国《魏玛宪法》。《魏玛宪法》规定,德国人民有组织社团及法团的权利。"二战"后,随着人权事业的蓬勃发展,以及社会发展的多元化,结社权在一系列国际文书中得到了确认。《世界人权宣言》第 20 条指出:"(一)人人有权享有和平集会和结社的自由。(二)任何人不得迫使隶属于某一团体。"②除联合国等国际组织外,国家是最大的群体和社会机构,政府又是代表国家的最大群体和社会机构。它们对于个人发展负有极为重大的义务。在这里,要特别强调的是国家或政府对个人参加群体和社会机构的结社权负有特殊的义务。

　　人是构成社会的基本要素,是所有社会性动物之中的特殊种类。社会性的重要意义在于其能够使个体获得远远超过任何孤立个体的更大的生存能力,使个人获得更好的发展空间与环境。社会性包括协作性、依赖性、利他性以及更加高级的自觉性等内容。在现代社会中,参加群体和社会机构及其活动,是每一个人发展之必需。因此,国家应当通过法律保障每一个人享有参加群体和社会机构及其活动的权利。群体和社会机构是现代社会中人们的生存环境,也是每一个个体获得发

---

① 1966 年《公民权利及政治权利国际公约》,https://www.un.org/zh/documents/treaty/A-RES-2200-XXI-2。

② 1948 年《世界人权宣言》,https://www.un.org/zh/about-us/universal-declaration-of-human-rights。

展的必要条件。人理当是各种正式与非正式社会组织的成员,可以参加各种不违反法律的活动,这是每个人的自由和权利,这种权利首先应该被归结为结社权。

因此,国家和政府不得阻碍个人结社权的行使。结社权是每个公民基本的宪法性权利。公民的结社权是公民人身自由的一种特殊表达,也是政治自由的重要基础与表现。现代世界绝大部分国家的宪法都把结社权作为重要的权利加以确认,也就意味着,必须保障人民能够确实享有这样一项权利。国家和政府要保障人民的结社权,就要为人民行使结社权创造条件,并为其排除障碍。国际社会的实践表明,世界上有的国家不是保障公民享有结社权,而是尽力去剥夺公民的结社权,这样的后果就是制约了公民的个人发展。

具体来说,行使结社权对于个人发展的意义主要体现在以下三个方面。

第一,行使结社权是个人实现其他发展权利的重要手段。正如有学者所说:"结社权是人类天赋的政治人权。"[1]人类总是需要依靠集体的力量,来进行"各种社会斗争和经济文化活动"[2]。从某种程度上来说,结社权最直接地体现了个人发展权利与集体发展权利的统一。相对于力量孤立、分散的个人而言,结成社团能够把个人的意愿通过集体的形式表达和实现,大大增强了个人意愿表达的力量和效果,使个人参与或抗衡公权力成为可能。同时,结社权还类似于一种工具性的权利,是个人"参与国家事务和社会事务管理的重要保障"[3],为人们实现其他发展权利提供了重要的条件。

---

[1] 李步云主编:《人权法学》,高等教育出版社2005年版,第161页。
[2] 李步云主编:《人权法学》,高等教育出版社2005年版,第161页。
[3] 李步云主编:《人权法学》,高等教育出版社2005年版,第161页。

第二,行使结社权有助于实现个人价值。结社权赋予人们可以根据自身的兴趣、利益诉求有选择地加入某个社团组织的自由。正如社会生活是丰富多彩的一样,人的需求也是多元化的。社团组织是基于人们共同的兴趣、共同的理想以及共同的宗旨组建的,有助于个人实现其理想及价值。社团对于人的意义并不在于人数的多少,而在于专业化和组织化程度。专业性、组织性越强的社团,越能够给人提供有益的资源,有助于实现个人的人生价值。人的个体力量终究是有限的,通过参加社团组织开展的社会活动、社会服务来奉献社会,有利于增强整个组织中每个个体的力量,使每个人能够最大程度地发挥自身的能量,从而实现个人价值。

第三,行使结社权是个人参与社会的重要途径。人的本质是一种社会存在,人们需要社会交往,并且只有通过社会交往才可以生存、发展得更好。结社权作为个人与社会之间联系的纽带,为个人参与社会提供了平台和条件。个人参与社会的活动具有分散性和有限性,缺少规范的设计及保障。组织化是社团组织的重要特征,通过有组织、有目标地开展对外活动,社团中的个人能够获得更多、更专业的参与社会的机会和资源。同时,在参与这些活动的过程中,每个人都需要和组织中的其他人通力合作,客观上使个人的组织、协调、合作能力得以提高,这些能力都是个人参与社会的必要条件。

五、出版自由权

出版自由权是指公民个人依法享有按自己的意志和愿望,"通过印刷、照相、复印以及录制等方式,出版、发行图书报刊、音像光盘、软件的权利"①。出版物是公民表达自由意志的物质载体,出版自由权是公民个人能力得以彰显、个人获得发展的重要权利。

出版自由是随着近代资产阶级革命的发展,资产阶级向封建专制斗争过程中的产物。一般认为,出版自由最早是由英国资产阶级启蒙思想家约翰·弥尔顿提出的。1644年,为了抗议国会全面管制出版物的法令,弥尔顿发表了《论出版自由》的演说。他指出,出版自由是人民与生俱来的权利,并提出了"观点的公开市场"以及"自我的修正过程"概念,认为真理本身就具有战胜谬误的生命力,同时真理还可以吸收新的思想以进一步完善。

1766年,瑞典颁布了《出版自由法》,一般认为这是出版自由作为一项权利最早在法律上被确认。1789年,法国《人权和公民权宣言》提出,自由交流思想与意见乃是人类最为宝贵的权利之一,因此,每一个公民都可以自由地发表言论、著作与出版。马克思在《莱茵报》工作期间,对出版自由权的重要性予以高度的重视,他在《第六届莱茵省议会的辩论(第一篇论文)》中指出:"应当认为没有关于新闻出版的立法就是从法律自由领域中取消新闻出版自由,因为法律上所承认的自由在一个国家中是以法律形式存在的。"②"新闻出版法就是对新闻出版自由在法律上的认可。"③"没有新闻出版自由,其他一切自由都会成为泡影。"④

随着出版自由权受到越来越多国家的重视,1966年《公民权利及政治权利国际公约》在重申《世界人权宣言》所宣布的"人人有权享有主张和发表意见的自由"的基础上,规定:"人人有发表自由之权利;此

---

① 李步云主编:《人权法学》,高等教育出版社2005年版,第160页。
② 《马克思恩格斯全集》第1卷,人民出版社1995年版,第176页。
③ 《马克思恩格斯全集》第1卷,人民出版社1995年版,第176页。
④ 《马克思恩格斯全集》第1卷,人民出版社1995年版,第201页。

种权利包括以语言、文字或出版物、艺术或自己选择之其他方式,不分国界,寻求、接受及传播各种消息及思想之自由。"①

出版自由权对个人发展的意义主要体现在以下两个方面。

第一,出版自由权有助于引导人的理性思维不断完善。人类的精神文明发展是有其客观规律的。对于个体来说,每个人创作作品的过程就是一个艰辛的脑力劳动过程。创作意味着要进行知识储备,吸收前人经验,并在已有研究基础上开拓创新,这本身就是理性思维的训练过程。当作品出版之后,意味着精神成果公布于世,就要接受各种评价,用弥尔顿的话来说,就要接受"观点的公开市场"的考验。在这个"公开市场"上,人们能够就各种思想、意见、观点进行自由辩论,真理就是在这种辩论和竞争中逐渐形成的。对于个人来说,参与这种"公开市场"的辩论,将自己的精神成果放在"市场"上接受检验,有助于修正自己的认知,丰富自己的思想,从而不断把思考引向深层。因此,国家应当遵循精神文明发展的客观规律,保障个人的出版自由权,使个人的精神成果能够以出版物的形式向外界呈现,引导人的理性思维不断完善,推动整个社会的精神文明发展。

第二,出版自由权是个人行使参政议政权利的必要方式。出版是公民实现表达自由的重要方式,公民可以通过图书、报刊等物质载体将思想成果向外界公布。图书、报刊等载体作为个人与国家、个人与社会对话的桥梁,可以为个人对国家和社会治理建言献策提供必要的渠道,同时也是个人对公权力进行监督、行使参政议政权的一种必要的方式。一旦建言献策被政府所采纳,对于个人而言,这就是对其精神成果的肯定,有利于提高个人政治参与的积极性,有利于激活社会成员个体的力

---

① 1966 年《公民权利及政治权利国际公约》,https://www.un.org/zh/documents/treaty/A‐RES‐2200‐XXI‐2。

量。当然,基于每个人的知识背景、表达能力以及工作性质的不同,从权利行使的实际能力来看,出版自由权并不是每个人都能实际行使的,但是作为每个人潜在的应有权利,国家应当为个人的出版自由权提供法律保障,这是一个国家民主政治的内在要求,也是一个国家精神文明发展的重要动力。

第四节 个人文化发展权

一、文化创作与科学研究权

文化创作权指的是从事一切与人相关的精神活动及其活动产品的权利。科学研究权指的是运用范畴、定理、定律等思维形式去探索、研究反映现实世界的各种现象之本质规律的权利。

对于科学研究权,我们要从权利能力和行为能力两个层面来认识。从行为能力来看,科学研究权并不是每个人都能实际享有的,也不是多数人享有的。由于主体自身因素和社会原因,每个人接受的知识背景以及研究兴趣、研究能力有差异,事实上只有少数人乃至极少数人实际享有科学研究权。但是这并不能否认或者否定这一权利的普遍性与广泛性。从权利能力的视角出发,科学研究权应当是所有人和每个人都应当、都可以享有的权利。正如《世界人权宣言》所指出的:"人人对由于他所创作的任何科学、文学或美术作品而产生的精神的和物质的利益,有享受保护的权利。"①《经济、社会及文化权利国际公约》亦规定:"人人有权参加文化生活;享受科学进步及应用之惠;对其本人之任何科学、文学或艺术作品所获得之精神与物质利益,享受保护之惠。"②

科学研究权的行使,与特定主体的能力、意愿、条件等密切相关,每个主体都有研究什么、如何研究,乃至是否研究的自主性。但是作为公权力与整个社会必须保证每一个愿意从事科学研究的人都有权从事科学研究,并享有相关的权益。除此之外,还应尽可能为其提供制度的、物质的、精神的帮助。只有这样,人类才能最大限度地因为科学技术的发展而获得进步,从而更加文明。

构成科学研究权的内容很多,至少包括:从事科学研究权,任何人不得阻扰、侵害等;科学研究成果的知识产权,如著作权、专利权、发明权、发现权、商标权等;获得司法保护权,即在科研权益受到侵害时,相关主体有权通过诉讼乃至非诉讼机制与程序获得救济和司法保护。为保护文学、艺术和科学作品作者的相关权益,我国颁布了《著作权法》;为促进科学技术进步,促进科学技术成果向现实生产力转化,推动科学技术为经济建设和社会发展服务,我国颁布了《科学技术进步法》《专利法》《促进科技成果转化法》等相关法律。颁布这些法律的目的都是更好地保障权利人的相关权益,促进文化科学事业的良性发展。

这里要特别强调的是科学研究自由权包括学术自由权。学术自由权是个人有按照自己的研究兴趣从事科学研究的权利,以及不受国家或他人非法支配和控制的自由。③ 科学研究是研究者自主决定的事。

---

① 1948 年《世界人权宣言》,https://www.un.org/zh/about-us/universal-declaration-of-human-rights。

② 1966 年《经济、社会及文化权利国际公约》,https://www.un.org/zh/documents/treaty/A‐RES‐2200‐XXI。

③ 参见李步云主编:《人权法学》,高等教育出版社 2005 年版,第 168 页。

这种自由包括研究与否、研究什么、怎么研究,甚至如何处置自己研究成果的自由。国家和政府应当鼓励科学探索和技术创新,必须以法治化的方式尊重、保护、引导这种自由,并保障科研人员的合法权益,要在全社会营造一种"尊重劳动、尊重知识、尊重人才、尊重创造"的氛围。可以说,没有自由,就没有发展。科学家的思想自由永远是第一位的,只有让他们像鸟儿一样,能够在科研与学术的天空中翱翔,他们才能发挥出惊人乃至惊世骇俗的想象力与创造力,世界才可能因此而变得更加美好。人类历史的经验与教训都表明,没有科学研究自由的国家必然是专制的、黑暗的,也是没有前途的。法国思想家帕斯卡尔曾经这样形容人的思想:"人只不过是一根苇草,是自然界最脆弱的东西;但他是一根能思想的苇草。用不着整个宇宙拿起武器来才能毁灭他;一口气、一滴水就足以致他死命了。然而,纵使宇宙毁灭了他,人却仍然要比致他于死命的东西更高贵得多;因为他知道自己要死亡,以及宇宙对他所具有的优势,而宇宙对此却是一无所知。因而,我们全部的尊严就在于思想。"[①]

文化创作与科学研究权对个人发展的意义主要体现在以下三个方面。

第一,发挥个人的才能和天赋。如前所述,文化创作与科学研究的权利,虽然从行为能力上来说,并不是每一个人都能实际享有的,但文化创作与科学研究权能够通过赋予、保护每个人进行文化创作、科学研究的自由及相关权益,培养人们的研究兴趣。亚里士多德曾经说过,求知是人类的本性,正是人的求知本性在推动着科学向一个又一个未知领域拓展,推动着科学研究的进步和发展。只有在全社会营造这样一

[①] 帕斯卡尔:《思想录》,何兆武译,商务印书馆1986年版,第157—158页。

种鼓励人们创作和科学研究的氛围,使之持续并内化为每个人的内在特质,才能真正激发人们的潜能,最大限度地发挥人们在文化和科学领域的才能与天赋。

第二,促进个人在文化和科学领域的个性化发展。文化创作和科学研究的生命力在于创新。文化创作和科学研究权通过保护每个人的自由和个性,鼓励人们在文化创作和科学研究领域进行探索及创新。文化创作最核心的功能在于构建人的审美心理。对于美的理解,是主观见之于客观的,可以有多种领悟和表达,因此才会有文化创作上"不拘于一格、不形于一态、不定于一尊"的多种表现形式,如文学、音乐、舞蹈、绘画、雕塑、戏剧、电影等。科学研究则需要每个人在尊重客观规律的基础上,充分发挥想象力,大胆试验,才可能有新的突破与进展。爱因斯坦正是因为其伟大的想象力才提出相对论,颠覆了人类对于世界的认知。可以说,想象力是知识进化的源泉。无论是文化创作还是科学研究,它们所追求的都不是千篇一律、亦步亦趋,而是充分释放人们的个性与想象力,推动人们积极探索、努力创新。只有这样,文化和科学事业才能呈现出繁荣发展的生动景象。

第三,实现个人的文化及科学的创造价值。文化"化人",是通过创作打动人心、温润心灵、启迪心智的作品,春风化雨,润物无声,让人们感知自然的美、生活的美、心灵的美。科学帮助人类认知世界,使人类在改造主观世界的同时,亦改造客观世界,使科技造福于人类,造福于自然,造福于世界。文化创作与科学研究的共同旨归都在于追求真、善、美,在于为了人类更加美好的未来。文化创作及科学研究权通过保障创作研究人员的自由与权益,激发人的才能与天赋,投身于科学文化事业,创造出文化与科学应有的价值,为人类更好的发展做出贡献。

二、文化娱乐权

文化娱乐权指的是欣赏并从事戏剧、歌唱、舞蹈、电影等娱乐活动的权利。文化娱乐权是随着人们生活水平以及文化水平的不断提高而产生的。当人们满足了生存需求之后,就会追求更高层次的精神需求。正如法国社会学家涂尔干所指出的:"人类的精神需要也是如此,如果与精神相应的心理功能是周期性的,那么精神也就是周期性的。就此而言,我们可以完全享有音乐、美术和科学所带来的快乐。"[1]

和科学研究权不同的是,文化娱乐权具有主体的普遍性和广泛性。从权利的行为能力上来说,科学研究权并不是每个人都能够实际享有的。而文化娱乐权,无论从权利能力还是行为能力上来说,是每一个人都应该享有并且能够享有的,只不过因为每个人的兴趣爱好不一样,对文化娱乐活动的选择不一样。文化娱乐权更加注重主体的选择性。

要特别指出的是,任何权利的行使都不得以侵犯他人的合法权益为前提,文化娱乐权同样如此,甚至要特别注意避免侵犯他人的合法权益。这是由文化娱乐活动的特点所决定的,比如广场舞拥有庞大的参与人群,其欢快的歌曲、充满活力的舞步,使参与者的身心得到极大的满足。但是广场舞扰民的事情也时有发生,广场舞音乐分贝高、持续时间长等问题影响周围居民的生活和休息。甚至在有的地方,因广场舞扰民还发生过激烈的矛盾和冲突。这就需要用法律的方式既保护人们文化娱乐的自由,同时又对人们行使文化娱乐权进行必要的规范和限

---

[1] 埃米尔·涂尔干:《社会分工论》,渠东译,生活·读书·新知三联书店2000年版,第210页。

制。因此,法律对于人们参与文化娱乐活动的时间、场所、音量等都应当进行科学合理的规定。

再比如,近两年来,网络直播风起云涌,已经成为又一个"互联网娱乐现象"。网络直播在一定程度上确实能够娱乐大众,但是其带来的社会问题同样不容小视。有的主播为获得高人气而不惜走极端,有的网民不惜贷款打赏主播,等等。这些对公众,尤其是对青少年的价值观造成扭曲,有必要从法律的途径对这些新兴的娱乐活动进行规范化管理。公众需要娱乐,但需要的是积极向上、陶冶身心的娱乐。因此,对于文化娱乐权,法律要特别注意加以引导。

文化娱乐权对个人发展的意义主要体现在以下四个方面。

第一,文化娱乐权能够满足人欣赏精神文化产品的需求。文化娱乐活动具有多种艺术表现形式,每个人可以根据不同的兴趣爱好来选择文化娱乐活动。比如戏剧、画展、音乐剧、电影等文化娱乐活动,虽然表现的形式不同,但目的在于构建人的审美心理,满足人的精神需求。单是戏剧就融合了语言、动作、舞蹈、音乐等多种艺术元素。人们通过欣赏戏剧,就能从多方位感受到艺术的魅力。虽然不是每个人都具备艺术表演的天赋和能力,不可能都有机会表演,但是通过欣赏,同样可以达到提升艺术品位的目的。因此,文化娱乐权能够满足人们欣赏精神文化产品的需求。

第二,文化娱乐权能够使人参与到文化活动中来。文化娱乐权最突出的特点就是人人都能够实际享有,并且给人以多种选择。人们可以根据自己的兴趣和爱好参与到文化活动中。比如,有声乐爱好的人可以选择参加合唱社团,有舞蹈爱好的人可以选择参加舞蹈社团,有话剧爱好的人可以选择参加话剧社团,等等。这些社团组织多数是民间的,具有公益性质,不会对参加者有过多的专业条件限制。因此,政府和社区应发挥积极作用,保障个人文化娱乐权的实现,多策划、组织文化娱乐活动,让更多的人能够参与到文化活动中来。

第三,文化娱乐权能够使人的身心得到平衡发展。在众多的文化娱乐活动当中,有很多是集娱乐、健身、益智为一体的活动。比如广场舞,既能锻炼身体,又能欣赏音乐,使人愉悦身心。又比如瑜伽,这是一项历史悠久的健身活动,既可以锻炼身体,提升身体的柔韧性,又可以修炼身心、平衡身心。再比如下棋,既是一项脑力活动,又是一项娱乐活动,能有效锻炼人的思维能力。同时这些娱乐活动大多不是孤立的个人的活动,多是以集体的形式组织的,还可以满足人们社会交往的需求。因此,文化娱乐权有利于人的身心平衡发展。

第四,文化娱乐权能够提高人的生活幸福度。幸福是一种心理体验、主观感受,是人们对自己生活状态的价值判断。文化娱乐权通过保护人们参与文化娱乐活动的自由来提升人的生活幸福度:一是能够帮助人们释放在工作或生活中积累的压力,排除负面的情绪,使人们保持一种积极向上的精神状态。二是通过参与文化娱乐活动,人们的精神需求得到满足,身心得以平衡发展,能够在文化娱乐中实现自我价值。三是参与文化娱乐活动,还能促进人与人之间的社会交往,满足人的社会交往需求。因此,文化娱乐权能够提高人的生活幸福度。

第五节　个人社会发展权

一、受教育权

受教育权指的是公民依法享有的要求国家积极提供均等的受教育条件和机会,通过学习来发展其个性、才智和身心能力,以获得平等的生存和发展机会的基本权利。[①] 教育在人类发展的历史上源远流长,西方有苏格拉底在雅典的"问答式教学",以及他的学生柏拉图创立柏拉图学园,东方有孔子开私人讲学之先风,周游列国,广收门徒,"弟子盖三千焉,身通六艺者七十有二人"[②]。教育影响深远,接受教育对于每个人的生存与发展、对于国家与民族的前途命运意义重大。

受教育权,从少数人专属的特权,到人人都享有的一项基本权利,这中间经过了漫长的历史过程。一般认为,法国1793年《雅各宾宪法》首次规定了受教育权,以宪法形式保障全体法国人民普通教育的权利;1849年《德意志帝国宪法》将包括穷人在内的所有公民的受教育权规定为德国公民基本权利;1871年法国巴黎公社确立了对所有人实施免费的初等义务教育;1948年《世界人权宣言》宣布"人人都有受教育的权利"[③];1966年《经济、社会及文化权利国际公约》规定:"教育应

---

① 参见龚向和:《受教育权论》,中国人民公安大学出版社2004年版。
② 《史记·孔子世家》。
③ 1948年《世界人权宣言》,https://www.un.org/zh/about-us/universal-declaration-of-human-rights。

谋人格及人格尊严意识之充分发展,增强对人权与基本自由之尊重。"①

古今中外,有关教育对于个人发展的论述十分丰富,我国教育家蔡元培先生认为,教育是帮助被教育的人给他能发展自己的能力,完成他的人格;瑞典教育家裴斯泰洛齐(Johan Heinrich Pestalozzi)认为,教育意味着完整的人的发展;卢梭在《爱弥儿》中,指出了人的生存和发展能力是通过教育获得的;等等。从这些论述中可以看出,教育对于人的生存与发展,对于实现自我价值,具有难以取代的重要意义。

中国传统文化中有关教育的思想十分丰富。比如《论语》中的"有教无类"②这四个字,就包含了丰富的内涵。首先,这表明了在孔子心目中,任何人不分贵贱,不分远近,不论等级,不辨类别,都应具有接受教育的权利。其次,这表明每个人接受教育的权利应该是平等的。社会和教育工作者都应当尊重个人的受教育权,并应努力创造条件帮助个人实现受教育权,满足其接受教育的愿望与要求。最后,这表明教育对于每一个人生存与发展的必要性。古语云:"人之初,性本善,性相近,习相远。"③其中,对于"习相远",我们可以有多种解读,但是不管如何解读,都无法否认教育的重要作用,个人因为学习或者接受教育的不同而有了不同的发展态势和发展前景。

受教育权对个人发展的意义至少体现在以下四个方面。

第一,受教育权是个人增长知识的必需。接受教育是每一个人进行知识积累、认知自己以及世界的必需。一个人从出生开始,最早接受的教育来自家庭,来自家庭的言传身教对于个人今后发展的重要性不

---

① 1966年《经济、社会及文化权利国际公约》,https://www.un.org/zh/documents/treaty/A‑RES‑2200‑XXI。

② 《论语·卫灵公》。

③ 《三字经》。

容小视。卢梭在其著作《爱弥儿》中就十分强调一个人在儿童阶段的学前教育。而一个人要构建完整的知识结构,从而形成世界观、人生观、价值观,则是通过接受学校教育来实现的。目前我们国家实行学前教育—初等教育—中等教育—高等教育的学校教育制度,满足个人成长的不同阶段的发展需求。

第二,受教育权是个人参与社会的必需。社会性是人的本质属性。人只有系统接受教育,形成一定的知识积累之后,才能认知自己,认知社会,这是个体参与社会的必要前提。接受教育的过程,是一个人的理性思维不断完善、独立人格不断形成的过程,也是一个人不断社会化的过程。同时,当个人结束学业,走出校门,就业是参与社会最基本、最普遍的渠道。接受教育就是个人参加就业的前提,在一个尊重知识、尊重人才的社会,没有一定的专业知识背景,就很难获得就业的机会。因此,受教育权是个人参与社会的必需。

第三,受教育权是个人实现自我价值的必需。教育对于人的价值,不单纯是知识的传授,更重要的在于激发、挖掘人的潜能,实现人的全面发展。蔡元培先生认为要培养人的健全人格,应注重四种教育:一是体育,二是智育,三是德育,四是美育。这四种教育是一个整体,缺一不可。从某种程度上说,这四种教育实际上也是对人全面发展的综合要求。教育帮助人们开发智慧、启发心灵,不断认知自己、认知世界,不断发现自己的内在潜能,并不断把人的这种潜能激发、扩大,使之成为发展的动力,使个人的发展具有了多种可能性。因此,受教育权是个人实现自我价值的必需。

第四,受教育权是个人不断发展的必需。古语曰:"仕而优则学,学而优则仕。"①这里面其实就包含着人要不断发展的思想。加拿大学者罗比·凯斯(Robbie Case)认为,教育过程本身就蕴含着人的发展的价值意蕴,"教育的最终目的之一就是发展,既要使个体得到发展,又要使文化得到发展"②。当今社会的发展日新月异,知识更新时不我待,时代的发展倒逼人要不断提升自己来适应社会的要求。教育可以培养人的思维方法和学习能力,人只有具备思考和学习的能力,才能在社会的发展变化中把握住客观规律,保持发展的定力与动力,实现自身的不断发展。

二、社会保障权

社会保障权指的是公民所享有的在生活困难时接受物质帮助的权利。接受社会保障是个人享有的一项基本权利,这不是接受施舍,社会保障权的目的在于保障人有尊严地生活。世界上几乎所有的国家都通过宪法、社会保障法或其他法律对社会保障权予以明确的规定。

社会保障权起源于欧洲国家。在19世纪80年代,德国虽然完成了统一,但是国内工人运动风起云涌,阶级矛盾严重,出于"缓和当时国内无产阶级的斗争情绪"③的目的,俾斯麦提出了社会保障的构想。之后德国先后制定了《劳工疾病保险法》《劳工伤害保险法》《残疾和老年保险法》等。1918年德国《魏玛宪法》规定:"法律强制,仅得行使于恢复受害者之权利及维持公共幸福之紧急需要。"此后,1935年,美国

---

① 《论语·子张》。
② 罗比·凯斯:《智慧的发展:一种新皮亚杰主义理论》,吴庆麟、朱尚忠、袁军译,上海教育出版社1994年版,第401页。
③ 李步云主编:《人权法学》,高等教育出版社2005年版,第244页。

罗斯福政府颁布了《社会保障法》，被认为具有里程碑意义。英国根据《贝弗里奇报告》的设想建立了完备的福利制度，首创"福利国家"。可以说，第二次世界大战后，各国日益重视社会保障制度，社会保障权开始成为一项重要的人权。1948年通过的《世界人权宣言》提出了公民享有社会保障权，对社会保障权的标准进行了细化。

社会保障权对个人发展的意义主要体现在以下三个方面。

第一，社会保障权为个人的发展提供安全保障。安全，是人类的基本需求。2014年联合国开发计划署发布的《人类发展报告》的主题是"促进人类持续进步：降低脆弱性，增强抗逆力"。当今世界，人类面临的金融危机、自然灾害、重大疾病等确定或不确定的危险增多，这使得人类的安全感降低，脆弱性增强。要降低人的脆弱性，提高人的安全感以及抗逆力，需要国家的顶层设计、系统规划，其中加强和完善社会保障制度是一项重要内容。社会保障制度的意义在于当个人处于危险情境或逆境时，社会尽可能减少或挽回个人以及家庭所遭受的损失，使其能够尽快回归到正常的生活状态中来，并得到妥善安置。加强和完善社会保障权有利于降低人的脆弱性，提高抗逆力，为个人的发展提供安全保障。

第二，社会保障权为处于弱势地位的人的发展提供了必要补救措施。从社会保障权的起源来看，社会保障权产生的初衷就是维护处于弱势地位的人的利益。这也是社会保障权正义价值的集中体现。正如我国宪法所规定的，公民在"年老、疾病或者丧失劳动能力"的情况下，享有从国家和社会获得物质帮助的权利。对于社会上处于弱势地位的人来说，受制度、环境以及自身等各种因素的影响和制约，他们所能享有的发展机会和资源是很有限的，有时甚至被剥夺。社会保障权"带有倾斜性保护特点"[1],能够为处于弱势地位的人的发展提供相应的补救措施。要特别指出的是,对于处于弱势地位的人来说,接受社会保障是一项个人的权利,而不是恩赐,国家和社会有义务保障他们有尊严地生活。

第三,社会保障权为处于强势地位的人的发展提供了预期安全信心。社会保障制度会因各个国家的经济发展水平、历史文化传统的不同而有所区别。但是随着社会的发展,社会保障制度早已不再局限于社会救济的观念,社会保障权应当适用于社会发展的不同阶段以及社会不同阶层的群体的观念基本上成为共识。社会保障权的功能不仅在于事后补救,更重要的还在于防患于未然,即将可预测的、不可预测的危险及损失都纳入社会保障的范畴。社会保障权的意义不仅在于为弱势者提供了一种补救,也在于为强势者提供了一种安全预期。强与弱都是相对的,而不是一成不变的。每一个个体都会有年老、疾病或者丧失劳动能力的可能,都同样需要来自国家和社会的保障。社会保障权为处于强势地位的人的发展提供了预期安全信心,有利于整个社会的安全稳定。

---

[1] 李步云主编:《人权法学》,高等教育出版社2005年版,第242页。

第四章　个人发展权的主体

个人发展权的主体问题,是研究个人发展权必须研究的重大问题。然而在学术界并无专门、系统的研究与论述。本书也只是努力根据个人发展权的实际情况、有关学理以及自己的认知,尝试做出一些基本的学术阐释。

1986年《发展权利宣言》第1条就指出:"发展权利是一项不可剥夺的人权,由于这种权利,每个人和所有各国人民均有权参与、促进并享受经济、社会、文化和政治发展,在这种发展中,所有人权和基本自由都能获得充分实现。"[①]第2条指出:"人是发展进程的主体,因此,人应成为发展权利的积极参与者和受益者。"[②]人应当是发展的主体,这种共同的基本认知促成了联合国开发计划署于20世纪90年代引入了"人类发展"的提法。自1990年以来,联合国每年发布《人类发展报告》,该报告中评价各国发展状态的各种清单由诺贝尔经济学奖得主阿马蒂亚·森设计。落实到人权的权利主体上,也就包含着个人、群体、社会、民族、国家等等。但是作为个人发展权的主体来说,一定是也只能是个人。个人是个人发展权的唯一权利主体,但是就个人发展权的义务主体来说,就不仅仅是个人了,还有群体和社会,还有国家及其

---

① 1986年《发展权利宣言》,https://www.un.org/zh/documents/treaty/A‐RES‐41‐128。

② 1986年《发展权利宣言》,https://www.un.org/zh/documents/treaty/A‐RES‐41‐128。

政府等。

在这里需要特别说明的是,第一,个人发展权的每一个权利主体在具体的法律关系中,都会有与之相对应的义务主体;在宏观的普遍意义上,它的义务主体还可能是不特定的,包括其他所有个人、群体、社会机构、国家及其政府。第二,在个人发展权所有的义务主体中,个人作为义务主体是最为广泛的普遍存在,权利主体之外的任何个人都必须尊重特定主体的发展权利,至少负有不得侵犯的不作为义务,有的甚至还必须依法承担积极作为的义务。因此,"个人"是个人发展权最普遍的义务主体,其数量最大,范围最广。第三,人既是个体的,也是群体的,各种群体乃至社会机构也负有不得侵犯个人发展权的义务,甚至还需要积极履职履责——这就是群体和机构的义务。相对于个人来说,群体或者社会机构就是特殊的义务主体,具有不同于个人义务主体的诸多特征,远不如个人那么普遍,并且根据机构的不同性质和法定职责负有特定的义务。第四,在现代社会,所有个人都是在国家或者政府的场域中生活的,其权利也是在这个场域中享有的。从民主政治的视角来看,国家或者政府都是人民的制造物,都是个人集合的产物,它来自每个个体的认同,并在个体的集体认同中存续和运行,因此,国家及其政府对于个体就当然具有一系列重要的义务;在诸多的义务中,也当然地包括保障个人发展及其权利享有的义务。由于国家及其政府具有其他任何主体都不具有的强制力量,因此它们作为义务主体的重要性也就不言而喻。以上认知正是本章要将权利主体对应的"个人"视为普遍的义务主体,将群体和社会机构视为特殊的义务主体,将国家及其政府视为重要的义务主体的原因。

第一节　个人发展权的权利主体

个人是个人发展权的权利主体。作为权利主体的个人会受到哪些因素的影响？这些因素与个人发展及个人发展权之间具有怎样的联系？这些问题都需要我们认真地加以探究。

一、阶层与个人发展权

在现实社会中,人们会因为不同的经济、政治、文化等状况而被划分为不同的层次,在社会学上,这被称为阶层。在社会中,每个人都可以被归属于不同的阶层。不同的阶层意味着不同的经济、政治、文化状况,它对于每个人的发展都具有重要的影响。

著名社会学家陆学艺以职业分类为基础,将我国现有社会阶层划分为十大类别,包括:"国家与社会管理者阶层;经理人员阶层;私营企业主阶层;专业技术人员阶层;办事人员阶层;个体工商户阶层;商业服务人员阶层;产业工人阶层;农业劳动者阶层;城乡的无业者、失业者和半失业者阶层。"[①]李路路在《中国城镇社会的阶层分化与阶层关系》中将我国现实的阶层划分为管理人员、专业技术人员、办事人员、工人、自

---

① 江帆:《当代中国社会阶层研究的新成果——介绍〈当代中国社会阶层研究报告〉》,《理论参考》2002 年第 1 期。

雇佣者、私营企业主和其他阶层。[①] 李培林指出,改革开放40多年来,我国的社会阶层发生了显著的变化,农民工成为工人队伍中的新生力量;专业技术人员成为中产阶层的中坚力量;私营企业主的影响更加广泛;新社会阶层不断产生。[②] 随着整个社会的阶层结构逐渐呈现"中产阶层化"[③]的趋势,管理人员、专业技术人员和企业家将在社会中发挥更加重要的作用。现实社会中,每个人所处阶层的不同,意味着拥有不同的社会资源、职业地位、经济收入以及教育水平,这些都是影响个人发展的最基本要素。

首先,阶层反映了个人的生存状况,影响着个人发展权实现的程度。个人发展权在抽象与一般的意义上是平等的,而在实际生活中则是不平等的。不同的经济地位、政治地位、文化地位决定了实际发展状况与权利享有状况的不平等性。不同阶层本身就意味着在社会生活中的某些差异乃至不平等。一般说来,处于社会较高阶层的人,由于在经济、政治、文化上处于优势的地位,具有更好的生存环境,也更容易获得较为充分的发展,能够较好地享有发展的权利;处于社会较低阶层的人,则可能因为各种局限而在个人权利享有和个人发展方面受限。

其次,阶层影响个人的社会交往,进而影响个人发展权的享有。有关调查表明,个人的社会交往圈子往往跟他所处的阶层有关,同一阶层的人拥有基本相同的收入、社会地位以及教育背景,因此彼此之间交往最多。不同阶层的人拥有不同的社会资源。较高阶层的个人更容易提

[①] 参见李路路:《中国城镇社会的阶层分化与阶层关系》,《中国人民大学学报》2005年第2期。
[②] 参见李培林:《改革开放近40年来我国阶级阶层结构的变动、问题和对策》,《中共中央党校学报》2017年第6期。
[③] 李路路:《从阶层分化到阶层结构化——我国社会阶层结构有哪些新变化》,《人民论坛》2016年第18期。

供更好的互助条件,个人也可能会因这种优越条件而获得更好的发展机会,也就能够更好地享有权利。相对而言,较低阶层的个人难以获得像较高阶层那样的发展机遇,个人发展权的享有也会随之受到限制。

再次,阶层影响个人的价值实现,也影响其发展权的实现。正如有学者所指出的,从宏观层面来看,阶层之间的关系存在着不平等和竞争。人不能脱离他所处的社会环境和阶层而孤立地发展。阶层和阶层之间,在个人的发展资源、发展机会上的差别也是客观存在的。当前,随着企业家、管理人员、专业技术人员等群体的发展愈加成熟和独立,他们对社会起着更为重要的作用,对自身的发展也提出更高的要求,更有利于其实现自身的价值。

最后,阶层影响人们的权利意识,当然会影响个人发展中的权利诉求。职业背景以及教育背景的不同,决定了人们在面对权利时的态度以及意识的不同。在现阶段,农民工群体虽然已经成为工人队伍中的重要力量,但是城乡二元结构的制度鸿沟使得他们仍作为社会中一个相对弱势的群体而存在。他们在发展权利受到侵害时,难以像中产阶层那样具有强烈的权利意识,更难以获得较好的权利救济。当其权利受到侵害时,他们或者没有意识到,或者选择隐忍,或者选择采用违法的方式去维权。尤其是选择违法的方式维权,不仅无助于权利的实现,甚至会妨碍或者葬送自己的发展机会。

正是因为个人的阶层归属对于个人发展权利的享有及其实际的个人发展具有重要影响,因此,我们一是要关注社会阶层状态及其演化,让各个阶层的权益都有法律的保障,都能得到适合于自身的发展,都能较好地实现自己的人生价值。尤其是对于较低阶层的公民,要予以尽可能的帮助与救济,使之能够较好地生存和发展。二是要努力使较低阶层公民的子女获得较好的发展空间,尽可能使其儿女不因为父母的阶层局限而丧失上升的空间。这一点在中国显得特别重要,因为中国有特别重视儿女发展的文化传统。在古代中国,有孟母三迁的典故,孟母之所以三迁,为的是让孩子有一个良好的成长环境。在现代中国,有的家庭甚至仅仅是为了孩子能够获得更好的教育就选择移居、移民等,其中的良苦用心让人感动。总之,我们必须为各个阶层的发展开辟合法的道路,为社会各个阶层尤其是较低阶层向上流动提供可能的路径,使每个公民都对未来、对社会充满希望与期待。

二、性别与个人发展权

性别差异是心理学概念。德国心理学家施太伦(William Stern)最早提出差异心理学的概念,并著有《差异心理学》一书。1974年,美国心理学家麦考比(Eleanor Maccoby)和杰克林(Carol Jacklin)出版《性别差异心理学》一书,标志着性别差异心理学正式诞生。该学说的诞生有两个前提条件:一是社会上逐步形成了男女平等的观念,男女之间能够相互尊重,彼此信赖;二是承认男女在心理上确实存在差异。正如有学者所指出的:"性别角色作为社会角色的一种,是指由于人们的性别不同而产生的符合一定社会期望的品质特征,包括男女两性所持的不同态度、人格特征和社会行为模式。"[1]

在社会发展与个人发展中,性别的差异是客观存在的事实。这既是由男女自身生理上的差异导致的,也是由家庭、社会的传统文化观念等因素造成的。从男女生理上的差异来说,男女在认知、情感和意志过

---

[1] 靳松、黄永俊:《教学中男女性别角色差异现状的社会学探析》,《文教资料》2009年第26期。

程等方面存在着差异,比如男性更擅长抽象思维,善于从宏观把握问题,女性更擅长感性思维,善于从细节把握问题。男女在兴趣、性格、能力和气质等方面亦存在着差异,比如男性更容易决断、敢于接受挑战,女性观察细致、善于沟通和表达。

因此,在职业的选择上,男女性别分布具有一定的规律性。有关调查显示,在"负责人"的职位中,男性担任领导职务的比例远大于女性,性别隔离较为严重。在"专业技术"项目中,男女比例大体相当。这说明教育平等的理念已经基本形成共识。虽然在贫困地区,男女在教育上的性别不平等现象仍然存在,但是就社会整体情况而言,教育上的性别不平等问题已经有了很大的改善。

首先,从社会层面上来说,我们要客观面对性别特点造成的发展差异,尊重男女在发展中的不同特点,充分发挥男女性别长处,促进个性发展,使得人类社会的发展更加丰富多彩。

其次,我们要消除性别歧视,不对性别的差异进行标签化和固化。目前,在社会的就业分布中,性别隔离还比较严重。比如,根据第六次人口普查提供的数据资料,我们可以了解男女在就业状况、职业构成上存在差别。"在我国女性职业构成中,国家机关、党群组织、企业、事业单位负责人占 1.0%,专业技术人员占 7.8%,办事人员和有关人员占 3.2%,如果将以上三类职业的从业人员称为'白领',那么'白领'女性仅占女性从业人员的 2.0%。"[①]从整个社会的职业构成来看,女性在"白领"职业中所占比例偏低,在"蓝领"职业中所占比例偏高,反映出在职业层次上,男女还存在着不平等,女性职业层次偏低。职业层次的不同导致男女收入也存在差距,甚至远远谈不上平等。因此,国家和社

---

① 杨慧:《女性就业现状及行业与职业分布性别差异》,《中国妇女报》2013 年 3 月 5 日。

会应当构建公平的就业环境,而其中很重要的一个因素就是性别平等,消除对女性的就业歧视,从法律、政策、文化上为女性提供更多职业层次高的就业岗位,为女性的发展提供更多的机会和有利条件。

最后,消除职业发展过程中的性别隔离。有必要打破一些在传统观念上对性别固化的职业定位,比如,传统观念中幼儿园教师的角色就定位在女性上,但是幼儿的教育仅仅由女性来完成是远远不够的,随着社会的发展、观念的进步,社会越来越呼吁幼儿的教育应引进男教师,改变幼儿园中女教师一统天下的局面,这对于幼儿人格的发展完善大有裨益。再比如,如前所述,在国家机关、党群组织、企业、事业单位负责人的岗位上,女性领导人的比例是较低的。作为一个具有多重社会角色的群体,社会应当为女性从政创造更多的平台和机会,加强对女性从政的岗位锻炼,为其提供更多发展的机会。女性可以发挥自身优势,比如善于沟通与表达,能够团结下属,增强组织的凝聚力;心思缜密,观察细致,易于发现组织存在问题的苗头,能够第一时间解决问题;等等。

总之,真正的性别平等是尊重男女对职业选择意愿的自主权。通过在法律、教育、文化、舆论、岗位历练、社会性别制度等方面着力,逐渐消除社会职业选择上的性别隔离,使每个人都有更多发展的可能性,为每个人的个性发展创造更多的条件,让社会发展更加丰富多彩。

三、能力与个人发展权

能力,是指"掌握和运用知识技能所需的个性心理特征"[①]。如果对能力进行分类,能力可以被分为基本能力和特殊能力。基本能力指

[①] 辞海在线,https://cihai.supfree.net/two.asp?id=273217。

的是人们进行各种活动都必须具备的普遍性的能力,比如人的观察力、记忆力、抽象概括力等。[1] 特殊能力指的是人们从事某些专业性活动所必须具备的能力,亦可以认为是专业能力,如数学、音乐、演讲、绘画能力等。这些能力并不具有普遍性,而是人们在自身禀赋的基础上,通过接受教育、社会实践逐步形成和发展起来的。

在哲学层面上,能力是指"作为人的本质的力量的集中体现,是人从事一切活动的内在根据,是人生存和发展的基础"[2]。马克思主义认为,实践是人存在的根本方式,是人类社会发展的根本源泉和动力,因此"人类的这种生存和发展方式,必须要求人们时刻关注自身能力的提高和发展"[3]。可以说,能力包含的内容是多方面的,但是对人的生存与发展起决定作用的因素主要是人的体能和智能,以及个人极端的不良状态——人体的残疾。

(一) 人的体能与人的发展

体能主要指的是人的身体素质,是"进行运动或劳动所需要的身体能力,既可以包含运动能力,也可以包含劳动能力或其它形式的身体活动能力"[4]。体能主要包括身体的发育水平,如人的体格、体型、营养、健康状况等。人的体能客观上是存在差异的,这取决于每个人的遗传基因以及先天禀赋,尽管随着后天接受教育以及训练,人的体能会不断发展变化,但有些先天的因素是难以改变的。比如说,残疾人等特殊群体的体能很难通过后天的教育与训练而发生根本的改变。正是因为

---

[1] 参见辞海在线,https://cihai.supfree.net/two.asp? id=273217。
[2] 郑永廷等:《人的现代化理论与实践》,人民出版社2006年版,第460页。
[3] 韩庆祥、邹诗鹏:《人学——人的问题的当代阐释》,云南人民出版社2001年版,第368页。
[4] 李怀海等:《体质与体能概念之辨析》,《解放军体育学院学报》2001年第3期。

人的体能有差异,人在发展路径选择以及发展前景上是不同的。

人的体能对人的发展具有重要影响。健康是衡量体能的一个重要标准。人类对健康的认识是随着社会发展以及科学技术的进步而逐步深化的,目前,人类的健康问题已成为医学、人类学、社会学、心理学等各学科领域都在探讨的问题。可以说,健康是促进人的全面发展的必然要求。人的体能状况不仅影响体力劳动者的发展,还影响脑力劳动者的发展。无论是对于体力劳动者还是脑力劳动者来说,健康都是生存与发展的前提和基础。

体力劳动者主要就是依靠体力进行生产劳动的人。体力劳动的特点是以肌肉和骨骼的活动为主,能量消耗大,新陈代谢快,考验人体的耐受力。比如建筑业、农业、仓储装卸业、采掘业等,都是体力劳动多的产业。在这些职业劳动中,体力劳动者的体能状态直接影响到他的工作效果、收入水平、发展前景。比如,对于搬运工来说,体力越大,搬运的工作做得越多,当然收入越高。同时,体力劳动者需要休息和恢复才能再次产出劳动力,因为体力劳动对身体能量的消耗大;有些体力劳动长期局限于身体的某一部位或组织,长此以往容易产生劳损;还有些工作环境诸如高温、粉尘、噪声等,会对人体的健康产生不同程度的损害。对于体力劳动者来说,尤其应当重视自身体能健康,因为健康的体能是其重要的甚至唯一的生存与发展途径。因此,体力劳动者应当科学安排工作和休息,定期体检,适度地进行运动健身。同时,国家和社会应加强与完善对体力劳动者的社会保障制度。

对于人的体能,法律应当特别予以重视。对于体能不好的人,尤其是依靠体力劳动为生的人,应当加强社会保障。除某些特定的职业外,应当尽量消除企业招聘中对人的身高等方面的限制,因为这在某种程度上是对身材矮小的人的歧视,侵犯的是其择业自主权。

（二）人的智能与人的发展

智能是指人所具有的智慧和能力。就一般人而言，这里所说的智能，一是指使人能够享有个人发展权利的一般智能，即一般人所普遍具有的语言、逻辑、空间、肢体运作、人际交往、自我认知等方面的智能。一个健康的、正常的社会，当然也是理想的法律社会，这样的社会应该使每个人基于自己的一般智能而享有普遍的发展权利。

就具有特殊智能的人来说，他们的智能也就是使其能够享有个人发展权利的那些超乎常人的特殊智能，比如在语言、逻辑、空间、肢体运作、音乐等方面具有独特的天赋或者特长。一个美好的理想社会，就是要使那些具有特殊智能的人能够基于自己的特殊智能而得到合法的充分发展。

就脑力劳动者来说，他们是具有特殊智能的职业群体。对于他们来说，智能更具有独特的意义。脑力劳动者是指以脑力劳动为主的人，脑力劳动的特点主要是依赖脑力去分析、思考与判断，比如理论工作者、科学家、艺术家、作家、律师等。在脑力劳动过程中，虽然思维劳动大于体力劳动，但耗费的是极大的精力和心力，所谓"呕心沥血"说的就是这个道理。脑力劳动者的身体健康状况直接影响着个人的工作成果与发展前景。如果其身体不健康，那么其科研活动就难以很好地推进和深入，也许其科学研究的生涯就会因为健康状况不佳而不得不中断。据相关报道，脑力劳动者普遍存在亚健康状态，严重的甚至出现抑郁症、"过劳死"等。健康问题对于脑力劳动者来说，是制约其发展的重要障碍。

人的智能对人的发展具有重要影响。依靠人的中枢神经系统，智能可以根据过往的经验以及对未来可能性的预测，分析与解决当下的问题。在人的能力组成中，智能的价值是最高的。从社会行为主义的角度出发来考虑智能,美国实用主义学者米德(George Herbert Mead)认为,"运用智能的过程就是延迟、组织和选择对特定环境刺激的反应的过程"①。我们会很容易地说出喜欢这种音乐,而不是喜欢那种音乐;我们选择这种类型的书,而不是选择那种类型的书;等等。但是我们可能难以说出这样选择的原因是什么。正如音乐评论那样,一首乐曲可以使听众心潮澎湃,很多情况下我们更多关注的是自己的感官体验,而无法说出具体的原因。在米德看来,能够说明这些刺激是什么,就是一种理性的行动,这就是人区别于动物那种非理性的智能。智能主要包括记忆和预见。"人的特殊之处在于他对刺激有分析能力,这种能力使他能辨出是一种刺激而不是另一种刺激,从而把握属于那一刺激的反应,把它从其他反应中挑出来,并与其他反应重新结合起来。"②

我们国家正由以体力劳动为主的发展向以脑力劳动为主的发展迈进。对于脑力劳动者来说,虽然人的发展取决于很多的因素,但是智力在很大程度上对人的发展起着关键作用。正如有学者所说,从人类历史发展看,"一个杰出科学家所做的社会贡献绝不是靠简单的人数增加、体力增强以及纯粹的政治热情所能解决的"③。

因此,整个社会应形成尊重知识、尊重人才的氛围,大力提高和开发人们的智能。当前国际竞争的关键就在于知识和人才的竞争,"谁掌握了知识和人才,并充分发挥其作用,谁就能在这场竞争中占优势"④。

法律在个人发展权上的重要目标,就是要使每个人包括具有不同智能状态的人各得其所,获得充分的发展。同时,法律尤其要使那些在智能上出现障碍的人获得特别保护,以使其能够获得相对最好的发展

---

① 乔治·H. 米德:《心灵、自我与社会》,赵月瑟译,上海译文出版社1992年版,第89页。
② 乔治·H. 米德:《心灵、自我与社会》,赵月瑟译,上海译文出版社1992年版,第84页。
③ 袁贵仁:《人的素质论》,中国青年出版社1993年版,第140页。
④ 袁贵仁:《人的素质论》,中国青年出版社1993年版,第141页。

(三) 法律对于残疾人的保护

世界卫生组织对于残疾的定义是,由于缺陷而缺乏作为正常人以正常方式从事某种正常活动的能力。① 我国《残疾人保障法》第2条规定:"残疾人是指在心理、生理、人体结构上,某种组织、功能丧失或者不正常,全部或者部分丧失以正常方式从事某种活动能力的人。"一般认为,残疾人包括体能上或智力上存在缺陷的人,正是因为体能上或智力上存在缺陷,所以不能像正常人一样参与社会,"处于某种不利地位,以至限制或阻碍该人发挥按其年龄、性别、社会与文化等因素应能发挥的正常作用"②。

残疾人因为身体上某种组织或功能存在缺陷或丧失,其与正常人一样平等参与社会生活的机会受到限制,因此很多人的生活都比较贫困,生存权面临挑战,更难以顾及发展权。《2012年度全国残疾人状况及小康进程监测报告》显示,残疾人发展状况水平较低。"在生存状况、发展状况、环境状况三个指标中,残疾人的发展状况实现程度是最小的。而残疾人的发展状况水平是整个指标体系中最能体现残疾人特殊性的部分,其具体内容包括残疾人的就业、康复、教育、社会保障、社会参与等各方面的情况,与残疾人切身利益密切相关,反映了残疾人最迫切的需求。"③该报告还显示,虽然残疾人事业的发展取得了长足的进展,但是残疾人自身发展权的实现还存在着诸多的障碍。

---

① 参见《国际功能、残疾和健康分类》(ICF)。
② 1982年《关于残疾人的世界行动纲领》,https://www.un.org/zh/documents/treaty/A-RES-37-52。
③ 陈功等:《2012年度中国残疾人状况及小康进程监测报告》,《残疾人研究》2013年第2期。

在残疾人的发展状况指标中,就业是残疾人提高生活质量、实现自身发展的重要平台和主要渠道。通过就业,残疾人首先可以获得稳定的收入,这使其在心理上能够自立,不再完全依赖社会与家庭的供养;其次可以参与社会活动,使自身的发展融入社会的发展之中。但是目前我国残疾人的就业形势还比较严峻,主要表现在:一是就业途径单一,主要还是靠熟人介绍。二是就业机会少,2012年度的城镇残疾人登记失业率达到9.2%。[1] 失业率是残疾人就业状况的重要反映指标,失业后大多数残疾人的生活主要靠领取政府发放的基本生活费以及家庭其他成员的供养。失业直接影响残疾人的生活状况,也限制了残疾人的社会交往以及融入社会的机会,使残疾人的自身发展遇到阻碍。

鉴于残疾人在发展上的特殊性,以及残疾人在实现自身发展上面临的困难与障碍,国家和社会应当加大对残疾人发展权利的保障。从整个社会层面来说,社会应积极转变观念,不能仅仅从"医疗问题"或"福利问题"[2]的角度出发来实现对残疾人权利的保障,而应该站在发展权的高度来看待残疾人的生存与发展问题,特别是要反对歧视。正如《关于残疾人的世界行动纲领》所指出的:要"使残疾人得以'充分参与'社会生活和发展,并享有'平等地位'"[3],"社会对残疾人的态度可能是残疾人参与社会和取得平等权益的最大障碍。我们看残疾人,应该着重看残疾人所具备的能力,而不是他们的残疾"[4]。

---

[1] 参见陈功等:《2012年度中国残疾人状况及小康进程监测报告》,《残疾人研究》2013年第2期。

[2] 徐爽、习亚伟:《〈残疾人权利公约〉的"中国转化"——以我国残疾人权利法律保障体系为视域》,《人权》2014年第2期。

[3] 1982年《关于残疾人的世界行动纲领》,https://www.un.org/zh/documents/treaty/A-RES-37-52。

[4] 1982年《关于残疾人的世界行动纲领》,https://www.un.org/zh/documents/treaty/A-RES-37-52。

法律应当加强对残疾人发展权利的保障。从国际层面来说,2006年联合国大会通过了《残疾人权利公约》,这是联合国历史上第一个全面保护残疾人权利的公约。此前发布的《关于残疾人的世界行动纲领》和《残疾人机会均等标准规则》等国际人权文件虽然不具备强制的约束力,只具有宣言的性质,但是对于弘扬尊重与保护残疾人权利的精神具有重要的价值和意义,这两个国际文件与《残疾人权利公约》一起,有力地推动了世界残疾人保护事业的发展。

从国内层面来说,我国是《残疾人权利公约》的最早发起国之一,我国签署了《残疾人权利公约》之后,根据公约的精神对国内相关的法律法规进行了修订,已初步形成了以宪法为基础、以《残疾人保障法》为基本法的残疾人权利保障法律法规体系。对于残疾人的自身发展而言,平等地接受教育和参与劳动就业是残疾人的核心需求。残疾人只有接受教育并平等地参与劳动就业,才能满足其生存需求,提高其生活质量,平等参与社会生活,自身得到发展,并将自身的发展融入社会的发展之中。正是因为平等地接受教育和参与劳动就业对于残疾人实现自身发展权具有重要作用,国家和政府应当对残疾人劳动就业统筹规划,为其创造劳动就业条件,同时在法律层面,应当充分保障残疾人的受教育权和劳动就业权。

对此,我国宪法和《残疾人保障法》对于残疾人的权利做了原则性的总体规定。同时,在行政法规层面,《残疾人就业条例》与《残疾人教育条例》专门就残疾人就业权利与受教育权利做了具体的规定,这两个条例的颁布都旨在提高残疾人的发展能力,对于推动残疾人发展权的实现具有重要的意义。比如,《残疾人就业条例》规定:"残疾人应当提高自身素质,增强就业能力。"《残疾人教育条例》规定:"国家保障残疾人享有平等接受教育的权利,禁止任何基于残疾的教育歧视。"残疾人教育应当"根据残疾人的身心特性和需要,全面提高其素质,为残疾人平等地参与社会生活创造条件"。通过接受教育与参加就业,不断提高残疾人自身发展的能力,使残疾人不再只是从事简单低端的工作,而是也能够从事高层次工作。

四、年龄与个人发展权

年龄并不是个人是否享有发展权利的决定因素,但它一定是影响个人发展权实际享有状况的重要因素。面对发展权,因年龄因素的状况及其变化,个人也存在权利能力和行为能力上的差异。

从权利能力上讲,只要是人,不论性别、能力与年龄,都应当平等地享有发展权利。这是从应然的角度得出的结论,是权利平等性的要求,也是法律面前人人平等的要求。年龄不会影响任何自然人的权利能力。

但是从行为能力上讲,由于不同的性别、不同的能力,发展权利享有的实际状况则是不同的。有的人能够充分享有,有的人能够较好享有,有的人实际上难以享有。这种差异不仅与性别、能力有关,也与年龄有关。在年幼时,作为未成年人,不论是法律制度还是实际状况,都有诸多限制。法律上将自然人划分为完全行为能力人、限制行为能力人和无行为能力人,主要就是根据年龄做出的划分。我国《民法典》规定,十八周岁以上的自然人为成年人。不满十八周岁的自然人为未成年人;成年人为完全民事行为能力人,可以独立实施民事法律行为。这些规定表明了在法律上年龄对于公民行为能力的重要意义。在年老时,个人发展权利也会因体力和智力(如老年精神障碍)等原因而受到限制。由于自然规律,年龄有时发挥着极为重要的作用,乃至成为决定性的因素。

对于年龄导致的个人发展权利的差异,如果是法律的不当规定使然,我们可以通过完善立法来加以解决。比如法律不当地限制未成年人、老年人权利的问题,我们就可能通过法律的修改和完善乃至废止来消除相应的障碍。如果是自然规律使然,我们也应当努力地使法律符合自然规律,尽可能准确地反映自然规律,充分尊重和保障个人的发展权利。

第二节 个人是普遍的义务主体

个人发展权的实现,取决于多种因素,国家作为个人发展权的首要义务主体,可以为个人的发展提供经济、政治、文化、社会保障等各项制度,为个人发展权的实现创造制度环境,提供强制保障。但在社会生活中,在具体的法律关系中,个人发展权的义务主体往往是具体的个人,个人发展权会落实到无数个体身上。个人不仅是实现发展权的权利主体,同时也是实现发展权的义务主体。

一、作为义务主体的个人

无论是人权的义务主体,还是个人发展权的义务主体,都是多元的。它可能是国家或者政府,也可能是某个特定的人。个人既是权利主体,也是义务主体。作为个体的人在关于个人发展权利的法律关系之中,往往是既享有权利也承担义务的主体。从义务主体的视角来考察,我们甚至可以认为个人是最为普遍的义务主体,存在于相关的各种法律关系之中。在国际社会,既有的法律文件无不肯定个人作为个人发展权义务主体的地位,并对其提出了种种法律上的要求。

《发展权利宣言》指出,"人是发展的主体,因此,人应成为发展权利的积极参与者和受益者"[①];"鉴于有必要充分尊重所有人的人权和基本自由以及他们对社会的义务,因此,所有的人单独地和集体地都对发展负有责任"[②]。这就意味着个人作为发展权的主体,既可能是权利主体,也可能是义务主体。另外,《个人、群体和社会机构在促进和保护普遍公认的人权和基本自由方面的权利和义务宣言》亦规定:"人人对社会并在社会内负有义务,因为只有在社会之内人的个性才能得到自由和充分的发展。"[③]这也同样说明了个人在主体地位上既可能是权利主体,也可能是义务主体的双重属性。

从以上国际法律文件的相关论述中可以看出,作为发展和发展权的主体,个人不仅是实现发展权的重要权利主体,亦是实现发展权的重要义务主体。它们都确认了个人作为义务主体的法律地位,每一个人不仅对自身发展享有法律权利,也要对他人的发展权负有法律义务。

二、认识并尊重他人权利

作为义务主体,必须认识和尊重相应主体在个人发展方面的权利。认识权利、尊重权利,是权利得以存在和实现的思想与客观基础。马克

---

① 1986年《发展权利宣言》,https://www.un.org/zh/documents/treaty/A‐RES‐41‐128。
② 1986年《发展权利宣言》,https://www.un.org/zh/documents/treaty/A‐RES‐41‐128。
③ 1998年《个人、群体和社会机构在促进和保护普遍公认的人权和基本自由方面的权利和义务宣言》,https://www.un.org/zh/documents/treaty/A‐RES‐53‐144。

思认为，人的本质是一种社会存在，是各种社会关系的总和。人不可能脱离社会而独自生存与发展，权利的实现亦不可能脱离与权利主体相关的社会关系而独自实现。

法学家狄骥认为，人不可能把他自己没有的和他进入社会以前不可能有的权利带进社会中来。人之所以只有在进入社会之后才能拥有权利，是因为人进入社会就必然要和其他人发生这样那样的关系。①一个人的权利认识，既应该包括对自身权利的认识，也应该包括对别人权利的认识。即使每个人都会关心和关注自己的权利，也并不意味着每个人都会尊重别人的权利。对别人权利的尊重，既是道德问题，更是法律问题。无论是从道德的视角出发还是从法律的视角出发，我们都必须强调对他人权利的尊重。

首先，认识并尊重别人的发展权利在根本上就是尊重自己的发展权利。因为每个"自己"，在别人看来都是"别人"，因此，要使每个人的权利得到尊重与实现，就必须尊重每一个"别人"的权利。"权利是社会关系的产物，在社会关系中人们之所以有你的或我的权利的存在，是由于社会成员对共同利益亦即自己的利益的意识性及其彼此的相互承认，这才构成了权利的正当理由。"②承认权利、尊重权利，是人们对待权利的一种主观态度及思想认知，只有当人们发自内心地承认并尊重他人的权利时，权利才能真正获得实现。从这个意义上说，尊重他人的权利亦是尊重自己的权利。一个尊重权利的社会，必然不能只是一部分人享受权利，享受从法律中所得到的能够实现自身发展的利益，而另一部分人只履行义务却享受不到任何相关的利益。这样的社会必然失衡，权利的保障终究难以持久。美国学者米德指出，当我们主张一项权

---

① 参见范进学：《尊重权利》，《法制日报》2002年3月24日。
② 范进学：《尊重权利》，《法制日报》2002年3月24日。

利的时候,我们也赋予了他人同样的权利:"每个人在坚持自己权利的时候,同时也是在维护社会中其他所有人的权利。"[1]当说到"我有权利"时,就意味着,并不是我拥有一项针对你或针对政府的要求,而是我们拥有共同的义务。作为实现个人发展权的直接义务主体,每个人都应当树立尊重他人发展权利的观念。尊重他人的发展权利亦是尊重自己的发展权利,侵害他人的发展权利亦是侵害自己的发展权利。

其次,认识并尊重别人的发展权利是履行自己相应义务的前提。任何个人的义务都是相对于别人的权利而言的,因此,认识别人的权利,是履行自己义务的前提。权利、义务总是对应的,没有无权利的义务,也没有无义务的权利。作为义务人,认识别人的权利,就是对权利主体的认识。明白自己履行义务的对方主体是谁,找到自己履行义务的对象,就可以避免相应的主体认识错误,防止错误履行义务情形的发生。认识别人的权利,也是对别人权利内容的认识。通过认识别人的权利,引导自己适当地履行义务,以满足权利人的相关需要。认识别人权利,也是避免义务人被追责的重要前提。不当的履行行为不仅达不到应有的目的,还可能导致义务人并不期望的结果发生,甚至被追责。做出正确履行义务行为的前提,就是正确认识别人的权利,包括对相关主体和权利内容的认识。只有这样,义务人才能避免因自己履行不当而担责。

最后,认识并尊重别人的发展权利,是履行自己相应义务的目的。让别人的权利得以实现,是义务人履行义务的终极目的。我们要反对那种片面的义务观——仅仅做自己该做的行为,而不顾及自己履行义务行为的实际效果。我们不仅要做出履行义务的行为,还要进一步努

---

[1] 丁东红选编:《米德文选》,丁东红等译,社会科学文献出版社2009年版,第163页。

力让权利人的权利得以实现。任何法律关系的缔结过程中,各方当事人都有自己的愿望,都希望通过对方的依法履约而使自己的需要得到满足。对于别人权利的认识就是对于别人诉求、愿望、目的的认识,这种认识有利于法律关系的依法建立、依法运行,能够产生良好的社会效果。一个秩序良好的社会,一定是各个社会成员都能通过法律的途径使自己的需要得到满足,当然也一定会依法满足别人的需要的社会。因此,认识并尊重别人的权利,是履行自身义务的需要,是法律的追求,也是社会的要求。认识别人的权利,就是对自己义务目的的认识;尊重别人的权利,是实现自己义务的目的之所在。

三、认识并履行自身义务

如前所述,义务主体尊重权利是权利得以存在和实现的基础。义务主体对义务的认知与履行是相应权利得以实现的重要前提。在具体的权利义务关系中,每一个人都应当增强对自己义务的认知。权利与义务是相伴而生的,没有人可以只享受权利而不履行义务。每一个人发展权利的实现,都有赖于相关义务主体的作为与不作为。当义务主体自觉履行法定的义务时,权利人的发展权实现较为顺利;而当义务主体不履行甚至侵害权利人的发展权利时,权利人的发展权实现则会受到阻碍。义务的履行是权利实现的重要保障。将纸面上的权利真正落实为现实中的权利,依靠的是一个社会守法精神的养成。守法精神在很大程度上依赖并体现于社会中每一个人对于义务的认知及履行。守法,既有道德层面的要求,也有法律层面的要求,法律层面的要求是最基本的要求。在每一个具体的权利义务关系当中,法律意义上的守法即是要求每一个人都应当自觉履行相关的法定义务,从而保障他人的权利得以顺利行使。

对于义务的认知,不仅仅是对义务主体的要求,权利主体在行使自身权利的同时,同样应当增强对自身义务的认知。我国宪法明确规定:"任何公民享有宪法和法律规定的权利,同时必须履行宪法和法律规定的义务。"我们必须明白,有些发展权利本身既是权利又是义务。比如,我国宪法规定公民有劳动的权利和义务,有受教育的权利和义务。劳动权和受教育权是两项重要的个人发展权利,公民在享有劳动权和受教育权利的同时,必须履行劳动和接受教育的义务。同时,我们还必须进一步认识到权利主体在行使自身发展权利的同时,不得超出法律规定的限度,不得妨碍他人发展权利的实现。此时权利人则从权利主体转化为义务主体。比如,人们在行使文化娱乐权利的同时,不得侵害他人的休息权。一旦权利的行使超出法律规定的限度,侵害了他人利益,权利人就应当承担法律责任。

认识义务只是前提,履行义务才是根本。履行义务有作为的履行方式和不作为的履行方式。就不作为的履行来说,义务主体处于消极的人身状态即可。只要不去侵犯别人,不去阻碍别人,义务人即履行了义务。但是就作为的履行来说,并非这么简单,它需要义务人积极作为,为此甚至有财物、时间等方面的花费。这些花费对于义务人来说,都是需要成本的。有的义务人就可能因为狭隘的自身利益而怠于履行义务或不适当履行义务,结果导致权利人的权利无法实现。这就是义务人的过错了。义务人的不履行或不适当履行义务的行为,必然会侵犯或者阻碍权利人的权利实现,于是就涉及权利人请求法律乃至司法保护,从而强迫义务人履行义务的问题。由此,义务的履行就有相关主体自觉履行和被迫履行之分。

义务主体如果不履行或者不适当履行义务,就可能被权利主体控告而引发诉讼等。一旦义务人被有关法律机关确认为未履行义务或未适当履行义务,即构成违约或者违法,他就可能受到法律的制裁。法律机构就可能应权利人的请求而对义务人采取强制措施,迫使其履行义务。义务主体的自觉履行与被强制履行,都是对于义务的履行,但是其内涵、效果、影响却是极不相同的。义务主体的不履行或者不适当履行,会给权利人造成困扰,使权利主体的权利无法实现,也会给公权力机构增加负担。对于不履行义务的主体,除了强迫其履行之外,还应给予应有的制裁,使之从中吸取教训,自觉依法办事,自觉履行自己的义务,也使社会的其他成员或者其他义务主体从中吸取教训,从而校正自己的行为,积极而适当地履行义务。

第三节 群体和社会机构是特殊的义务主体

个人发展权是事关个人发展的权利。对应其权利主体的义务主体有国家或者政府,也有其他相应的个人,此外还有其他各种群体或者社会机构。这里所称的群体或社会机构,都是广义上的,几乎囊括人们从事共同活动的一切社会组织,包括政治组织、经济组织、文化组织以及为了实现特定目的而有意识地组合起来的其他社会群体等,例如政党、政府、司法机关、企业、事业单位、社会团体组织等各种正式组织。联合国大会通过的《个人、群体和社会机构在促进和保护普遍公认的人权和基本自由方面的权利和义务宣言》规定:"个人、群体、机构和非政府组织可发挥重要作用,并负有责任保障民主,促进人权和基本自由,为促进民主社会、民主体制和民主进程的进步做出贡献。"[1]群体或者社会机构作为特殊的义务主体对于个人发展具有重大影响和重要作用,至少表现在以下几个方面。

一、人员招录与个人发展

就业权利是重要的个人发展权,甚至是个人获得相应发展的基础性权利。一个人不能就业,也就很难参与社会活动,很难得到社会认同,更难在社会中找到适合自己的职业位置,寻求发展机会。一个群体或社会机构总是由一定的工作人员组成的。许多组织都由相当多的工作人员构成。在工作人员的招录之中,如何设定招录标准和程序,特别重要。招录标准过低,则满足不了工作岗位的要求;标准过高,就可能剥夺许多人就业的权利。过高的录用标准,一方面会导致大材小用,导致人才与人力资源的浪费;另一方面对于一些不符合较高录用标准而又能够胜任其工作的人来说,也是一种对就业权利的限制乃至剥夺。如果在员工录用程序上不严格,就会为找关系、打招呼留下空间,对于其他的应聘者来说,就是不公正,也相应地减小了其他人获得就业机会的可能性,从而剥夺了其应有的就业权利。此外,就业条件中的性别歧视,更是对某种特定性别就业权利的限制或者剥夺。表面上,性别歧视可能针对男性,也可能针对女性,事实上由于历史、文化和性别差异等原因,员工招录上的性别歧视大多都是针对女性的,使本身就处于相对弱势地位的女性的发展进一步受到限制。有的单位甚至毫无理由地只

---

[1] 1998年《个人、群体和社会机构在促进和保护普遍公认的人权和基本自由方面的权利和义务宣言》,https://www.un.org/zh/documents/treaty/A‐RES‐53‐144。

招录男性,其实也就相应地剥夺了女性的就业权。有的单位在招录的过程中,还存在着对于某种体征或者残疾人士的歧视。例如限制乙肝病毒携带者入职,禁止身体有某种缺陷但并不影响工作的人入职,等等。这些都必将对被歧视者的人权造成侵犯,阻碍他们的个人发展。出现类似的情形,是有关群体和社会机构未能履行相应社会义务、法律义务的表现,理当受到法律的追究。

二、人员待遇与个人发展

群体和社会机构中工作人员的待遇问题,对于员工来说是非常重要的。待遇是员工生存和生活的物质基础。工资待遇的确定,并不是一个简单的双方自愿的契约行为,必须考虑一系列法律制度和规定,比如最低工资的法律规定等等。任何群体或者社会机构只要聘请员工,就得依法支付工资,而且工资不得低于国家最低工资标准。

群体和社会机构中人员待遇最严重的问题,恐怕当属拖欠工资。一个时期以来,拖欠工资成为我国某些地方企业较为普遍的现象,引发了激烈的社会矛盾。尤其是一些建筑公司、施工组织拖欠农民工工资,成了十分严重的社会问题。农民工工资是其维持家庭生活、赡养老人、养育儿女的经济来源。如果相关企业拖欠农民工工资,农民工一家老小的生活都会陷入困顿。这当然是极不公平的,按劳取酬、按劳付酬天经地义。农民工获得劳动报酬成为难题,它所影响的不仅是农民工个人的发展,还有其子女的发展,甚至危及农民工发展的基石——生存。一个生存尚无保障的人何谈发展?所以,我们必须采取有力的法律措施,维护所有劳动者尤其是弱势者——农民工的合法权益,使他们能够依法获得劳动报酬。

三、管理制度与个人发展

群体和社会机构多数都是法人,既然是法人,就应该依法做出自己的行为。与个人相比较,它们总是相对强大的。群体和社会机构总是处于相对强势的地位,如果不受法律的约束,就可能危及相关主体个人发展权利的实现。所以群体和社会机构应把个人发展作为自己内部管理制度的重要目标。其内部的管理制度设置,包括企业内部的管理体制、机制与措施,都不得有碍于人权和个人发展。对此,必须严格以法律的规定为标准进行审视,并依法追究违法的法人、法定代表人的法律责任。一些经济组织尤其是大中型企业,例如拥有几千几万名员工的集团、公司,它们的运行与维系需要大量的管理制度。这些制度的内容不得违反法律而危害个人发展;不仅不得有碍于人的发展,而且必须有利于人的发展。

四、促进个人发展是价值诉求

每一个群体和社会机构,都应当有自己的价值诉求。没有价值追求的组织就是没有灵魂的组织。每一个组织机构都应当把有利于其成员和非成员的个人发展作为其重要的价值目标。这是群体和社会机构对其成员乃至对全社会所应当担负的道德义务和法律义务。

就每个具体的群体和社会机构来说,它们未必一定对于人的发展具有多么巨大的作用。但是它不能妨碍人的发展,这是最基本的要求。其实,任何群体或者机构,他们(它们)都只有尊重其成员的发展权利,才可能赢得成员的信赖和社会的信赖,才可能拥有良好的社会声誉。所有的群体和社会机构都是为人服务或者通过为人服务而获得生存和发展的,所以,从目的和途径的双重意义上看,对于人的发展,它们都负有不可推卸的责任,并应将其作为自己神圣的目标。

为了保障个人发展权利的实现,我们应当在法律上确认并保障当事人享有获得救济的权利,他们可以向政府投诉,乃至向法院起诉。政府对于相关的投诉必须受理和查处。如果诉至司法机关,司法机关也不得推诿,更不能以各种理由不予受理。非但如此,政府与司法机关还应当依法保护相关当事人的合法权益,制止乃至制裁相关组织的违法行为,保障员工的合法权益,使员工获得个人发展的法定机会与可能。为了保障个人发展权利的实现,我们更要鼓励各个群体和社会机构把尊重和实现个人发展作为重要的价值追求和神圣目标,为人的发展、人的幸福生活做出应有的贡献。

第四节 国家及其政府是重要的义务主体

实现个人发展权的义务主体中,国家是必不可少的重要单元。相关国际人权文件中对此均有体现。联合国大会 1986 年通过的《发展权利宣言》中有诸多条款对国家的义务做出明确的规定,如:"各国对创造有利于实现发展权利的国家和国际条件负有主要责任";"国家有权利和义务制定适当的国家发展政策,其目的是在全体人民和所有个人积极、自由和有意义地参与发展及其带来的利益的公平分配的基础上,不断改善全体人民和所有个人的福利"。[①]

个人的发展始终是与国家的发展紧密联系在一起的,离开国家的发展,任何人都难以独立生存,更不可能获得发展。[②] 个人的发展与国家的发展是辩证统一的关系,二者互以对方为前提和目的,不能脱离对方而孤立存在。

一、国家及其政府与个人发展权

国家与政府是两个含义不同的概念。对于国家与广义的政府概念,政治学中也经常将它们混用,因为二者之间实在有太多的类似乃至相同之处。在许多人眼中,国家就是政府,政府就是国家。这主要的原因在于,国家常常是由政府来代表的。如果说国家是一个抽象概念的话,政府恰恰是一个具体概念。我们平时难以实实在在地感受到国家的存在,却经常实实在在地感受到政府的存在。因为政府是国家最常见的存在标志与代表,是国家最直接的管理者或者治理者。因此在这里,我们探讨国家或者政府作为个人发展权的义务主体时,并不加以严格的区分。

不管是国家还是政府,都是人民的产物,都是由人民创造的。人民创造出国家或者政府的目的,首要的还是将其作为一个公共权力机构为人民服务。从国家的起源来看,主张社会契约论的思想家霍布斯认为:"如果要建立这样一种能抵御外来侵略和制止相互伤害的共同权力,以便保障大家能通过自己的辛劳和土地的丰产为生并生活得很满

[①] 1986 年《发展权利宣言》,https://www.un.org/zh/documents/treaty/A-RES-41-128。
[②] 参见汪习根:《法治社会的基本人权——发展权法律制度研究》,中国人民公安大学出版社 2002 年版,第 71 页。

意,那就只有一条路:把大家所有的权力和力量付托给某一个人或一个能通过多数的意见把大家的意志化为一个意志的多人组成的集体。"①

　　霍布斯用社会契约论证了国家的起源、目的、权限等问题,洛克则在此基础上,更进一步地指出,人们彼此之间通过达成协议,向国家转让部分权利,人们自己则仍保留生命、财产、自由这些基本的权利,政府有义务保护和尊重人们的这些权利。特别是,政府的权力是有限制的,权力只能在满足公众福利的需要之内,而不能超越公众的福利需求范围,"政府所做的一切都没有别的目的,只是为了人民的和平、安全和公众福利"②。

　　将霍布斯与洛克的论述联系起来看,我们就不难获得新的启迪。国家或政府的权威必须以保障人的生存、自由和财产权利为目标,并且国家的权力是有限的。现代意义上的人民主权原则与有限政府原则密切相关,国家的一切权利属于人民,国家机关的权力来源于人民的委托,并只限于人民的委托,不得超越人民委托的范围。国家及其政府机构由公民通过选举产生,公民通过选举产生能够代表自己意志的国家机关和国家公职人员来行使公权力,国家的权力只是手段,公民的权利则是目的。国家的存在是为"所在国家的公民谋福利"③,否则国家将失去存在的价值与意义。从国家产生的本源来说,国家的根本任务就在于保障公民的各种合法权利,其中当然应当包括公民的发展权。从国家或者产生的本源及其应有的目标来说,国家是实现个人发展权首要的义务主体。

　　因此,就发展权的实现而言,国家是首要的义务主体,国家对于每

---

① 霍布斯:《利维坦》,黎思复等译,商务印书馆1985年版,第131—132页。
② 洛克:《政府论》(下篇),叶启芳、瞿菊农译,商务印书馆1962年版,第80页。
③ 李步云主编:《人权法学》,高等教育出版社2015年版,第82页。

个人以及所有人的发展权利的实现具有首要的责任和义务,包括制定积极的政策,提供有利于个人发展的制度,提供对于发展的法律保护,尤其是对于弱势者,国家要采取必要的帮助。具体说来,国家或者政府应该为个人发展权的实现提供怎样的帮助,履行怎样的义务呢?

二、提供相关的政治与法律制度

康芒斯(John Rogers Commons)在《制度经济学》一书中提出人是"一种制度里的公民"[1],任何人都是生活在制度环境中的。制度是影响人发展的一个关键因素,人的发展既受到制度的制约,同时也离不开制度的保障。"制度对于生活于其下的人来说,是一种既定的力量,它限定、规范和塑造着人的活动和社会关系以及人的个性,由此构成人的发展的现实生活世界。"[2]

良好的社会制度有利于人的自由而全面的发展。一个社会要良性运转,必须要有科学合理的制度安排,为每个人实现应有的发展权提供制度保障。制度直接面对的就是人,制度所要调节的对象也是人,因此国家在设计制度的时候必须充分考虑人的因素,以是否有利于人的发展为根本价值判断。科学合理的制度应当对人的发展具有促进和推动的作用,并为个人发展权的实现做出积极的贡献。

国家或者政府首先应当通过立法为实现个人发展权建立一系列的法律制度,以制度来保障个人发展权的实现。具体而言,国家可以通过完善经济制度、政治制度、文化制度、社会保障制度等全方位地为个人

---

[1] 康芒斯:《制度经济学》上册,于树生译,商务印书馆1962年版,第93页。
[2] 宋增伟:《制度公正与人的全面发展》,人民出版社2008年版,第50页。

发展提供制度空间，保障个人发展权的实现，同时加强对特殊群体发展权的保护。

首先，国家可以通过完善经济制度来推动经济发展，为保障个人发展权的实现奠定坚实的物质基础。经济的发展可以为劳动者增加就业机会，为个人就业权的实现提供平台和基础。经济的发展也可以使劳动者的收入得到提高，有利于实现个人财产权，从而为实现个人的其他权利奠定物质基础。其次，国家可以通过完善政治制度来保障个人的政治发展权。政治制度是关于人民与国家和政府之间关系的制度，是国家权力在组织、分配、运作等方面的制度，政治制度的完善有助于推动政治发展的进程，从而促进公民的政治参与并分享政治发展的成果。再次，国家可以通过完善文化制度来发展社会文化，改善每个人所处的文化环境，提升每个人的文化发展潜力，使文化发展成果普惠化、文化发展机会均等化，使每个人的文化发展权得以充分实现。最后，国家可以通过完善社会保障制度，不断提高社会保障水平，为强势者的发展提供预期的安全信心，为弱势者的发展提供必要的特殊照顾。

三、提供应有的法律保护

法律保护是保障个人发展权最稳定、最有效的方式。法律对于个人发展权的保护体现在法的制定和法的实施等各个环节之中。国家通过行使立法权，使应然层面的个人发展权利转化为法定层面的个人发展权利，才有可能使发展权在现实中被人们所享有，成为实然层面的发展权利。作为国家政治权力的核心内容，立法权是指国家制定、修改和废止法律的权力。立法权来自人民，行使主体是人民选举产生的人民代表机关，由人民选举的人民代表组成。人民行使国家和社会的管理权,是通过立法将人民的意志上升为法律,再通过法律的执行而得以实现的。"在分工明确的现代国家中,管理权往往是由政府所享有的。其实这只是最直接意义上的管理权,也是相对表面意义上的管理权;真正最终的当家作主意义上的管理权则是由人民最终享有的。"[1]国家通过行使立法权,制定有利于促进个人发展以及对个人发展权进行保障或救济的法律,修改阻碍人的发展的法律,废止那些严重抑制人的发展的法律。

正如有学者所提出的,"发展要演化成为一项法律权利,不太可能仅仅通过习惯的自发形成便可实现,也不能寄希望于由国际社会出台一项综合性的法律文件来规范发展权的方方面面并赋予其法律效力"[2],而应当形成一整套关于发展权"不同类型且具有不同法律性质和效力的法律文件"[3],"因为正是通过这些政策性措施、法律文件和法律原则的不断积累,才使得发展权缓慢但却实实在在地初现端倪并显示其存在"[4]。

现代国家一般以宪法为根本法确立和保障发展权。我国宪法确立了人民民主、平等发展的原则,宣告"中华人民共和国的一切权力属于人民","人民依照法律规定,通过各种途径和形式,管理国家事务,管理经济和文化事业,管理社会事务"。宪法确立了"国家尊重和保障人权"的基本原则,通过在公民基本权利和义务的条款中明确保护公民的财产权、劳动权、受教育权、社会保障权等,确立了公民在经济、政治、

---

[1] 卓泽渊:《法政治学研究》,法律出版社2011年版,第215页。
[2] 乔伊斯·艾比-萨伯:《发展权的法律设计》。转引自汪习根:《论发展权的法律救济机制》,《现代法学》2007年第6期。
[3] 乔伊斯·艾比-萨伯:《发展权的法律设计》。转引自汪习根:《论发展权的法律救济机制》,《现代法学》2007年第6期。
[4] 乔伊斯·艾比-萨伯:《发展权的法律设计》。转引自汪习根:《论发展权的法律救济机制》,《现代法学》2007年第6期。

文化、社会等方面发展的权利。同时,对于少数民族、妇女、儿童、老年人、残疾人等,国家通过制定并实施一系列专门性的法律法规对其权利尤其是发展权利予以保障。

对于个人发展权的立法保护,仅仅是法律保护的第一个方面。对于个人发展权的法律保护,更重要的是体现在法的执行之中。国家或者政府必须严格执行各项法律法规,包括有利于个人发展的法律法规。只有在执法之中,将有关的法律严格执行到位,公民的发展权才能得到保障。比如公民都享有接受教育的权利,但是一个国家或者政府如何提供足够的教育资源来保证每一个孩子获得免费的义务教育,就是十分重大的问题。教育资源尤其是学校与师资,对于个体的公民及其家长来说,是无力提供和保障的,只能依赖国家和政府。只有政府才能根据一定区域受教育人口的数量、入学方便程度、师生比例等来加以考虑,并切实予以供给。再如中等教育和高等教育中,学校的数量、师资的总量、师资的配备、教育的标准都是由政府主导的。没有政府的严格执法,就不可能有很好的教育法律的执行。对于个人发展权的司法保护,是个人发展权最后的救济措施,也是最有力的措施。如果没有这样的措施,受害者将无法获得最终的救济。如果司法失效,发挥不出应有的作用,个人发展权的受害者就难以获得发展的机会和可能。如果公民的个人发展权受到侵犯,受害人就应当诉诸法律,向人民法院起诉,让相应的权利获得救济。我国目前有关个人发展的许多立法都具有宏观的政策性,作为行为规范,尚不具体,也难以实施。在政府失职、渎职之后,当事人要起诉,却难以获得法律的程序支持和规范指引,法院的裁判也缺乏完备的法律规范作为依据。但是这些都是暂时的现象,都是个人发展权发展过程中的暂时性困难,随着法治的发展,尤其是随着个人发展权的不断丰富、充实,必将要求和获得愈来愈好的法律保护。

四、为弱势者提供必要帮助

弱势者因为体能或者智能与正常人相比存在缺陷,"由于先天性或非先天性的身心缺陷而不能保证自己可以取得正常的个人生活和(或)社会生活上一切或部分必需品"[①],所享有的就业权、劳动权、受教育权、社会保障权等等,有可能被忽视、被侵犯,甚至被剥夺,因此,弱势者的发展权利应受到特别保护和照顾。联合国大会1969年通过的《社会进步和发展宣言》要求,必须保障身体上和智力上处于不利地位者的权利并保证其福利和康复。要实现弱势者的个人发展权,必然要求国家或者政府的积极作为。

国家或者政府对于弱势者的保护要主动作为。国家可以通过制定政策,给弱势者提供必要的物质帮助,提供社会就业的平台和渠道,使其能够在满足生存需求的基础上,尽可能享受与正常人相同的生活,实现与其他人平等的发展权利。这是国家应尽的责任与义务。对于那些无劳动能力、无法定抚养人或扶养人、无生活来源的弱势者,国家有责任予以供养、救助。对于智力迟钝者,国家应当协助他们发展各方面可能的能力,并尽可能促进他们参与正常的社会生活,保证所享有的权利在最大可能范围内与其他人相同。对于残疾人,要保护其享有经济和社会保障的权利,使他们能够按照自身的能力来获得就业,并从职业中获得自身的发展。特别要指出的是,救助是必需的,但是更为重要的是,国家应当尽可能让弱势者获得自立的能力。他们只有从心理上自

---

① 1975年《残废者权利宣言》,https://www.un.org/zh/documents/treaty/A‐RES‐3447(XXX)。

立,才能得到人的尊严,享有较好的个人发展权利。

对于残疾人的个人发展来说,受教育权无疑是影响其发展的重要权利。我国对于残疾人的受教育权,多措并举加以保障。2017年有10 404名残疾人被普通高校录取,反映出残疾人的受教育权得到了一定程度的保障。我国通过修订《残疾人教育条例》,完善《残疾人参加普通高等学校招生全国统一考试管理规定》,使残疾人受教育权得到落实。此外,还不断提升特殊教育水平:通过特殊教育学校就读、普通学校就读、送教上门等多种方式,优先采用普通学校随班就读的方式,就近安排适龄残疾儿童少年接受义务教育;加快发展非义务教育阶段特殊教育,扩大特殊教育覆盖面;积极发展残疾儿童学前教育,支持普通幼儿园接收残疾儿童;完善残疾人职业教育相关政策,推动普通高校积极招收符合录取标准的残疾考生,继续开展高等融合教育试点,推动高等特教学院单考单招规范化工作。[①]

国家及其政府要保障弱势者获得救助的权利。特定情况下,弱势者需要享有获得救助的权利。正是因为弱势者往往处于社会的底层,即使权利被侵犯、被剥夺,由于自身权利意识淡薄和能力限制,难以通过必要的途径来维护自己的发展权利。对此,从弱势者自身来说,应当加强权利意识。同时国家和政府应特别关注弱势者的生存与发展境况,在经济和社会发展的各阶段,都应照顾到社会上弱势者的发展需要,把弱势者的发展需要纳入整体的发展规划当中。此外,还应当将弱势者关于自身发展的合理诉求通过法律的形式来加以解决,法律是保护弱势者发展权利最稳定、最有效的途径。比如,对于残疾人权利的保护,我国专门制定了《残疾人保障法》,保障残疾人在政治、经济、文化、

---

① 资料来源:http://www.gov.cn/xinwen/2017-12/27/content_5250921.htm。

社会和家庭生活等方面享有同其他公民平等的权利,并使其人格尊严受到法律保护。其中,对于残疾人所享有的受教育权、劳动就业权等个人发展权,都予以明确的规定。例如,对于残疾人劳动就业权的保护,《残疾人保障法》规定,国家采取"实行集中与分散相结合的方针,采取优惠政策和扶持保护措施,通过多渠道、多层次、多种形式,使残疾人劳动就业逐步普及、稳定、合理"。这些法律规定使残疾人的权利能够实实在在地得到法律的保护。

国家及其政府要采取有效措施对弱势者实行权利救济。当求助不能或者受阻时,弱势者可以通过法定路径包括行政申请、复议乃至司法诉讼而获得救济。对于弱势者而言,其个人发展权利的实现既需要完备的法律制度,还需要一套运转良好的法律救济机制。由于其自身生理和心智条件的限制,当他们的发展权利被侵犯或者求助不能时,国家和社会应当特别注意对其发展权利的救济。《残废者权利宣言》对此有明确的规定:"残疾人如确需合格的法律援助以保护其人身和财产时,应能获得这种援助。"[1]对于弱势者的合法权益受到侵害的,被侵害人或者其代理人有权要求有关主管部门处理,或者依法向人民法院提起诉讼;如果国家工作人员违法失职,损害弱势者的合法权益,则应当对相关工作人员给予行政处分或责令其改正;侵害弱势者的合法权益,造成财产损失或者其他损失、损害的,应当依法赔偿或者承担其他民事责任。对弱势者提供完备的法律制度以及完善的法律救济机制,有助于更好地保障弱势者享有平等的发展权利。

---

[1] 1975年《残废者权利宣言》,https://www.un.org/zh/documents/treaty/A‐RES‐3447(XXX)。

第五章　实现个人发展权的障碍因素

人的全面发展是每个人追求的应然目标,每个人享有充分的发展权是现代文明社会发展的最高诉求。但是,从实然层面来说,个人发展权的实现受到多种因素的制约,并不取决于每个人的主观愿望。正如恩格斯所说:"有无数互相交错的力量,有无数个力的平行四边形,由此就产生出一个合力,即历史结果,而这个结果又可以看作一个作为整体的、不自觉地和不自主地起着作用的力量的产物。因为任何一个人的愿望都会受到任何另一个人的妨碍,而最后出现的结果就是谁都没有希望过的事物。"① 其实我们完全可以说,个人发展权不能很好地实现也是各种"力的平行四边形"发挥作用的结果。具体来说,个人发展权的实现至少受到个人的素质和能力、相关主体的认知局限、制度不当的不利影响以及非制度性障碍因素等的约束及限制。从这个意义上说,人的发展权实现的状况和程度是一个理想与现实相互作用的过程与结果,是一个不断推进、不断发展的历史过程。

---

① 《马克思恩格斯选集》第4卷,人民出版社1995年版,第697页。

第一节　主体自身的素质及能力

"素质"主要是心理学的概念。《辞海》对"素质"的定义是："在心理学上指人的先天的生理解剖特点。主要是感觉器官和神经生理系统方面的特点。"[①]人的素质是一个历史范畴，是随着人与社会的发展进步而形成和发展的。人的素质是一个有机的整体，作为一个系统对人的发展发挥着或促进或限制的作用。有学者将人的素质划分为心理素质、智力素质以及身体素质，也有学者将人的素质划分为道德素质、文化素质以及身体素质。无论人们对于素质进行怎样的划分，人的素质都在很大程度上与人的生产劳动能力成正比，对人的发展有着重要影响。人的素质构成人的能力的基础，每个人的能力直接制约着每个人的发展，尤其是特定主体的能力低下必然成为其发展的严重障碍。个人发展权的主体是每一个人。每个人的素质是其自身能力的基础，每个人的素质所决定的能力又成为每个人获得发展的基础。个人在素质和能力上的局限也必然成为个人发展的障碍。素质和能力是如何阻碍个人发展的？法律应如何使每个人都获得相对最好的发展可能？在此对这些问题仅做一些基本的探讨。

一、身体素质不佳

身体素质是每一个人最首要的、最基本的素质，是一个人存在与发

---

① 辞海在线，https://cihai.supfree.net/two.asp? id=259066。

展的基础,是其他素质所借以建构的载体。人的身体素质包括身体健康与否、有无疾病以及是否具有健康的身心状态和较好的社会适应能力等。每个人的身体素质对于每个人的发展都有着重要的影响。无论是先天还是后天残疾的人,其身体素质必然是不利于其发展的,有的甚至成为其发展的严重制约。

身体素质不好的人,往往表现为感觉器官、运动器官、神经系统以及大脑的结构和机能等方面出现问题,严重的甚至成为残疾人。在残疾人中,听力系统残疾的人很难在音乐方面获得较大的发展,肢体方面残疾的人很难在体育方面获得较大发展(除残疾人体育项目之外),脑部残疾的人难免会有心理疾病等等。能够突破身体障碍而获得相应发展的人,远比一般人生活得更为艰辛。他们往往要战胜难以估计的困难,才能最终获得正常人的生活状态。极少数的成功者之所以十分著名,正是因为他们生活不易,为人所钦敬。

二、道德素质畸形

道德素质是一个人所具有的道德上的内在基础,是一个人道德认识和道德行为的综合反映,包含着人们的道德修养和道德情操,体现着特定个人的道德水平和道德风貌,它对于特定个人的发展具有重要的影响。

古今中外的思想家们无不高度重视道德的重要作用。古代先贤有大量关于道德的论述。道德之所以受到如此重视,就是因为它对于人的发展具有重要影响。苏联伦理学家季塔连科甚至认为:"人类的道德经验是独一无二的历史'实验室',在这里可以找到社会发展和人类完善的最富有前景的、最人道的途径。……在一定的历史阶段,即当人们对社会发展前景的认识还没有形成科学定义时,社会制度未来轮廓的道德预测往往是历史转变的第一个信号。"①

道德对于社会的意义如此重大,对于个人更是极为重要的。其一是因为,培养道德素质是每个人社会化的必要过程。每个人在成长的过程中都需要从父母或者社会环境中接受道德的熏陶,并形成自己的道德观念。人们不管是有意还是无意,都会渐次构建自己的道德体系,形成自己的道德心理与道德意识。

其二是因为,道德是每一个人协调人际关系的尺度与手段。每一个人都不是孤立的存在,他必须处理与父母之间的关系,与兄弟姐妹之间的关系,与恋人以至夫妻之间的关系,以及构建自己与子女、孙子女之间的关系。这些关系其实都是家庭关系。家庭关系是血缘关系、姻亲关系、法律关系,也是道德关系。没有较好的道德素质,就无法处理好家庭关系。不仅如此,道德还是处理各种社会关系的尺度与手段。一个人走出家庭,与家庭之外的人诸如邻居、同学、老师、同事、领导以及其他人之间的关系,也许是一种法律上的关系,甚至更会是一种道德关系。一个人能否处理好家庭关系和社会关系,与其道德素质具有密切联系。这些都严重地影响和制约着一个人在家庭和社会中的状态,影响着个人的发展。

其三是因为,道德是自身发展的动力。对于个体道德具有积极的导向作用,它可以引导人们做出自认为有益的行为,使自己能够成长、发展起来,能够奉献社会,实现人生价值。道德具有激励功能,人们可以在道德的激励下去做对他人、对社会有益的事情。道德的激励作用既是对人们行为的正向肯定,也可以使人们具有更大的热情去完成道德使命。

---

① 季塔连科主编:《马克思主义伦理学》,黄其才等译,中国人民大学出版社1984年版,第101页。

其四是因为，道德是个人自律的重要手段。自律是道德的重要属性，也是它具有的独特优势，人们通过道德的自律调整自己的思想，控制自己的行为，最终符合自己乃至社会道德的要求。在良好的道德约束之下，人们甚至终生不知法律为何物，也能在法律的范围内较好地度过这一生。这是因为道德往往具有比法律更高的要求。在崇高的道德约束下，人们严格遵守道德，也就不至于违反法律，更不至于做出犯罪行为。

其五是因为，道德是个体完善发展的核心内容。每个人都会追求自己的完美人生。完美人生的核心是善，是至善。科学、艺术、道德是人类社会的三大主题。科学追求的是真，艺术追求的是美，道德追求的是善。科学的真、艺术的美都离不开道德的善。善是真与美的内核。从一定意义上说，人的一生的最高追求就是善。能够给人生提供善的不竭动力的是道德。因此，我们必须高度重视道德在实现人生目标与理想中的意义。

以上都是从道德素质的正向意义上进行的论述。如果人的道德素质畸形，不能很好地听从道德的召唤，甚至无视道德的要求，就可能违反道德，进而违反法律。畸形的道德素质是违反道德的主要渊源，也是大量违法犯罪行为的主要原因。以违反道德作为起点的违法犯罪，很可能葬送相关主体的人生，使之失去良好的发展机会，更不会有良好的发展。人们对于儿童、青少年的教育，除了知识教育之外，更要加强道德教育。通过道德教育，人从小树立起良好的世界观、人生观、价值观，具有正常而良好的道德素质，才能够很好地运用道德来自律、自省、自警、自励，确保自己具有良好的道德素质。

三、文化素质欠缺

文化素质是人的素质的核心。文化素质是人们在文化方面所具有的较为稳定的、内在的基本品质和内在基础。文化的目的是"化人",文化可以教育人、培养人、影响人、塑造人。这里的文化包括学校教育所传授给每一个人的知识,如数学、物理、化学等方面的知识,以及一个人所具有的其他人文社科方面的知识,如哲学、历史、文学等。前者属于科学领域,即科学文化;后者属于人文领域,即人文文化。人的文化素质既通过其语言文字表现出来,也表现在每一个人的行为举止之中。文化素质是极为重要的,它严重地制约着每一个人的发展。也许可以认为,一个人的科学文化素质,对于一个人的发展具有基础性的作用;一个人的人文文化素质,对于一个人的发展具有关键性的作用。

我们首先来看第一个方面。科学文化主要是通过学校教育获得的。人们所接受的教育程度,总体上决定了科学文化的层次与水平。小学、中学、大学(本科生、硕士研究生、博士研究生),不同的学历体现了不同的科学文化水平。这种层次和水平对于相当多的人来说都具有发展的基础意义。一般说来,一个人的科学文化素质越高,就越能获得较好的发展空间,越能实现人生的价值,也越能为社会做出更多更大的贡献。

但是人的文化素质并不仅仅局限于科学文化,还有必不可少的人文文化。人文文化可以从学校教育中获得,也可以从相应主体的家庭教育、社会交往、自主学习中获得。人文文化对于一个人同样是非常重要的。它也许不如科学文化那么基础,但是更为关键。因为它不仅包含着知识,还包含着远比知识更为重要的价值内涵。文化素质是内化于相应主体思想、行为之中的,它影响着特定主体的认知、判断、选择、行动等。这些对于个人的发展都是极为重要的。现实社会中,一个人的发展首先受制于科学文化素质,同时又长期受制于人文文化素质。人文文化素质影响着一个人的认识能力、价值判断、伦理观念、行为举止,因此它严重地制约着每一个人的发展。一个人文文化素质欠缺的人是很难获得良好发展的。

文化素质是一个人获得发展、实现发展权利的基础性条件。文化素质欠缺,一般都会制约一个人的发展,更有甚者会导致相关主体无法从事特定的工作,使其发展的空间被严重压缩。因此,文化素质的欠缺必然会影响特定主体发展权利的实现。

四、个人能力低下

前文在阐述个人发展权的主体问题时,对于权利主体的能力包括体能和智能做过一些论述,侧重的是享有权利的主体能力视角。此处仅仅从个人能力低下的视角谈谈它对于个人发展权实现的负面影响的情形。

每个人的能力不同必然会导致不一样的发展需要和发展前景。由于受先天的以及后天的、生理的以及社会的各种因素制约,每个人的素质在客观上是存在差异的。这种差异决定了每一个主体的发展能力。一般认为,人的能力是人完成一项目标或者任务所体现出来的素质总和。在广义上它是人作为生命体对自然探索、认知、改造水平的度量,在狭义上就是人解决问题以完成目标或者任务的能力。在其他条件基本相同的情况下,个人的能力大小决定了其实现自身发展的可能性大小。从主体意义来说,人的发展权能否实现在很大程度上取决于个体的能力。在人的素质的基础上所形成的能力,主要包括人的体能与智能。在这里,我们主要讨论这两个最基本的方面。

人的体能并不是简单意义上的生物力,而是生物力与劳动技能的统一,这是人与动物的区别。人的体能源于人的生理素质,代表着人的身体素质,没有健康的身体,人的发展就失去了根基。在农业社会,人的体能在很大程度上决定着人的发展。在体力劳动的场合,体能决定了劳动能力,也决定了生存能力。随着社会的发展与进步,智能对于人的发展逐渐起到关键性的作用。但是这并不意味着社会越进步,人的体能就愈加不重要了。人的体能与智能本身就是作为一个整体作用于人的发展。一般的人体能有大有小,而对于残疾人来说,不存在体能大小的问题,体能甚至是一种严重的障碍。残疾人无法从事对体能要求比较高的职业,比如搬运、装修、快递、家政等行业,也无法从事某些对外形有特殊要求的职业,如空乘、礼仪、服务、演艺等行业。

对于智能,不同的人有不同的解释。多数学者认为智能是指人认识、理解客观事物并运用知识、经验等解决问题的能力。它包括人的记忆力、观察力、想象力、思考力、判断力、推理力等。还有学者认为人的智能包括人接受知识的学习力、理解力、创造力、决策力以及运用知识与经验解决问题的能力等等。也有学者认为人的智能包括个体在认识活动中所必须具备的各种能力,如感知力、记忆力、想象力、思维力、注意力等等。在人的智能之中,抽象思维能力居于核心地位。抽象思维能力支配着智能中的各个方面,并制约着整个能力的发展水平。智能对于任何人的影响都是巨大的,尤其对于智力迟钝者来说,他们也许只能在维持其生存需求的基础上,根据其本人能力,"进行生产工作或从事任何其他有意义的职业"[1]。可以说,每个人的发展都受到自身智能的严重局限。

对于体能或者智能存在缺陷的人来说,其发展必然会受到阻碍。因此,各国乃至国际的法律,都增强了对于个人体能、智能的关注。一

---

[1] 1971年《智力迟钝者权利宣言》,https://www.un.org/zh/documents/treaty/A‐RES‐2856(XXVI)。

是努力使各个个体能够发挥自己的独特能力,二是对于具有严重障碍的残疾人予以特殊保护。

就第一个方面来说,就是要使每个人具有学习的自由、择业的自由,在学习上和工作上能够各得其所、各展其长、各尽其能,实现各自的人生价值。马克思主义的崇高追求,就是要使一切人乃至每个人都获得全面而自由的发展。法学家狄骥认为:"随着社会进步,建立于劳动分工上的相互关联性越来越强,而建立于相似性上的相互关联性成为起第二位作用的力量。人们之间的差异越来越大,这些差异表现在他们的才干、需要和追求上。"[1]在狄骥看来,社会连带是客观存在的事实,"同一社会中的人们具有共同的需要,这种需要只有通过共同的集体生活才能得到满足。此外,他们还有着不同的需要和才干,只有通过彼此交换服务,发挥及应用各自不同的才干,才能满足大家的不同需要"[2]。

就第二个方面来说,就是要通过法律的作用,保护残疾人的受教育权,使残疾人能够获得一技之长,发挥其体能或者智能上的可能优势与相对优势,从而获得更好的生存状态。另一个重要的法律措施就是强化残疾人的就业保护,使残疾人能够通过自己的劳动自食其力、贡献社会。为此,各国国内立法和国际立法都予以了特别的关注,我们应当给残疾人更好的保护,使其能力得以体现,价值得以实现,享有平等的乃至法定的特殊保护,提升人类的社会文明程度与人权保护水平。

---

[1] 汪习根:《法治社会的基本人权——发展权法律制度研究》,中国人民公安大学出版社2002年版,第117页。

[2] 魏波:《狄骥社会连带主义法学思想研究》,《政治法学研究》2016年第1期。

第二节 相关主体的认知局限

对于包括个人发展权在内的所有权利,个体、社会乃至人类的认识都有一个发展的过程。在这个认识的发展过程中,必然充满着各种误解、歧见,它们都会影响和制约个人发展权的实现。影响人发展的因素有很多,包括主观因素和客观因素以及它们的共同作用。相关主体对于个人发展权利的认知局限必然严重制约着相应权利的实现状况。在个人发展权实现问题上的认知局限主要体现在以下几个方面。

一、权利主体的认知局限

对于人的发展权的认识是一个社会的、历史的发展过程。对于个人发展权利的认识状况必然会影响相应权利的实现。在对于发展权利的认知障碍上,首先是权利人的认知局限。权利主体的文化水平有限、对法律的了解程度不够、对相关信息的了解不多、对权利的心理态度消极等等,都可能影响个人发展权利的实现。

(一) 权利认识不够

特定主体对于自身权利的认识总是权利实现的最为基本的方面。在现实社会中,某些特定主体受文化水平等因素的限制,以至于对于自己的权利不甚了解,不知道自己享有哪些权利,不知道自己权利的具体内容与范围。即使他们的权利遭到了侵犯，他们自身也意识不到。

在我国，由于历史和现实的原因，当前还有一些人没能接受良好的文化教育，处于相对落后乃至艰难的生活状态之中。他们连维持生活都十分困难，对于自己的权利就更难了解。在别人看来，他们是逆来顺受的，但这其实是因为他们对于自己权利的无知。他们对于发展权利的认知，存在着误区或局限。当自身的发展权被侵犯、被剥夺时，他们根本就没有意识到，当然也谈不上什么维权。比如休息权，休息权对于人的发展来说，是人身健康的必要保障，是人享有和谐美好家庭生活的重要条件，为人实现更高层次的发展、享受精神文化产品提供了必要的空间和时间。但是由于认识的局限，许多劳动者并不知道自己享有应有的休息权。在一些企业中，他们被雇主强迫每天工作十多个小时，有的甚至多达十六七个小时，严重损害了身体健康。但是，他们不知道这是企业及其管理人员对其权利的侵害。他们对于自身权利的不了解是其被侵权的重要原因。正是因为他们不了解，有的雇主也就根本不顾劳动者的身心健康，肆意妄为。

（二）维权意识缺乏

有的主体虽然认识到自己享有权利，当自己的权利受到侵害时，他们也清楚，但是他们缺乏维权意识。有的人将自身权利未能获得保障、没有获得发展的原因归结为命运，自怨自艾；有的人把原因归结为自身能力不行，自我否定；有的人把原因归结为社会地位低下，将维权视为畏途，自甘忍受。总之，他们明知自己的权利受到了侵害，也不思维权，或者意识到权利受到侵害之后，不会想到通过合法的途径去保护自身的发展权，更多的则是选择隐忍。例如一些工厂的生产条件恶劣，时常处于过度高温、高粉尘污染的状态，而工厂的防护措施又严重不到位。

面对这样的情形,一些劳动者为了能有一份工作、一份收入,就忍气吞声,不想也当然不会投诉、控告,听任自己的劳动保护与健康权利受到侵害。维权意识的缺乏,还是我国目前劳动者权益难以保障的重要原因。政府监管不到位,劳动者又缺乏维权意识,两相结合,必然导致劳动者的发展权利无法实现。

(三) 维权方式错误

当权利受到侵犯时,权利主体知道自己的权利受到了侵害,但就是不能运用合法的维权方式维护自己的权利,甚至运用违法犯罪方式维权,不但实现不了维权的目的,反而陷自己于违法犯罪的境地,酿就人生的悲剧。例如劳动报酬权问题,获得劳动报酬是每个劳动者都应当享有的基本权利。劳动报酬权的享有对于相应主体而言,是对其劳动的认可,是对其发展的价值认同和物质保障,是对其发展的一种正向激励。但是拖欠劳动者工资,早已成为我国社会的顽症。农民工是一个特殊的群体,由于户籍制度造成了城乡身份差别,现实中,农民工就业难,无法与城市居民真正平等,同工不同酬、同工不同时、同工不同权的问题不同程度地存在着。一些用人单位不仅减少农民工的劳动报酬,甚至长期欠薪,严重侵犯了农民工的劳动报酬权。现实中一些农民工为了讨到应得的劳动报酬,走上了极端的道路,给自身发展带来了灾难性的后果。为了得到工钱,有的农民工持刀威胁包工头,殴打包工头,以索要劳动报酬;有的农民工劫持企业老板,限制其人身自由以索取劳动报酬;更有甚者还杀害包工头或者企业老板。这些社会现象不一而足。这种通过违法犯罪来维权的方式,不仅不能取得劳动报酬,还使劳动者自己成为违法者或者犯罪者,实在是令人唏嘘。

二、义务主体的认知局限

义务主体对于权利人的权利认知不足,也同样会成为实现个人发展权的障碍。主要表现为义务人的义务意识淡漠,漠视他人权利;消极对待义务,不履行应尽义务。

(一) 义务主体的义务意识淡薄

在具体的法律关系上,权利与义务,或者说义务与权利,总是对应的。总体上说,世界上没有无权利的义务,也没有无义务的权利。但是,由于不同主体的差异,人们对待权利义务的心理和行为并不相同。有的人既重视权利也重视义务,有的人则是只重视自己的权利而不重视别人的权利,只关注别人的义务而不积极履行自己的义务。在个人发展权问题上,有的义务主体漠视别人的发展权利。漠视的原因可能是没有真正意识到别人的权利,或者是为了谋私利而忽视他人权利,对别人的权利视而不见甚至直接侵犯。有的义务人,在别人的权利受到侵犯时,麻木不仁,无动于衷,甚至用自己的行为妨碍别人权利的实现。义务主体对于义务的认识不到位,在其心目中缺乏义务必须履行的意识。他们的法律意识淡薄,罔顾别人权利亦是受法律保护的权利这一事实,也不考虑若不履行义务将受法律制裁的后果。当需要自己履行义务时,不积极履行,不自觉履行,而是消极应对,逃避义务,甚至在被强制履行义务时,还对人民法院的裁判置若罔闻,拒不履行。

(二) 义务主体怠于履行义务

义务主体没有履行应当履行的义务,权利主体的发展权当然无法实现。义务主体的不作为实际上是对权利主体的发展权利的侵犯,使权利主体的发展权益受到损失。比如拆迁,随着社会的发展以及城市化进程的推进,拆迁已经成为一个日益严重的社会问题。拆迁的初衷是促进公共利益,合法拆迁有利于加强城市建设。但是拆迁必须按照法定的程序进行,并对被拆迁人进行相应的补偿与安置。在总体上,拆迁主体是义务人。但是有的拆迁人并不积极履行依法拆迁的义务,而是非法拆迁。非法拆迁是法律所禁止的,虽然国家多次发文明令禁止各种形式的非法拆迁,但非法拆迁却难以根除。现实中,暴力拆迁,株连式拆迁,以断水、断电、断燃气等方式的逼拆等不同程度地剥夺了被拆迁人生存与发展的资源,严重侵犯了被拆迁人作为房屋所有人的人身权和财产权。人身权与财产权是每个人实现其发展权的前提与基础。在城市化进程中,拆迁主体对于自身义务的认知,在某种程度上反映了社会文明发展的程度,更直接影响着相关当事人发展权的实现。

对于个人自身来说,其素质能力以及认知是个人发展的基本因素,但是其他诸多的因素都会对人的发展产生不同程度的影响,或推进或阻碍人的发展。个人发展权的实现既取决于每个人自身,也取决于国家、社会以及与他相关主体的作为或不作为。如果国家、社会等其他主体怠于履行义务,同样会影响个人发展权的实现。比如,政府救助机构应当依法履行对于那些身陷困难公民的救助义务,包括对遭受自然灾害、失去劳动能力或者其他低收入公民给予物质帮助或精神救助,以维持其生存与发展的需求。但是一些救助机构不仅没有积极履行救助的职责与义务,反而打着救助机构的旗号,挪用社会救助款项,甚至以募捐的名义为自己谋私利,这些行为严重侵犯了身陷困难的公民所应当享有的社会保障权。对于这样的社会机构,就必须依法追究其法律责任。

第三节　制度不当的不利影响

人类的发展是一条漫漫长路。回顾人类走过的历程,我们很容易发现,许多在过去被认为是天经地义的制度安排,在今天看来也许是历史的遗憾。如果以实事求是的观点来认识过去与现在的制度,就会发现,并非所有制度都是有利于人的发展的,尤其是一些制度中的不当安排,更可能是阻碍个人发展的重要因素。为了使我们的研究更加深入,有必要对此问题进行更进一步的思考。由于制度在总体上并不是恶的,至少很多制度在被制定时看起来是善的。为了避免不必要的误会,本节拟用制度不当来描述制度中的缺失或者失误。在此使用的制度,其含义也是广义的。在广义的制度中,一个极其重要的内容就是法律制度,尤其在一个走向法治或者已经法治化的国家,更是如此。

一、制度不当影响人的环境

在制约人的发展权实现的各种因素中,制度无疑是最具强制性的环境因素。人的本质是一种社会存在物,是"一切社会关系的总和",社会性是人的本质属性。每个人都在社会交往中不断实现自身的发展,作为社会运转中的规则,也就是制度对人的发展、对人的发展权的实现具有重要的意义,可以说每个人的发展都离不开制度环境。如果说好的制度有利于个人发展的话,不当的制度则是对个人发展权的严重阻碍。

社会中的每个人都是在制度中生存和发展的。制度经济学派代表人物之一康芒斯认为,人是"一种制度里的公民"[①]。美国学者米德认为:"没有某种社会制度,没有构成各种社会制度的有组织的社会态度和社会活动,就根本不可能存在任何完全成熟的个体自我或者个体人格;因为各种社会制度都是一般的社会生活的有组织的表现形式,只有当这种社会生活过程所包含的每一个个体,都通过其个体经验反映或者理解了社会制度所体现或者说所表现的这些有组织的社会态度和社会活动时,这些个体才能发展和拥有完全成熟的自我或者人格。"[②]制度是个体无法摆脱而又必须依赖的环境,有时这种环境还是特别坚硬的。

人的发展和发展权的实现都与制度环境息息相关。"制度对于生活于其下的人来说,是一种既定的力量,它限定、规范和塑造着人的活动和社会关系以及人的个性,由此构成人的发展的现实空间,形成人的现实生活世界。"[③]制度的性质与内容不同,对人的发展权的作用与意义也不同。制度究竟是扶植人的个性,还是压抑人的个性,影响着社会中每个人的发展。落后的、压制性的社会制度会抹杀人的个性,阻碍人的发展,甚至剥夺人的发展权;进步的、激发人个性的社会制度则有利于人的发展,有利于个人发展权的实现。因此,制度的价值属性决定了一个文明进步的社会在进行制度设计时,应当重视人的个性发展,充分尊重、保护、满足人的发展的合理诉求,为促进人的发展权的实现创造积极有利的条件。

---

① 康芒斯:《制度经济学》上册,于树生译,商务印书馆1962年版,第93页。
② 丁东红选编:《米德文选》,丁东红等译,社会科学文献出版社2009年版,第141页。
③ 吴向东:《制度与人的全面发展》,《哲学研究》2004年第8期。

制度是人的生存空间。制度不当就成为人的空间局限,严重影响和制约人的发展,成为人的发展权实现中的障碍。制度对于人的发展权至少具有这样的双重属性:一是促进,二是限制。好的制度可能促进人的发展权的实现,而不当的制度或者制度中的失误可能阻碍人的发展,妨碍人的发展权利的实现。制度的好坏成为人们发展环境好坏的重要因素,有时甚至是主导性或决定性的因素。

二、制度不当影响人的自由

自由对于每一个人的生存与发展来说,都是必不可少的。如果没有自由,人的发展就会受到限制,生命也就失去了应有的价值和意义。在马克思看来,没有人是不渴望自由或者说是反对自由的,最多反对的是别人的自由。"各种自由向来就是存在的,不过有时表现为特殊的特权,有时表现为普遍的权利而已。"[1]对于个人的发展而言,自由是人的潜在能力的外化,是人自我意识的现实化,亦是人实现发展的助动力。[2]

在各项制度中,经济制度无疑是十分重要的,它对人的发展影响巨大。在特定的历史阶段,计划经济体制或者制度曾经对社会的发展起到过积极的作用,但是随着生产力的发展,计划经济体制逐渐显示出其不适应社会、不适应个人发展的弊端。计划经济又被称为指令型经济,在传统计划经济体制下,生产、资源分配以及产品消费各方面都依赖于国家的指令性计划,严格按照国家计划来进行。面对强大的计划经济

---

[1] 《马克思恩格斯全集》第1卷,人民出版社1995年版,第167页。
[2] 参见卓泽渊:《法的价值论》(第二版),法律出版社2006年版,第264页。

体制,企业和个人的力量相对来说是非常微小的,可以自由发挥的余地很小。尤其是对于个人来讲,个人对于职业安排基本采取的是默认和顺从的态度。因此,在这样的体制下,人的个性难以发展,无论是职业选择,还是在职业中进行自主创新,实现自身发展的自主意识难免会受到体制机制的束缚和限制。一旦人的自由受到束缚,人就很难激发其潜在的能力去实现自身的发展。

三、制度不当影响人的选择

人自身的发展不可能跳出一定的社会关系,制度在很大程度上限定了人的发展的可能。社会关系越丰富,人的个性发展的可能性就越大,人们的选择机会也就相应越多;相反,社会关系越单一,人的个性发展难免受到局限,人们的选择余地相应就越小。人们选择可能的多少与大小,反映着社会文明的程度,也为人的发展提供或多或少、或大或小的空间。就人的发展权的实现来说,当然是人们可选的选项越多、可选的范围越大,人越能实现自己的价值,获得更大、更多的发展。

社会的政治制度总会深刻影响着人们的职业选择,在开明的政治制度下,人们参政议政的积极性就会高涨,在职业选择上就可能以从政作为实现个人发展的主要途径。如果政治制度专制落后,个人的发展本身就会受到政治制度的压制,在职业选择上,人们可能不关心政治,甚至选择远离政治。同样,一个社会的文化制度亦会影响人们进行科学文化创作的主动意识。先进的文化制度有利于发挥人们在文化和科学领域的才能与天赋,有利于促进人们的个性化发展。同时,当人们的科学研究和文化发展的权利能够得到制度的保障时,人们就愿意选择通过科学研究和文化创作来实现个人的发展与价值。绝对公有制条件下,经济形式单一,人们和工作单位结合得较为紧密,难以跳出原来的领域而再去寻找其他发展的途径。同时,各种票证如粮票、布票、油票、肉票等在消费领域与人们的生存和发展关系密切的凭证,把人和他的居住地紧紧联系在一起。可以说,离开了户口和票证,人们寸步难行。个人的发展谈不上选择,往往只能是服从。因此,只有在多元的市场经济中,个人的发展才有多种可能性,人们才有可能选择从事国企、民企或外企的工作,或者其他的工作。计划经济制度与市场经济制度,给人们提供了完全不同的空间。在人类还没有发展到共产主义的理想阶段之时,它们一个是没有自由选择的空间,另一个则是允许并鼓励自由选择的空间。

四、制度不当影响人的竞争

竞争是个人具有活力的表现,也是个人获得更好发展的必要条件。良好的制度可以为人与人的竞争提供良好的制度环境,不良的制度则可能成为正当竞争的障碍,甚至引发不正当竞争。

19世纪中叶,达尔文提出了"物竞天择"的进化论,生物从低级到高级,从简单到复杂,种类由少到多地进化着、发展着,靠的就是"基因"。无论是人类自身发展的历史,还是社会发展进步的历史,无一不体现出竞争的重要意义。对于个体的发展而言,竞争可以给人以直接现实的追求目标,赋予人以压力,激发人的潜能,是个体活力的表现,是个人发展的动力。

一项设计科学、民主的制度,必将促进人的发展,有利于人们之间的合理竞争。它可以通过奖惩两个方面的机制促使社会中每一个人的活力竞相迸发。相反,如果制度的设计是专制且违背客观规律的,设者的关注点则可能更多的是在人们的服从与执行上,从而忽视竞争的作用,甚至阻碍竞争。制度对于竞争的消极影响主要体现在两个方面:一是压抑竞争。有竞争,就会有评价,就会有好坏、先后。如果一项制度没有合理运用奖惩两方面的机制,实行所谓的绝对公平,干多干少一个样,干好干坏一个样,这实质上就是最大的不公平,会压抑人们的竞争积极性,人们也就会失去实现自身发展的压力和动力。二是违背公正的竞争规则。竞争之所以能够成为人自身发展的动力,就在于其公正性,只要你对社会贡献得更多,贡献得更好,就应当得到更多的回报,就应当获得更好的发展空间。公正本身对人的发展而言就是一种正向的激励。制度的存在价值就在于能够保证竞争的公平性,为人们的公平竞争创造公正透明的良好环境。如果相反,制度不能保证竞争的公平性,反而制造出了新的不公平,那么竞争对于人的发展而言就是不利的。这不仅违背了竞争的初衷,也使人们失去了对于制度的信任,抹杀了人的活力,从而阻碍人的发展。

第四节　非制度性的障碍因素

恩格斯指出:"社会历史的发展离不开人的活动,而人的活动又是在一定的思想动机、愿望、意志支配上进行的,而其中每一个意志又是由于许多特殊的生活条件,才成为它所成为的那样。"[①]人们的生存环境不仅有制度的,还有非制度的。非制度的因素有可能有利于人的发

---

① 转引自赵曜、王伟光、鲁从明、蔡长水主编:《马克思列宁主义基本问题》,中共中央党校出版社2014年版,第193页。

展与发展权利的实现,也有可能阻碍人的发展及其权利的实现。对于这些非制度性的障碍因素,很难进行全面的解析。在此主要就那些影响重大的常见因素做一些简要的论述。

一、社会的发展阶段

从人类这个整体来看,人的发展是无限的,其过程与结果是多样性并难以预测的。如果从每一个具体的人的发展来看,每个人的发展都必然受到社会经济文化发展阶段的制约。社会的发展,人自身的发展,从根本上来说,都是由社会的特定发展阶段所决定的。社会发展阶段之所以会深刻影响人的发展权的状况,是因为一个国家的政治家、立法者、普通公民的发展状态都可能会受到它的严重制约。

(一) 政治家与社会发展阶段

政治家总是属于特定时代的,他们在国家或者社会中发挥着主导的作用,他们中的每一个人都是在特定时代、特定时间区间生存的,必然会被那个时代的社会物质生活条件所制约乃至决定。那个时代的社会、经济、文化环境,都是其生活的外部环境,必然会作用于其头脑,影响其意志,甚至对其思想、观念、认知产生决定性的影响。这是马克思主义唯物史观的基本观点,也是经过历史和现实反复检验的真理。马克思认为:"物质生活的生产方式制约着整个社会生活、政治生活和精神生活的过程。""不是人们的意识决定人们的存在,相反,是人们的社会存在决定人们的意识。"[①]恩格斯也曾于《在马克思墓前的讲话》一文

---

① 《马克思恩格斯选集》第 2 卷,人民出版社 2012 年版,第 8 页。

中指出:"直接的物质的生活资料的生产,因而一个民族或一个时代的一定的经济发展阶段,便构成为基础,人们的国家制度、法的观点、艺术以至宗教观念,就是从这个基础上发展起来的。"①

政治家的政治行为必然会受到多种因素的影响,除了知识、能力与价值观等影响因素,他们也如同其他任何人一样,被特定的时代所决定。只是由于他们处于特殊的政治地位,具有独特的政治作用,他们的思想必然会体现在其政策拟制、制度设计、法律制定的过程中,并外化为具体的制度和法律。因此,政治家与其他人的不同之处在于,其他人的思想难以体现为制度和法律,而他们却能。由于特定时代的局限,政治家的知识、兴趣、偏好以及对某事、某物、某领域的关注,都会使他们更多地接受这方面的信息,持续关注该问题。因此,此类问题就容易进入其视野而成为制度和法律问题。许多时候,政治家在制度设计中对特定事物或者社会现象的特殊情感会对社会的发展产生重大影响。

(二) 立法者与社会发展阶段

自法律产生以来,其作用或者影响一直是不容低估的。尤其是对于个体的社会成员来说,每个人均不具有与法律抗衡的力量,甚至不得不接受法律的既有规定。他们一般只能服从而不可抗拒,这就使得法律具有了强大的环境局限的意义。当事者面对它,总是无能为力的。如果法律不利于个人的发展,个人也只能逆来顺受。反抗不仅无用,甚至会带来法律的强制或者制裁。

因此,立法者的认知对于人的发展权来说,具有特别重要的意义。当然,任何人的认知都是有限的,这是不争的事实,立法者的认知也概

---

① 《马克思恩格斯全集》第19卷,人民出版社1963年版,第374页。

莫能外。立法者的认知并不是绝对正确的,他们的认知会受到其所处时代、所处经济文化发展阶段的影响。他们的认识错误会成为个人发展权的障碍。即使立法者是集体,也可能存在集体的误判。立法者的错误,必然会影响个人发展权的立法状况。立法者的认知局限会直接成为障碍的因素。

这里需要特别指出的是,立法者认知的局限并不完全出于立法者的恶意,他们的出发点有时甚至是极其善良的。但是即使出自良好的愿望,对实际情况的判断失误、对困难的估计不足、对主体的认识错误等,都可能导致从善良愿望出发,却以阻碍个人发展权而告终,出现事与愿违的情形。

具体来说,立法者的认知局限会体现在立法的各个方面。从立法的实践来看,它至少会体现在立法内容、立法表达、法定实现路径三个方面。从立法的内容来看,权利的保障总是从对权利的认识开始的。在立法者对于发展权本身缺乏认识或者具有错误认识的情况下,在立法中全面保障个人发展权是不可能的。从立法的表达来看,立法者立法技术的欠缺或者不当,必然会影响个人发展权在立法上的状况。从立法的实现来说,它需要许多保障措施和具体路径,比如有权申请行政复议、有权提起诉讼等。如果法律做出了权利规定,而不允许当事人申请复议或者提起诉讼,那么个人发展权终究是纸上的权利,不能成为现实。

(三) 人的发展需要与社会发展阶段

在不同的社会经济文化发展阶段,人的发展需要是不同的。并且在不同的社会发展阶段,对于人的发展需要则有不同的发展程度和评价标准。"生产力和生产关系、经济基础和上层建筑的矛盾,是人类社会的基本矛盾。只有把生产力和生产关系的矛盾运动同经济基础和上层建筑的矛盾运动结合起来,把社会基本矛盾作为一个整体来观察,才能科学认识和把握社会主要矛盾及其运动的规律和发展趋势。"[1]党的十一届三中全会后,我国开始以经济建设为中心。党的十一届六中全会通过的《关于建国以来党的若干历史问题的决议》,在坚持实事求是的基础上提出我国社会的主要矛盾是"人民日益增长的物质文化需要同落后的社会生产之间的矛盾"的论断。而党的十九大则与时俱进地做出了"我国社会主要矛盾已经转化为人民日益增长的美好生活需要和不平衡不充分的发展之间的矛盾"的论断。

  这些年,随着生产力的极大发展,一方面,人们的物质文化水平得到了提高;另一方面,人与人之间的社会关系也在发生变化。在社会生产力还不够发达的条件下,人们对于自身更多关注的是如何生存,如何解决温饱。因此长期以来,我国社会的主要矛盾是人民群众日益增长的物质文化需要同落后的社会生产力之间的矛盾。在这个阶段,消除贫困,解决人的温饱问题,实现人的生存权,是国家和社会发展的主要任务。但是随着社会生产力的提升,当人的温饱问题已经得到解决之后,人们就会有更高层次的精神需求。目前,我国已经成为世界第二大经济体,我国对世界减贫的贡献率超过了70%。人们的需求不再只是满足温饱、实现生存权了,人们不仅对物质文化生活提出了更高的要求,而且在民主、法治、公平、正义、安全、环境等方面的要求也日益增多。需求是人自身发展的最直接的动力。因此,党的十九大报告明确指出:"我国社会主要矛盾已经转化为人民日益增长的美好生活需要和不平衡不充分的发展之间的矛盾。"

---

[1] 黄宪起:《科学认识和把握我国社会主要矛盾的转化》,《学习时报》2017年11月10日。

二、不良的客观环境

人们都是在特定的客观环境中生存和发展的。个人发展权的实现状况与人的客观生存环境密切相关。人的生存环境有自然环境与社会环境,这两种环境都严重制约着个人发展权的实现。

(一) 自然环境与个人发展权

人一出生就处于特定的自然环境之中。对于自然环境,学者们有不同的认知。一般认为,自然环境是环绕在人们周围的各种自然因素的总和,包括高山、平原、水、大气、植物、动物、土壤、岩石矿物、太阳辐射等。这些自然环境中的许多因素都会对人的发展产生重要的影响。人在出生时并无多大的差别,中国古人的"性相近,习相远"即是此意。但是就"习相远"而言,在什么环境中"习",差别就大了。

生活在高山的居民,总体上会比平原上的人们交往困难。大山导致严重的交通不便,阻隔了人们之间的交往,经济、文化的发展也会相对滞后。生活在大山深处的孩子难以获得良好的教育。值得注意的是,《中国农村教育发展报告(2017)》所发布的数据显示,制约农村教育质量提升的因素,比如教师能力不足、学校教育与学生经验相疏离等因素在各地都不同程度地存在,这些因素阻碍了农村孩子的教育成长,使得一些农村学生的学业成绩达不到国家规定的及格标准,且随着年级的提升逐渐丧失了对学习的兴趣和对知识的渴望。[①] 因此,近年来,农村兴起教育移民潮,出现举家迁入教育条件更好地区的现象,这成为

---

① 参见中国教育新闻网,http://www.jyb.cn/zcg/xwy/wzxw/201712/t20171223_900288.html。

农村教育的一个新动向。①

不仅如此,自然环境上的差异还可能导致人们在经济水平上的差异。不管山中农民如何富裕,总体上都难以与平原乃至城市中的富裕阶层相比。通常情况下,没有便利的交通,没有发达的市场经济,只依靠简单的家庭式农业劳动,日出而作,日落而息,也仅可以糊口而已。若是有所结余,也算不错了。但是在平原地区就不一样了,有车船之便,通过市场交易,财富可以成倍增长。在山地与平原上生活的人们有着财富的差距,导致人们在发展上的不平衡与不平等,如果置于法律的视野下,当然会发现,这直接影响人们发展权的实现状况。

(二) 社会环境与个人发展权

社会环境对于人的发展及其发展权的实现具有重大的影响。不利的社会环境会严重阻碍个人发展权利的实现。人都是在相对确定的社会环境中生存的。不同的社会环境导致不同的发展权实现状况。城市与乡村就是不同的社会环境。一般说来,人们在乡村的生活条件更为艰难,人的发展机会相对较低。相对于乡村,城市居民可以获得更好的发展机会和空间,其发展权利也就更容易实现。

在现实中,城乡二元结构对人的发展权的约束极为典型。城乡二元结构是我国社会矛盾的深层根源,也是对个人发展权造成约束的典型因素。城乡二元结构源于20世纪50年代,是由我国计划经济体制条件下户口、土地、就业、社会保障等一系列制度而形成的经济社会结构。整个社会以户籍制度为基础,人被划分为非农业人口(城市居民)和农业人口(农民),城市居民与农民有着不同的社会身份。

---

① 参见《农村兴起教育移民潮》,《文摘报》2018年2月28日。

国家对城市居民和农民实行不同的政策与制度，这主要体现在教育、医疗、社会保障等公共产品的供给上，城市居民和农民在获得的方式、内容、数量、质量方面都是不同的，这直接导致城市居民和农民的社会保障权不同。区域发展和城乡居民收入上差距过大，必然导致城市居民和农民的财产权与劳动报酬权不同。在政治上，虽然农民和城市居民享有同等的选举权与被选举权，但是农民代表的名额所占比例与农村人口的总数量并不相称，使得农民的参政议政权受到更多限制。因为城乡二元经济社会结构，农民与城市居民相比，在政治、经济、社会等方面所实际享有的发展权，在现实中有很大的不同，农民受到现实的种种约束与限制。因此，必须推动城乡一体化发展，打破城乡二元结构对个人发展权的限制，使得农民享有与城市居民同等的劳动报酬权、受教育权、就业权、社会保障权等等个人发展权。此外，还要加强制度的顶层设计，统筹户籍制度、土地制度、财政金融体制、教育医疗体制、社会保障体制等方面的改革，尤其是要深化户籍制度改革，使农民与城市居民享受同等的发展权。

三、贫困的经济制约

财产状况对于人的发展所起到的作用是不可否认的。就个体而言，财产上的富裕并不一定绝对有利于其发展，但是贫困一定不利于人的发展。这恐怕是毋庸置疑的。正如《维也纳宣言和行动纲领》所指出的："极端贫穷的广泛存在妨碍人权的充分和有效享受；立即减轻和最终消除贫穷仍然必须是国际社会的高度优先事项。"[1]"绝对贫困和

---

[1] 1993 年《维也纳宣言和行动纲领》，https://www.un.org/zh/documents/treaty/A－CONF－157－23。

被排除在社会之外是对人的尊严的侵犯……各国必须扶助最贫困者参与他们所生活的社区的决策进程,促进人权和努力扫除绝对贫困现象。"①

现实社会中,因为贫困而无法接受教育的现象,在广大的农村地区依然存在。即使是在城市,因为贫困而难以完成学业的现象也时有出现。贫困直接威胁着人们的生存,连生存都无法保证,就不可能奢谈在生存基础上的发展。马克思曾经说过,许诺给一个乞丐当国王,还不如给他一个面包。面包是实实在在的生存需要。

贫困对于个人发展的制约,不仅在发展中国家是这样,在那些富裕的发达国家同样不可避免。比如,在欧洲存在的大规模失业,使得个人发展的很多权利被轻视、被剥离。阿马蒂亚·森指出,因失业而造成的贫困会对人的个人自由、主动性和技能产生范围广泛的副作用,包括因为失业而导致被社会排斥,人们自信心、自立心的丧失,以及对人们心理和生理健康的伤害等。②

一定的经济收入是个人发展的必要前提。因此,我们要依法保证公民获得应有的劳动报酬。对于没有或丧失劳动能力的人,如残疾人、未成年人、没有经济来源的老人,以及失业的工人、失地的农民,应该给予必要的社会救助和社会保障,使其免于贫穷。我们应尽力帮助残疾人、未成年人获得发展的机会与可能,社会保障的法律法规也就因而变得特别重要。

---

① 1993年《维也纳宣言和行动纲领》,https://www.un.org/zh/documents/treaty/A-CONF-157-23。
② 参见阿马蒂亚·森:《以自由看待发展》,任赜、于真译,中国人民大学出版社2013年版,第15页。

四、偶然的不幸事件

社会中的偶然事件,同样可能影响人的发展权的实现状况。人类社会的常态是和平。但是人类也时不时处于战争之中,战争虽然是社会的偶然状态,但是它切切实实地影响着个人发展权的实现。在战争时期,人们很难不受战争的影响。在战争的社会环境中,人们的发展权利无疑会受到严重的伤害。本该健康成长的孩子无法获得相应的和平空间;本该接受教育的青年不得不投笔从戎,为国赴死,慷慨悲歌。这些都会成为个人成长和个人发展权的实现的制约因素。

遭遇事故或自然灾害等不幸事件,也会使人丧失可能的、良好的发展机会。在人们的生活中,难免会出现灾害性的事件,如交通事故、自然灾害,它们都可能使特定的人或者人群受到伤害。这些伤害对于严重的受害者来说,都会成为其发展的障碍。他们有的因此失去财产,有的因此失去健康,不论是财产的损失还是健康的丧失,都会影响其未来的发展。

遭遇违法犯罪,也可能使特定主体的发展遇到障碍。违法犯罪是偶然的,但是这种偶然遭遇同样严重地制约人的发展,影响人的发展权的实现。因不法而影响发展权的情形很多,至少有以下几种。

一是因为他人的违法犯罪而使自己的财产受到损失,进而影响自己的发展。这种情形在现实社会中是经常发生的。例如在大量的民事、商事案件中,义务人履约不能,就可能导致权利人处于困顿之中。有的权利人本打算将义务人支付的钱用于自己的事业发展,也许就是因为义务人拒绝履行义务或者破产,其发展计划便因而受挫。这就可能影响到权利人相应发展计划的实施,阻碍其发展。有的农民工正计划着将自己的劳动收入用于支付孩子的学费,但是由于包工头或者老板的"耍赖"——拖欠工资,他的孩子就可能辍学,这也就影响了孩子的发展。

二是因为他人违法犯罪而使自己的人身受到伤害。在各种案件尤其是刑事案件中,违法犯罪人的行为可能使受害人的人身受到某种伤害,这种伤害严重者可能影响受害人的未来发展。如果因此而致残,就可能影响其终生的发展。特定受害人也许就因为这一违法犯罪行为而丧失了发展的可能。

三是因为自己违法犯罪而危害自己的发展。违法犯罪不仅会导致他人的发展受到损害,而且也可能给违法犯罪者本人带来意想不到的恶果。违法犯罪者可能因受害人的反抗而使自己受伤,丧失发展的可能。即使不受抵抗,他也会受到法律的制裁,身陷囹圄,他的发展就必然会因此而中断,自己的发展权被法律——实际上也是被自己——剥夺了。最为严重者甚至被依法剥夺生命,也就终止了自己的发展,更谈不上发展权。

第六章　实现个人发展权的法治保障

个人发展权作为法律上的权利，必须获得法律的保障。由于个人发展权对应的义务主体是多元的，而多元的主体中国家及其公权力又是最为重要的，再加上在所有侵犯个人发展权的主体中，唯有公权力作为侵权主体是最难以约束的，因此，一般的法律保障并不能有效保证个人发展权的实现，而唯有法治，唯有能够有效约束公权力的法治，才可能为个人发展权提供最有效、最有力的保障。因此本章所探讨的是"法治保障"，而不是泛泛而谈的"法律保障"。法治对于个人发展权的保障意义是极为突出的，也是异常必需的，因此是我们为之努力的重要方面。

第一节　立法保障

人权问题不仅仅是单纯的法律问题，但是法律始终是人权保障最稳定、最可靠的途径。通过积极推动立法来加强对个人发展权的保障，具有十分重要的意义，也是执法、司法、守法保障的基础。

一、立法对于个人发展权的意义

法律是保障人权最普遍、最基本、最有效的手段。立法权是重要的政治权力,是国家的最高管理权,是国家权力的重要组成部分。对于个人发展权而言,无疑要通过积极推动立法来予以保障。立法机关的人权立法保障非常重要,是其他一切人权保障的基础和前提。

宪法是国家的根本法。纵观世界,无论是成文法国家还是判例法国家,宪法在一国法律体系中都具有最高的法律地位、法律权威、法律效力,具有根本性、全局性、稳定性、长期性。宪法的根本职能在于:一是规范政府的权力,二是保障公民的权利。近现代民主国家的理论基础是主权在民,国家的权力是手段,公民的权利是目的。列宁曾经说过:"宪法是什么?宪法就是一张写着人民权利的纸。"

宪法具有最高的法律位阶,它相对稳定地、纲领性地确认了尊重与保护人权。但是在我国现行宪法的规定中,只是相对宏观地规定了发展是国家的一项重要任务,并没有明确提出"个人发展权"的概念,也没有列明个人发展权的内容。宪法是制定其他一切法律的基础,如果在宪法层面没有对个人发展权予以规定与体现,对于个人发展权的保护与实现来说将是非常不利的。在其他相关的法律规定中,虽然个人发展权的思想在不少法律规定中都有所体现,但具体针对个人发展权的法律规范存在数量少、笼统原则较多、细化规定不够等问题,亦没有专门针对公民如何享有及行使经济、社会、政治、文化等方面的发展权利的立法。因此可以说,对于个人发展权的立法缺乏一定的明确性和体系性。

当前我国已经形成"以宪法为核心,以宪法相关法、民法商法等多个法律部门的法律为主干,由法律、行政法规和地方性法规等多个层次的法律规范构成的中国特色社会主义法律体系"①,为实现发展权提供了法律保障。因此,首先应当在宪法的层面将个人发展权概念纳入现行宪法;其次应当在部门法的层面由立法机关根据社会的发展变化,积极将公民普遍存在的新发展需求,通过"立、改、废"这三种形式在法律中予以吸纳和体现。

二、立法保障需要把握的原则

具体来说,对于个人发展权的立法保障,立法机关需要把握以下几项基本原则。

一是从实际出发的原则。从实际出发是立法最基本的原则。坚持从实际出发的原则,最重要的就是从本国的基本国情出发,同时还要考虑一个国家的历史文化传统。

坚持从实际出发,要从国内和国际两个层面来分析。从国内层面来看,当前,我国仍处于社会主义初级阶段,并仍处于重要战略机遇期。随着经济的不断发展,我国已经成为世界第二大经济体,对世界经济增长的贡献率超过30%,对世界减贫的贡献率超过70%。与此同时,我国社会的主要矛盾也相应发生了转化。法律作为上层建筑,是由经济基础所决定的,并反作用于经济基础。社会主要矛盾的转化必然会对立法提出新的要求,立法机关应当根据实际的发展变化,在立法工作中及时予以体现。比如,"人民日益增长的美好生活需要"较"人民日益

---

① 国务院新闻办公室:《发展权:中国的理念、实践与贡献》白皮书,http://www.xinhuanet.com/politics/2016-12/01/c_1120029207.htm。

增长的物质文化生活的需要",在内涵上扩大和丰富了许多,至少包括人们在民主、法治、公平、正义、安全、环境等方面的要求。根据马斯洛的需求层次理论,当温饱问题解决之后,人们关注的不再只是生存问题,而开始对实现自身的发展有了更高层次的追求。因此,就需要立法机关将人们的发展需要切实通过法律确认为权利来予以保障。

从国际层面来看,我国目前是最大的发展中国家。我国的人权事业发展,不能脱离发展中国家这个基本国情,必须尊重人权发展的客观规律,如果超越基本国情去追求人权事业的快速发展,结果往往是过犹不及、事与愿违。就个人发展权的立法保障来说,我们不能一味地与发达国家相比较,拿发达国家的人权标准来衡量自己的人权发展道路,因为我国与发达国家的基本国情以及发展中所遇到的问题是不一样的。在这一点上,我们要承认人权发展的特殊性。在个人发展权的立法上,不能片面地求快求全,而要根据整个国家和社会支撑实现发展权的基础与能力,脚踏实地,循序渐进。否则,即便法律规定得再完美,但实际条件还不具备,这样的法律也只是空中楼阁,可望而不可及,甚至是对立法资源的极大浪费。

对于发展权的权利体系来说,人的发展权基本可以分为经济发展权、政治发展权、社会发展权、文化发展权这四类。在这个权利体系中,在权利实现的顺序上,各权利之间会有先后顺序、轻重缓急之分。其中,经济发展权是最为基础的部分,政治发展权是最为显著的标志。基于现实的国情与能力,立法首先要满足人们最迫切的发展需求,同时也是最有可能实现的发展权利。因此立法应有重点地推进,首先应当保障人们享有经济发展权,如果人们的经济发展权得不到切实的保障,其他发展权也就失去了前提和基础。作为发展中国家,我们发展中不平衡、不充分的问题还比较突出,不可能一下子全面推进个人发展权的立法工作。立法必须有先有后,渐次推进,经过一个时期的不断努力,以适应全面发展的需要,推动个人发展权的全面实现。在个人发展权的立法保障上,坚持从实际出发就是要有重点地逐步推进立法工作,使之与我们国家的基本国情以及社会发展相适应。

二是"将需要与可能相结合"①的原则。如前所述,我们要坚持从实际出发,不能脱离基本国情,不能违背客观规律。但是这并不意味着法律是亦步亦趋、一成不变的,法律应当具有预见性。因其复杂的修改程序及较高的立法成本,法律总是相对稳定的,难免具有滞后性。为了避免法律制定出来后不久就落后于现实,立法者理当对未来社会的发展以及人的发展有足够的预见。当然,这种预见必须坚持从实际出发,立足于当下,对未来做符合客观规律的科学预见,而不是为了超前而超前。

对于个人发展权的立法工作,我们既要看到当下人们的发展需要,又要看到未来人们的发展需要,同时还要考虑当下及未来社会的发展趋势。因为人的发展始终离不开社会的发展,人的发展与社会的发展是一致的。在个人发展权的立法工作中,法律既要满足个人发展权的需要,同时又要体现实现个人发展权的可能。正如卓泽渊教授所说,人的需要可以是无限的,但是作为满足人的需要的可能性是有限的。决定可能与不可能最根本的根据就是实际,所以"从实际出发是解决需要与可能之间矛盾的根本方法"②。因此,在注重"将需要与可能相结合"的基础上,我们还要处理好当前与长远的关系。

比如,在我们国家,小康社会没有实现之前,温饱就是我们实际能够实现的权利。实现小康社会之后,普遍的大众摆脱了贫困,那么在对

---

① 卓泽渊:《法理学》,法律出版社 2012 年版,第 254 页。
② 卓泽渊:《法理学》,法律出版社 2012 年版,第 254 页。

少数返贫者继续予以帮助的同时,也可以面向全社会提出保障美好生活的权利。

再比如,随着信息化搜索引擎的发展,越来越多的个人信息在网络上被曝光。一些人不愿意被提及的信息与过往,因为互联网的存在而始终能被搜索到,这对个人来说,可能会对其将来的发展产生消极的影响,从而对其发展权利造成潜在的障碍。于是人们提出疑问:网络存储的个人信息是否应该有时间的限制?欧盟在 2012 年提出"被遗忘权"。作为一种新型的人格权,"被遗忘权"的核心内容在于"倘若权利人不希望其个人数据继续被数据控制者进行处理或存储,并且维持此种权利状态不存在任何正当理由,则该数据不应当允许公众随意查询"[1]。

2016 年 4 月 14 日欧盟会议通过、2018 年 5 月 25 日正式实行的《通用数据保护条例》(GDPR)第 17 条特别规定了被遗忘权(擦除权),即数据主体有权要求控制者无不当延误地删除与其有关的个人数据。可以说,"被遗忘"就是在信息化发展的过程中,人们所产生的一种新的需要。立法部门正是预见到搜索引擎可能会对人的发展权利造成侵害,因此通过立法赋予人们被遗忘权,从而满足人们的发展需要。

三是将国际人权公约转化为国内立法的原则。国际人权公约在缔约国如何适用的问题,在法理上属于国际法与国内法的关系问题。讨论国际法与国内法二者之间的关系,主要涉及两个问题:一是国际法与国内法是否属于同一个法律体系;二是国际法在国内的法律效力。关于这两个问题,国际上主要有"一元论"与"二元论"两种理论阐释。

主张"一元论"的学者认为,国际法与国内法属于同一个法律体

---

[1] 王利明:《法治:良法与善治》,北京大学出版社 2015 年版,第 135 页。

系,按照不同的法律效力,"一元论"又分为两派,即"国内法优于国际法"和"国际法优于国内法"。主张"国内法优于国际法"的观点认为,国际法是国内法的一部分,国际法的效力低于国内法。照此推论,国际法必然受到国内法的支配,那么国际法还有什么存在的意义呢?目前,该理论已被国际法学界所否定。主张"国际法优于国内法"的观点认为,国内法的效力来自国际法,而"国际法的效力则最终依靠于一个最高规范,这个最高规则可以是'约定必须遵守',或者是'国际社会的意志必须遵守'"①。该理论的主要倡导者是奥地利学者凯尔森。按照该理论,如果国内法从属于国际法,那么就抑制了国内法在国内的作用,也就否定了国家制定国内法的主权。因此,该理论实际上也行不通。

"二元论"主张国际法与国内法都是法律,都是国家的主权意志的行为,国内法是国家主权意志的对内表现,国际法是国家主权意志的集体表现。②但是二者属于不同的法律体系,各自独立,平行运作。因此,国际法本身不能够成为国内法的一部分,"国际法只有根据国内法中形成的程序或规则,包括成文的或习惯的,才能在国内具有效力"③。国际法的有关规则,要经过"采纳"(adoption)或"纳入"(incorporation),才能成为国内法的规则;④或者经过"转化"(transformation),将国际法的规则以及内容制定为国内法。

在实践中,因为社会制度、意识形态以及历史文化传统的差异,对于批准和缔结的国际人权条约,我们国家不是简单机械地照搬照收,而

---

① 王铁崖主编:《国际法》,法律出版社 1995 年版,第 28 页。
② 参见王铁崖主编:《国际法》,法律出版社 1995 年版,第 29 页。
③ 邵津主编:《国际法》,北京大学出版社、高等教育出版社 2001 年版,第 23 页。
④ 参见《奥本海国际法》(英文第 7 版),第 35—36 页。转引自邵津主编:《国际法》,北京大学出版社、高等教育出版社 2001 年版,第 23 页。

是立足本国的基本国情和历史文化传统,将国际条约与我国的具体情况有机结合起来。对于国际条约在我国国内适用的问题,我国宪法并没有明确予以规定。但从实践来看,一般我国缔结或者加入的国际条约,经全国人大常委会决定批准或者国务院核准,就可以在国内发生效力。具体而言,我国参加的国际人权条约在国内的法律地位可被分为两种情形:一是与宪法一致时,其效力应介于宪法与其他一般法律之间;二是与宪法不一致时,应按照国际法优先于国内法的原则,对宪法进行修改,但我国采取声明保留的除外。①

我国签署的国际人权公约,要通过国内立法转化才能生效。其转化过程分为积极转化和消极转化两种。消极转化是指当国际人权公约与国内有关的人权法规定相一致时,该国际人权公约无须经过特别的转化程序即可在国内生效并且可以直接适用。积极转化是指立法机关通过立法程序(创制、修改或废止)将国际人权公约的条款转化为国内法。我国经常采用的方式是积极转化。比如,《中国加入工作组报告书》第67条指出:"中国代表表示,中国一贯忠实履行其国际条约义务。根据《宪法》和《缔结条约程序法》,《WTO协定》属于'重要国际协定',需经全国人民代表大会常务委员会批准。中国将保证其有关或影响贸易的法律法规符合《WTO协定》及其承诺,以便全面履行其国际义务。为此,中国已开始实施系统修改其有关国内法的计划。因此,中国将通过修改其现行国内法和制定完全符合《WTO协定》的新法的途径,以有效和统一的方式实施《WTO协定》。"②从该条的表述来看,首先,我们坚持信守条约的原则,实施《WTO协定》的国际条约是我国应

---

① 参见朱晓青:《〈公民权利和政治权利国际公约〉的实施机制》,《法学研究》2000年第2期。转引自张晓玲主编:《人权法学》,中共中央党校出版社2016年版,第344页。
② 《中国加入工作组报告书》,http://dcj.mofcom.gov.cn/article/zcfb/cw/200504/20050400077995.shtml。

当履行的国际义务。其次,对于协定中规定的国际条约,我国并不是直接加以适用,而是通过修改现行国内法和制定新的法律来间接适用。比如,我国于1980年批准了《消除对妇女一切形式歧视公约》,12年之后即1992年,我国制定了《妇女权益保障法》,通过立法的形式将该国际公约所规定的保障妇女权益的内容加以适用。

我们在进行国际人权条约转化时应当遵守国家主权原则。批准和缔结国际人权条约的行为体现了一个国家的主权意志。国家主权原则要求在国内适用国际人权条约时,必须尽最大可能保护国家主权,具体要求如下:一是条约中的条款危害我国主权的,可以直接拒绝适用;二是条约的具体适用问题可以由我国国内法自行解决;三是在适用国际条约时,可以根据我国的基本国情,在坚持信守条约原则的情况下根据实际做一些灵活的调整。①

我们在进行国际人权条约转化时应当遵守"条约必须信守"原则。条约是国际法的主要渊源之一,对于我国缔结或加入的国际人权条约,在尊重国家主权原则的基础上,我们应当信守诺言,必须诚实和善意地履行条约的规定,积极履行国际义务,从而将条约的各项规定全面地落实到国内社会中。具体来说,我国缔结每一项国际人权条约之后,都应当积极地创造有利条件,更好地促进该条约在国内的适用。立法、执法、司法机关都应当采取相应的行动与措施,保证条约在国内的有效实施,尽最大善意履行国际条约中规定的义务。这既是一个负责任的大国应尽的义务,也有助于提高国内人权保护的水平。

我们在进行国际人权条约转化时应当坚持人权的普遍性与特殊性原则。我们必须承认,国与国之间,因为不同的社会制度、历史发展、宗

---

① 王勇:《条约在中国适用之基本理论问题研究》,北京大学出版社2007年版,第83页。

教信仰等等,人权所处的发展阶段不同,对人权的理解也不同。发达国家和发展中国家在经济、政治、文化等方面处于不同的发展阶段,各自在人权上所面临的问题不同,因此人权的普遍性与特殊性认识上的差异是客观存在的,也是合理的,但这正是我们必须要去解决的。因此,在转化的过程中,我们应正视国际人权公约所要求的对个人发展权保障的普遍性与我国基于现实国情对个人发展权保障的特殊性之间的矛盾。

比如,《公民权利及政治权利国际公约》和《经济、社会及文化权利国际公约》对于个人权利保障的普遍性具有类似的规定:"本盟约缔约国承允尊重并确保所有境内受其管辖之人;无分种族、肤色、性别、语言、宗教、政见或其他主张、民族本源或社会阶级、财产、出生或其他身分等等。"[①]但是,《经济、社会及文化权利国际公约》亦规定:"本盟约缔约国承允尽其资源能力所及,各自并借国际协助与合作,特别在经济与技术方面之协助与合作,采取种种步骤,务期以所有适当方法,尤其包括通过立法措施,逐渐使本盟约所确认之各种权利完全实现。"[②]其中,"尽最大努力""个别采取步骤""逐渐达到"等词语,就考虑到了各国不同的国情与现实,在承认人权保障的特殊性的基础上,允许其发展有一个符合客观规律的历史过程。当然,这并不意味着当一些国家的现实国情已经达到相应成熟的条件时,却可以以此为借口不履行相应的义务。各国应积极地、理性地促进国际人权公约的国内转化,逐渐使国内立法与国际人权公约相衔接,为个人发展权提供更好的法治保障。

[①] 1966年《公民权利及政治权利国际公约》,https://www.un.org/zh/documents/treaty/A-RES-2200-XXI-2。
[②] 1966年《经济、社会及文化权利国际公约》,https://www.un.org/zh/documents/treaty/A-RES-2200-XXI。

第二节　执法保障

从法律运行的过程来说,立法旨在建立具有普遍性的法律规则,但立法所确立的正义必须通过法的适用才能具体落实到每个人的身上。如果说立法是个人发展权的静态性保障,那么执法则是个人发展权的动态性保障。静态性保障与动态性保障二者缺一不可,必须紧密结合。

一、执法对于个人发展权的意义

执法是最广泛、最普遍的法律实施活动。立法和执法都是法治的基本要素,是法律运行的基本环节。立法主要解决的是有法可依的问题,执法主要解决的是法律实施的问题。法律的生命力在于实施,任何法律的制定,都是为了能够得到遵守和执行。法律制定得再好,如果在现实中不能被严格执行,就会失去其应有作用,将形同虚设。因此,法律的实施在法律的整体运行中具有非常重要的作用。执法是最广泛、最普遍的法律实施活动,姜明安指出,执法是将立法确立的原则、规范等具体适用于社会生活的过程,通过社会关系的实际调整,使纸上的法律规定能够在现实中得到具体的遵守和执行,"使法律规定能够在相应社会关系的发生、变更和消灭中得到贯彻和实现"[①]。

执法与个人发展权密切相关。执法机关是国家的行政管理机关,

[①] 姜明安主编:《行政执法研究》,北京大学出版社2004年版,第15—16页。

担负着管理国家和社会的日常管理工作。从执法的性质和特点上来说,执法与每个人有着更广泛、更经常、更直接的联系。一个人可能一生都不会有机会进法院,但是却必然会不断地和执法机关打交道。执法机关所面对的相对人的发展权是最为丰富多样的,比如人身权、财产权、受教育权、劳动权、自主经营权等等。执法对于个人发展的影响也是最为直接的。行政处理是行政执法的基本方式及途径,行政处理的主要形式又有行政许可、行政征收、行政给付、行政确认和行政裁决等。这些行政处理的具体形式都对个人的发展有着不同程度的影响。比如,行政许可为个人进入一定行业,从事一定职业,生产、经营一定产品等设置一定的准入条件。因此,行政许可直接影响着个人的自主经营权。又比如,行政征收规定个人应无偿地向国家缴纳一定数额的金钱或一定数量的财产,目的是保证国家与社会的发展,为社会公共利益的特别之需提供经济保障。因此,行政征收直接影响着个人的财产权。再比如,行政给付对弱势群体或困难群体提供资助和救济,以及给予一般公民生、老、病、死补贴补助。因此,行政给付直接影响着个人的社会保障权以及财产权。

  执法为个人发展权提供保障。执法的目的既在于保护权利,同时也在于维护秩序。从宏观上说,执法为每个人从事生产、生活以及与生产、生活有关的各种活动提供一种秩序,使人们在一个安定有序的社会环境中工作、生活。人的发展权利的实现离不开规范有序的秩序,秩序亦是权利的重要保障。人是社会的一员,个人的发展权利在社会生活当中,是相对比较弱小的。如果社会不稳定,没有稳定秩序的保障,个人发展权则很容易受到侵犯。人只有在一种安定、平等的秩序中,才能获得安全感,才能自由地实现自身的发展。执法通过维护社会秩序和公共安全,保障每个人的财产权、人身权;通过严格食品、药品的准入,保护每个人的生存环境,保障每个人的健康权。从微观上来说,执法是使立法所确立的有关个人发展的权利,或者立法没有明确规定但是作为人应当享有的发展权利能够得以实现,为个人发展权利的实现提供必要的条件以及途径,排除权利实现的障碍,防止权利被侵犯、剥夺,以及对于侵权行为予以制裁和救济等。比如,执法针对每个人不同的发展需求,提供具体的组织、协调、指导。通过教育执法,规范学校和其他教育机构的办学活动,直接保障每个人的受教育权;通过工商执法,保障个人的自主经营权;通过制定和实施社会保障福利措施,实现每个人的社会保障权。无论是在宏观上还是微观上,执法都可以为个人发展权提供保障。

二、加强执法对个人发展权的保障

执法机关对于个人发展权的保障,具体体现在以下几个方面。

一是坚持依法行政原则。这要求执法主体在执法过程中,必须以法律为准则,严格依法行事,树立法治思维,提高法治能力。随着社会经济的发展,国家的行政事务也在日益增多,暴力执法、逐利执法仍不同程度地存在着,不仅对公民的人身权、财产权造成了损害,同时也使得人们失去对执法的信任、对法治的信仰。相对于立法权、司法权等其他国家权力来说,由于执法权最直接、最经常、最广泛地与个人接触,且实施程序也没有立法权、司法权的实施程序那么严格、公开、透明,因此执法权很容易被滥用甚至走向腐败。坚持依法行政原则要求控制滥用自由裁量权,这是由执法权的特征所决定的。

二是尊重相对人的发展权利。尊重权利是执法的核心。行政法律关系中的主体并不是平等的法律关系主体,而是管理与被管理的关系。

因此,如果执法机关及其工作人员违反法律程序,或者错误适用法律,就很容易侵犯个人的权利。姜明安指出,执法行为不能离开对相对人权利的认知、尊重和保障,否则就会异化成权力滥用,"其所执之'法'在形式上可能是'法',但此种'法'的灵魂已被其扭曲或偷换"①。执法机关在执法活动中首先应当树立权利意识,应当意识到执法的目的就在于保障公民的权利,尊重相对人包括发展权利在内的各项权利是执法者的法定义务。只有执法者严格依法办事,才能从根本上杜绝暴力执法、逐利执法,从而做到文明执法、柔性执法,尊重和保障相对人的合法权益。

三是政府应当积极履行义务。发展权的实现除了取决于权利主体自身的能力素质、权利意识之外,还依赖于权利的保障,依赖于权利的相对人,尤其是公权力的执行者对个人发展权利的认知、尊重和保障。对于个人发展权的实现来说,政府是最大的义务主体,政府理应积极地履行义务。也就是说,对于相对人的发展权,政府负有直接义务的,政府应当积极履行义务。执法者只有真正从内心深处树立起对个人发展权利的尊重,才能在执法活动中积极履行义务,为实现相对人的发展权利创造有利的条件。政府负有相应义务的情形是普遍存在的。比如教育执法,这关乎每个人能否享受教育,关乎每个人受教育权的实现状况。我国法律规定,适龄儿童、少年有接受义务教育的权利,政府则有义务保障他们的受教育权。对于那些接受义务教育有困难的适龄儿童、少年,政府有义务帮助他们解决困难,采取有效措施防止他们辍学。对于个人接受高等教育的权利,政府有义务积极创造条件,通过奖学金和贷学金制度,对优秀的学生予以奖励,对少数民族学生和经济困难的

---

① 姜明安主编:《行政执法研究》,北京大学出版社2004年版,第22页。

学生给予资助,使之享受接受高等教育的权利。再如,对于灾区的灾民,政府有救助的义务,根据情况紧急疏散、转移、安置受灾人员,及时为受灾人员提供必要的食品、饮用水、衣被、取暖设施、临时住所、医疗防疫等应急救助;等灾情过后,政府有义务帮助灾民重建家园。

值得注意的是,在执法过程中,执法所涉及的相对人的发展权利是多种多样的,如人身权、财产权、劳动权、自主经营权、知情权、参与权、申辩权等等。这些权利中既有法定的实体权利,也有法定的程序权利,还有非法定的实体权利及程序权利。在特定的情形下,执法机关需要对人作为人应当享有的发展权利予以保障,而不能因为法律没有明确规定,就否定和拒绝保障发展权利。

四是对侵权者的行为予以制裁。对于任何侵犯个人发展权的行为人,执法都通过对侵权者予以制裁来保障权利人的发展权得以实现。侵犯个人发展权的情形主要有两种:一是直接妨碍权利人实现权利的情形;二是拒不履行相应义务的情形。如果其他义务人拒绝或者不能恰当履行义务,应当应权利人的请求,通过法治化的手段强制义务人履行义务,以确保权利人权利的实现。例如包工头恶意拖欠农民工工资,执法机关就应当根据有关投诉或者申请对相关雇主进行经济、行政制裁,从而维护农民工的劳动报酬权。

第三节 司法保障

从人权的实现和存在形态来说,人权一般分为应有人权、法定人权、实有人权,这三者之间并不是平行的关系,而是三个不同的层次。

从应有人权到法定人权,再从法定人权到实有人权,其间是存在客观距离的,有时甚至距离还很大。李步云指出,在现代社会,对人权的内容在法律中做出全面的规定,并不是一件困难的事情,但是要使法定权利得到真正、全面的实现,却不是一件简单的事情。而法定人权能否实现,则显示了一个国家的人权状况。① 就实现人权而言,司法保障是实现实有人权必不可少的重要环节。

人权的司法保障,从整体意义上来理解,不等于人权的司法救济。江必新把人权司法保障的内涵归纳为两层含义:第一层含义是"司法中的人权保障",这主要针对的是刑事诉讼,在刑事诉讼的过程中,不仅要保护受害人的权益,同时还要保护犯罪嫌疑人、被告人以及服刑人的基本人权。"司法中的人权保障"的核心是保护被追诉人的基本人权,在司法程序中体现为约束公权力以防止被追诉人的人权被侵犯。第二层含义是"扩大运用司法权来保障人权的范围",指的是各类人权的保障都应当可诉诸司法程序。② 本章讨论的是关于个人发展权的法治保障,本节主要从人权司法保障的第二个层次加以论述。

一、司法的特征

关于司法的概念,学界一直有着不同的表述。比如,有学者认为,司法是"为判决而适用法",即针对具体的事实来确定适用何种法律的活动。③ 有学者认为,司法是对法律的适用,是运用法律处理诉讼案件

---

① 参见李步云:《论人权的三种存在形态》,《法学研究》1991年第4期。
② 参见江必新:《关于完善人权司法保障的若干思考》,《中国法律评论》2014年第2期。
③ 参见王利明:《司法改革研究》(修订本),法律出版社2001年版,第4页。

或非诉讼案件,从而维护社会稳定的活动。[1] 还有学者认为,在现代意义上,司法是指以法院为中心,在当事人双方合意的基础上,以国家强制力为保障,以解决纠纷为目的的一种法律活动,包括基本功能与法院相同的仲裁、调解、行政裁判、司法审查、国际审判等解决纠纷的机制,甚至司法还包括与这些法律活动具有密切联系的其他各种活动。[2] 本书认为,虽然学界对于司法概念的表述不尽相同,但是从法律运行的过程上来说,司法指的是司法机关执行法律的活动,即在司法裁判的过程中,将立法机关制定的法律具体地运用到特定的案件裁判之中。

与立法、执法相比,司法主要有以下几个基本特征。

第一,司法具有被动性。和执法不同的是,司法具有被动性。执法具有主动性,执法不一定要以案件的发生或存在为前提条件,执法机关也通过主动管理来维护国家和社会以及个人的利益。司法则是"不告不理",一定是以案件的存在为前提条件的,否则就无法进入司法程序。司法往往是纠纷或者违法行为产生之后所采取的法律措施。托克维尔说过:"从性质来说,司法权自身不是主动的。要想使它行动,就得推动它。向它告发一个犯罪案件,它就惩罚犯罪的人;请它纠正一个非法行为,它就加以纠正;让它审查一项法案,它就予以解释。但是,它不能自己去追捕罪犯、调查非法行为和纠察事实。"[3]

第二,司法权由司法机关依法独立行使。司法是以判断为主要特征的,司法权是一种裁判的权力。在这一点上,司法权和行政权有很大的不同。行政权具有上下级的隶属性质,行政机关在行使职权时必须

---

[1] 参见胡建淼主编:《公权力研究——立法权·行政权·司法权》,浙江大学出版社2005年版,第356页。
[2] 参见杨一平:《司法正义论》,法律出版社1999年版,第26页。
[3] 托克维尔:《论美国的民主》(上卷),董果良译,商务印书馆1988年版,第110—111页。

服从上级的领导或指挥。而司法则具有独立品格,司法权只能由国家的司法机关行使,其他任何组织或者个人都不得行使司法权。司法机关在司法活动中,依法独立行使司法权,不受行政机关、社会团体和个人的干涉。"无论是法官还是司法机构,在从事司法裁判活动时都必须在事实认定以及法律适用等方面保持独立自主性,不受任何内在的或者外来的压力或者影响。"[1]值得一提的是,司法机关独立行使司法权的前提是合法行使,超出法律范围之外从事司法活动就是非法。

第三,司法具有权威性。司法机关依照法定职权和法定程序对案件所做出的裁决是具有法律效力的,任何组织和个人都不得违抗,必须执行,具有很大的强制性。并且司法的权威性很重要的一点就体现在司法裁判的终极性上。在这一点上,司法裁决与行政裁决相比,具有明显的不同。行政裁决往往不具有终极效力,会有必要的行政救济以及司法救济来保证其正确性与公正性。正如有学者所指出的,行政裁决有可能被司法裁决所撤销,但是司法裁决是绝对不可能被行政裁决所撤销的。[2] 司法是维护社会公平正义的最后一道防线,具有权威性。司法裁判一旦做出,就具有确定性和强制力,而且能使权利人被侵犯的权利得到恢复和救济。从这个意义上说,司法是对包括个人发展权利在内的所有权利最有效的保障。

二、加强司法对个人发展权的保障

从司法的以上特点来看,司法机关对于个人发展权的保障,主要体

---

[1] 陈瑞华:《司法权的性质——以刑事司法为范例的分析》,《法学研究》2000年第5期。

[2] 参见卓泽渊:《法理学》,法律出版社2012年版,第277页。

现在以下几个方面。

一是使特定权利人的发展权利得到司法确认。法律规范的规定往往都是抽象而概括的,都是针对一般主体的,它几乎不会也不可能具体地确认张三李四等特定个人有何权利或者有何发展权利。一旦特定主体的发展权利无法确定,或者对其特定权利产生疑问,司法就成了最后的依赖。针对具体的法律关系,针对特定的主体——当事人,司法裁判总会给出最终的结论,使不确定的权利得以确定。

司法对于发展权利等的确认是通过对于诉权的保障来实现的。如前所述,司法具有被动性,即所谓的"不告不理"。司法以案件的存在与发生为前提,通过对每一个具体案件的审判来确认权利人的权利,实现对权利的保障。司法对于权利的保障是通过权利人行使诉权来启动和推动的。诉权是关于诉讼的权利,是公民应当享有的基本权利。有学者指出:"唯一可以从平等性和穷尽性来保障法律上人权的实然性的只有诉权,也就是法律制度应当保证公民个人可以享有自由地陈诉保障人权要求的权利。"[1]具体而言,诉权包括起诉权、变更诉讼请求权、答辩权、上诉权、申诉权等,其中最重要的就是起诉权。

所谓"无争议便无诉权",诉权一定是在当事人双方的权利义务关系发生争议,处于不正常、不稳定的状态下产生的,权利人诉诸法院,请求法院做出裁判,从而确认权利义务关系,使权利得到保护,使权利人及其权利免于被侵害。司法所具有的中立性、权威性特征使得司法机构能够在立场上保持中立,不偏不倚,裁判纠纷,解决争议,明确当事人双方的权利义务关系,使权利人包括发展权在内的相应权利得到司法裁判的确认。

---

[1] 莫纪宏:《论人权的司法救济》,《法商研究》2000年第5期。

在实践中,值得注意的是,法律的稳定性与权利的发展性不可避免地存在着矛盾。随着社会的发展,新兴案件的不断出现以及人们权利意识的提高,在立法没有明确对个人发展权进行规定的情况下,有时就有赖司法机关发挥能动性来弥补法律的漏洞,从而确认权利人的发展权利。因为无论法律制定得多么完美,无论立法者多有远见,都难以穷尽复杂多样的社会现象,难以和社会日新月异的发展完全相匹配。况且,司法过程是一个适用法律规则的过程,并不是一个僵化机械的过程,而是一个充满了司法者的能动性与价值判断的过程。[1] 在法律存在漏洞或空白的情况下,在严格执法的基础上,司法机关依据宪法和法律原则,"努力将立法者的意思与社会需要相结合"[2],使权利人的权利能够最大限度地得到法律保障。

二是使特定权利人的发展权利得到司法救济。个人在其发展权受到侵害时,有权请求司法机关提供救济。西方法谚有云:"无救济,无权利。""如果一项法律承认一项权利,就必须为权利被侵犯的情况提供救济。"权利自始至终就与救济紧密相连、不可分离。

所谓"救济",《牛津法律大辞典》的解释是:"救济是指对业已发生或业已导致伤害、危害、损失或损害的不当行为而进行的纠正、矫正或改正。……权利和救济这样的普通词组构成了对语,……救济是一种纠正或减轻性质的权利,这种权利在可能的范围内会矫正由法律关系中他方当事人违反义务行为造成的后果。"[3]司法上的救济指的是,当权利人认为自己的权利受到侵害时,可以依法向司法机关提起诉讼,司法机关则按照法定程序对权利人的权利是否受害做出裁判,并对受害

---

[1] 参见王利明:《司法改革研究》,法律出版社2000年版,第234页。
[2] 王利明:《司法改革研究》,法律出版社2000年版,第239页。
[3] 《牛津法律大辞典》,光明日报出版社1988年版,第764页。

者进行救助。

权利为什么需要救济？救济对于权利而言为什么那么重要？这是因为权利的实现受到多种因素的影响，并不是简单地按照法律规定的秩序运行，客观上会受到经济、政治、文化、社会等各方面因素的影响，同时也会受到来自其他人的侵扰。权利既然存在着被侵犯的可能，那么就需要有救济来加以矫正。有学者专门从"人性论"和社会学的"冲突理论"的角度对此加以分析："人性论"认为，因为人性是不完美的，那么侵权的事实就必然会发生，权利必然会有被侵犯的可能；"冲突理论"认为，"侵权的发生正是由社会冲突本身所带来的"，"侵权只是社会冲突的一种特定的表现形式而已"[1]，从而进一步认为，"救济的任务就是通过遏制或解决冲突，为权利的顺畅实施提供一种常规性的手段"[2]。

权利获得救济的方式是多样的，但是司法救济因其权威性而成为最为重要的救济方式。司法的权威性首先体现在，对于权利人、义务人双方来说，只要一方提起诉讼，并为法院受理，另一方当事人无论是否愿意，都要参与案件的诉讼程序，并且必须尊重法官，按照法定的程序进行诉讼活动。司法的权威性其次体现在，司法裁决一旦做出，就对双方当事人产生法律约束力。无论义务人是否愿意，都必须按照司法裁决的规定履行义务。如果拒不履行义务，法院就会强制义务人履行，从而对权利人的发展权利进行补救。因此，从根本上说，司法的基本功能就在于保护包括发展权在内的个人权利，当权利受到侵害后，司法通过强制义务人履行义务来使权利人得到应有的救济。

司法保障对于个人发展权的实现来说是最为基本且有效的途径。

---

[1] 程燎原、王人博：《权利及其救济》，山东人民出版社1998年版，第351页。
[2] 程燎原、王人博：《权利及其救济》，山东人民出版社1998年版，第355页。

尤其是对于社会上的弱势群体来说,诉权有着极为重要的意义。在现实中,他们的劳动权、获得劳动报酬权、休息权、受教育权等发展权利很容易受到侵害,这些都可以通过民事诉讼使权利得到救济。当他们的合法权利受到公权力侵害时,还可以诉诸行政诉讼来维护自身的权利。

三是使权利人在因义务人无法履行义务而陷入困顿及生活困难时,获得司法救助。当义务人无法履行义务时,有关司法机关将对权利人提供司法救助。2014年,党的十八届四中全会强调,健全国家司法救助制度。随后,最高人民法院、最高人民检察院、公安部等联合发布文件,建立完善国家司法救助制度,加大对受害人的保护力度。国家对受到侵害但无法获得有效赔偿的刑事被害人等给予经济资助,帮助其摆脱生活困境;对于符合条件的救助对象,及时发放救助资金,以保障其生存与发展的权利。2015年,中央政法委、财政部、最高人民法院、最高人民检察院、公安部、司法部印发的《关于建立完善国家司法救助制度的意见(试行)》指出,司法救助的产生是基于"一些刑事犯罪案件、民事侵权案件,因案件无法侦破、被告人没有赔偿能力或赔偿能力不足,致使受害人及其近亲属依法得不到有效赔偿,生活陷入困境的情况"。根据有关统计,2015年,我国共发放司法救助资金16.69亿元,71 700个司法救助案件的当事人及其家庭得到救助。截至2015年底,公安机关累计对6 338人发放司法救助资金约1.4亿元。从2014年1月至2015年10月,各级检察机关共受理1.3万多人的国家司法救助申请,发放救助金1.2亿元。①

---

① 参见中华人民共和国国务院新闻办公室2016年9月发布的《中国司法领域人权保障的新进展》,http://www.scio.gov.cn/ztk/dtzt/34102/35119/35123/Document/1490953/1490953.htm。

第四节 守法保障

守法,即法的遵守,是法律运行的基本环节。在法律运行的各个环节中,无论是立法、执法还是司法,其最终目的都是使法律得到实施,使法律的价值得以实现。守法作为法律实施的重要方式,是法治的重要内容。个人发展权如何通过守法而获得保障,是一个特别值得思考的重大问题。

一、守法的普遍意义

两千多年前,亚里士多德说过:"法治应包含两重意义:已成立的法律获得普遍的服从,而大家所服从的法律又应该本身是制定得良好的法律。"①这一段表述颇为经典。卢梭也曾说过:"一部真正的法律,不是刻在大理石上,也不是刻在铜板上,而是铭刻在人民的心中。"可见,法律在根本上是靠遵守而不是靠强制来实现的,只靠强制来迫使人们守法最终也难以持久,"一个法律制度功效的首要保证必须是它能为社会所接受,强制性的制裁只能作为次要的辅助性保证"②。因此,自觉守法才是法律实施的根本动力。

法的生命力在于实施。守法是立法的基本要求,是法律得以实现

---

① 亚里士多德:《政治学》。转引自张文显:《民法典的中国故事与中国法理》,《法制与社会发展》2020年第5期。
② 博登海默:《法理学——法哲学及其方法》,邓正来等译,华夏出版社1987年版,第335页。

的基本途径。法律制定后,在现实中实施除了必须依赖执法、司法之外,更重要的是必须依赖社会成员的自觉守法。卓泽渊指出,从法律运行来说,执法、司法环节是法律实现的最有力保障,守法则是法律实现的最基本途径。① 从根本上说,法律并不是靠有关机关来强制执行的,更主要的是需要社会成员从内心深处自觉服从和遵守。② 执法、司法、守法三者不是截然分离的,而是相互渗透、交融、互动的。

首先,守法是宪法和法律对一切组织和个人所提出的基本要求。守法的核心要义就是遵守宪法和法律。我国宪法明确规定:"全国各族人民、一切国家机关和武装力量、各政党和各社会团体、各企业事业组织,都必须以宪法为根本的活动准则,并且负有维护宪法尊严、保证宪法实施的职责。"③"一切国家机关和武装力量、各政党和各社会团体、各企业事业组织都必须遵守宪法和法律。一切违反宪法和法律的行为,必须予以追究。"④"任何组织或者个人都不得有超越宪法和法律的特权。"⑤守法,对于每一个人来说都是平等的,任何人都没有不守法的特权。这是宪法和法律对每一个人所提出的最基本的要求,是由国家强制力来保证实施的。

其次,守法是人们内在的精神需要。有学者从法伦理学的角度对守法加以分析,认为在现实社会中,有一般意义上的被动守法和积极意义上的主动守法,二者之间有很大的差别。被动地服从法律,可能是因为人们慑于法律的威力,也可能是因为在意社会的道德评价,从而不得不去守法。自觉主动的守法则是一种主动的接受,是人们内心深处对

---

① 参见卓泽渊:《法理学》,法律出版社2012年版,第285页。
② 参见卓泽渊:《法理学》,法律出版社2012年版,第285页。
③ 《中华人民共和国宪法》,人民出版社2018年版,第7页。
④ 《中华人民共和国宪法》,人民出版社2018年版,第9页。
⑤ 《中华人民共和国宪法》,人民出版社2018年版,第9页。

于法律的认同、对于法律信仰的坚守,是一种更高层次的内在精神需要。在日本学者川岛武宜看来,"一部制定的良好的法律并不必然会导致人们对它的服从,近代化的法律要得到遵守,必须以守法主体具有相应的守法精神为前提"①。守法精神,就包含着人们的道德自觉。从消极的被动守法到积极的自觉守法的变迁,体现了社会文明的进步以及人们权利意识的觉醒与建构。

最后,守法是人们理性选择的结果。康德说过:"有两种东西,我对它们的思考越是深沉和持久,它们在我心灵中唤起的惊奇和敬畏就会日新月异,不断增长,这就是我头上的星空和心中的道德定律。""假如一个有理性的被造物有朝一日能够做到完全乐意地去执行一切道德律,那么这将不过是意味着,在他内心里甚至连诱惑他偏离这些道德律的某种欲望的可能性都不会存在。"②在康德看来,守法的原因不在于被迫的服从,而在于自律,因为自律而主动守法,才是一种有真正自由的生活。这种因为自律而主动守法就是人们理性选择的结果,因此,人们因理性和自律而守法,则是一种最理想的守法状态。

从根本上来说,权利与义务是对等的。在任何具体的权利义务关系中,权利的实现都要求义务人作为或不作为。人们守法精神的培育,是一项复杂的系统工程,也是法治建设中的重点和难点。就执法、司法而言,执法、司法需要给人们的守法创造一个良好的环境。

---

① 川岛武宜:《现代化与法》,申政武等译,中国政法大学出版社1994年版。转引自刘同君:《守法伦理的理论逻辑》,山东人民出版社2005年版,第160页。
② 康德:《实践理性批判》,邓晓芒译,杨组陶校,人民出版社2003年版,第114页。

二、守法有利于个人发展权的实现

守法对于个人发展权具有独特的意义。任何人都享有发展的权利。遵守法律，可以使人获得最大的发展空间和法律保障，而不守法——违法犯罪却可能导致完全相反的结果。

首先，守法可以使个人获得良好的发展空间并得到良好的法律保障。当守法成为一种精神在全社会形成共识，形成一种文化的时候，社会中的每一个人都能从守法中满足自身某种需求，社会也会在法律规则的运行中保持和谐稳定。在具体的有关个人发展的权利义务关系中，如果每个人都能依法享有发展权利并自觉履行相关义务，那么每个人将会在这种稳定的秩序中获得自由的发展空间，并得到良好的法律保障。可以说，守法为个人发展权创造了最好的法律环境。

具体而言，守法包括义务主体的守法和权利主体的守法。二者缺一不可，同样重要。一个人发展权的实现，取决于各种客观因素，包括个人所处时代的经济、政治、社会、文化等因素，也取决于个人的素质与能力等主观因素。在具体的发展权利义务关系中，影响个人发展权实现的最直接因素则是相关义务主体的作为或者不作为。

当法律规则正常运行，义务主体自觉履行法定义务时，权利人的发展权实现较为顺利；而当义务主体不履行甚至侵害权利人的发展权利时，权利人的发展权实现则会遇到障碍。比如，受教育权是我国宪法规定的每个人应当享有的基本权利，在个人发展权体系当中，受教育权是最基础且重要的一项权利，能否实现受教育权，在很大程度上决定了每个人的素质和能力以及不同的发展前景。由于受到经济发展水平、教育资源以及人们的思想观念等因素的影响，现实中受教育权并不是每个人都能够实际享有的。我国《教育法》《义务教育法》规定,所有适龄儿童、少年都必须接受九年制义务教育。国家和政府作为最主要的义务主体,就应当自觉履行宪法和《教育法》《义务教育法》等相关法律规定,通过建立义务教育经费保障机制、合理分配教育资源、改善薄弱地区的办学条件等各项措施来保证适龄儿童、少年接受义务教育。只有国家和政府高度重视并大力发展教育,确保教育公平、教育资源均衡,个人才有可能真正享有受教育权,才能够增长知识、提高能力,教育才能为其将来参与社会、实现自身价值并获得不断发展提供动力和保障。

其次,权利人在享有发展权利时,也应自觉承担相关义务。"要求法律的人必须保护法律"[1],守法不能只是一部分人享受权利,享受从法律中所得到的、能够实现自身发展的利益,而另一部分人只履行义务却享受不到从守法中所得到的利益。这样的社会必然失衡。只有在全社会形成一种普遍守法的氛围和精神,整个社会的法治才能健康运转。日本学者川岛武宜将守法精神归纳为两个方面的内容:一是"对自己权利的主张";二是"对他人权利的承认和尊重"。因此,守法精神的主体应当是全社会的人,不仅包括义务人,也包括权利人。对于自身所享有的发展权利,每个人都应当树立权利意识,正如耶林所说:"每一项权利,无论是民众的还是个人的,都是以坚持不懈地准备自己去主张它为前提。"[2]这意味着,当个人的发展权利受到侵害时,权利人应当积极地维护自身的发展权利,而不应选择容忍或漠视,要努力创造条件,实现自身发展,依法要求义务人履行法定义务。同时,权利与义务是相伴而生的,没有人可以只享受权利而不履行义务。权利人在享有自身权利的同时,也不得妨碍别人权利的实现,此时权利人则从权利主体转化

---

[1] 川岛武宜:《现代化与法》,申政武等译,中国政法大学出版社1994年版,第74页。
[2] 鲁道夫·冯·耶林:《为权利而斗争》,郑永流译,法律出版社2007年版,第2页。

为义务主体。比如,文化娱乐权是每个人都应当享有的文化发展权利,既能满足人欣赏精神文化产品的需求,又能使人的身心得以平衡发展。但是行使文化娱乐权时,也必须履行相应的义务,即不得妨碍他人休息及正常生活。因此对于文化娱乐权行使的时间、场所、程度等等,都必须予以科学合理的规范,必须以尊重并保护他人的休息权等为前提。由此,权利人行使权利时,则从权利主体转化为不得妨碍他人正常生活的义务主体,应当自觉承担相应的义务。只有权利主体和义务主体都具有守法精神,守法才能形成一种互动,法治社会才能良性运转,实现可持续发展。

人只有在守法的环境中才能获得良好、稳定、自由的发展空间,个人发展权在守法的环境中才能得到最大化的实现。

三、不守法危害个人发展权的实现

在实际生活中,有的人却可能因为守法上的瑕疵——不守法乃至违法犯罪而使其特定主体的发展权的实现遇到障碍。违法犯罪会阻止受害者个人发展权的实现。如前所述,个人发展权的实现取决于多种因素,同时会受到主观、客观等多方面条件的限制。其中对个人发展权最直接、破坏性最大的障碍就是违法犯罪行为。违法犯罪,简单地说就是违反法律,给他人和社会造成了一定危害,按照法律规定应当受到法律制裁的行为。社会危害性是违法犯罪行为的本质特征。违法犯罪是对守法最大的破坏,是对守法精神最大的背离,是对受害者的严重伤害。

无论是刑事犯罪还是民事、行政违法,违法犯罪行为最直接、最大的危害都是针对受害者的。一般而言,违法犯罪行为侵害得最多的是受害人的人身权和财产权,或者二者兼而有之。在发展权体系中,人身权和财产权是最基础的权利,如果人失去了生命、健康、财产,可以说人的发展权就失去了根基,其个人发展权的实现将有很大的阻碍,人甚至会永远失去发展权。

违法犯罪的危害不仅限于受害人,其实就是对犯罪人来说,其发展权都会因违法犯罪行为而受到阻碍。违法犯罪者难免会受到法律制裁,也就很容易因受到制裁而中断其在社会中的发展,有的甚至需要服刑。对于违法犯罪者来说,自由尚缺,何谈发展?有的违法犯罪者还可能因为既有的案底而难以升学、就业,个人的发展也就成为奢谈。

第五节　教育保障

教育,是按照一定的社会要求,对受教育者的身心施加影响的一种有目的、有计划的活动。《世界人权宣言》第26条指出:"教育的目的在于充分发展人的个性并加强对人权和基本自由的尊重。"[1]对于个人发展权来说,立法、执法、司法、守法是从法律运行的四个环节来对发展权利加以保障的,教育则更多的是从人的思想层面或者说是从人的价值观层面对发展权利加以保障的,这种保障更深入、更长远。如果说立法对应的是"有法可依",执法、司法、守法对应的是"有法必依",那么教育则是作为"有法可依"和"有法必依"的中间环节,对权利的实现起到潜在的推动作用。

---

[1] 1948年《世界人权宣言》,https://www.un.org/zh/about-us/universal-declaration-of-human-rights。

一、以教育保障人权、促进人权已经形成国际共识

通过教育提高人权观念,促进人权发展,是世界人权宪章的基本原则。《世界人权宣言》在序言中就载明:"努力通过教诲和教育促进对权利和自由的尊重,并通过国家的和国际的渐进措施,使这些权利和自由在各会员国本身人民及在其管辖下领土的人民中得到普遍和有效的承认和遵行。"[①]"二战"后,世界人权事业取得了重要的进步与发展,这和人权教育的推动与普及有着直接的联系。

20世纪六七十年代,国际上一些民间组织就发起了人权教育运动。这引起了联合国的高度重视,它在一系列国际会议及文书中对人权教育予以强调。比如,1993年世界人权会议通过的《维也纳宣言和行动纲领》呼吁,"必须开展人权教育、培训和宣传,以便促进和实现社区与社区之间的稳定和谐关系,促成相互了解、容忍与和平","使教育目标针对充分发展人格,加强对人权和基本自由的尊重。世界人权会议呼吁所有国家和机构将人权、人道主义法、民主和法治作为学科纳入所有正式和非正式教学机构的课程"[②]。1994年12月23日,联合国大会宣布实施世界人权教育十年行动计划(1995—2004)。大会决议中指出,人权教育有助于建立一个符合各种年龄男女的尊严的发展概念,其中必须顾及诸如儿童、土著人民、少数族群和残疾人等各种社会群体。在世界人权教育十年行动计划(1995—2004)结束后,2004年12

---

① 1948年《世界人权宣言》,https://www.un.org/zh/about-us/universal-declaration-of-human-rights。

② 1993年《维也纳宣言和行动纲领》,https://www.un.org/zh/documents/treaty/A-CONF-157-23。

月 10 日,联合国大会提出《世界人权教育方案第一阶段(2005—2007)》,作为该行动计划的后续。在每年的世界人权日(12 月 10 日),有关国际人权机构都会开展活动以推动人权教育的宣传与普及。

人权教育受到国际人权界的高度关注,已发展为全球化背景下一项世界性的、可持续性的运动。国际社会亦意识到人权教育是实现人权的根本途径之一,各国根据本国国情制定并实施了人权教育战略。2004 年 12 月 10 日,在第 59 届联合国大会上,中国代表团成员谢波华就人权教育问题发言时指出,推行人权教育须遵守一些基本的原则:1.人权教育应充分考虑各国历史传统和社会背景,鼓励发扬各国文化传统中的积极因素,尊重多样性,反对歧视。2.人权教育应涵盖公民、政治、经济、社会和文化权利及发展权,鼓励各类人权平衡发展。3.人权教育首先是一国政府的责任,国际社会有义务向各国提供必要的协助和指导。4.人权教育是一项长期、系统的工程,人权理念的传播和深入人心需要坚持不懈的努力。[①]

二、教育保障对个人发展权的作用

教育是使人成其为人,成为有尊严的人的必要条件。人的生存与发展离不开教育。康德曾经说过:"人只有通过教育才成为一个人。人是教育的产物。"[②]个人发展权是人实现自身发展的权利,是一项重要的人权,其内容丰富,包括经济、政治、社会、文化等各项权利在内,对人的发展影响深远。对于个人发展权来说,教育保障必不可少。而针

[①] 参见《中国代表团谢波华参赞在第 59 届联大关于人权教育问题的发言 [议题 105 (b)]》,http://un.china-mission.gov.cn/chn/zt/ldno59/200412/t20041210_8360479.htm。

[②] 阿尔森·古留加:《康德传》,贾泽林等译,商务印书馆 1981 年版,第 86 页。

对个人发展权的教育保障,不应只是一般意义上的人权教育保障,而是应当包括国民教育以及人权教育在内的教育保障。

人权教育和国民教育二者在内容、外延及目标上都是有区别的。如果说人权教育更多的是关于国际人权条约、人权法等专业具体的法律知识、技能以及文化的培养,那么国民教育则更多是从多学科的视角,为人的发展奠定知识基础,旨在培养人的综合素质和能力,即使人能够在社会谋生并不断实现自我发展的能力。正如有学者所指出的,人权教育对于人的意义在于,即使一个人没有接受人权教育,只要他接受了国民教育,只要他具有谋生的技能,依然可以在这个社会上生存和发展,但是他可能不会意识到自己的权利被侵犯,可能不知道如何通过法律的途径去维护自身的权利,如何通过法律去实现自身更好的发展。这就是人权教育和国民教育对于人的发展的主要区别。

具体来说,教育保障对个人发展权的作用主要体现在以下三个方面。

一是让人们获得国民教育,为发展奠定知识基础。首先,人要实现自身的发展,必须认知自己以及认知世界。认知需要建构完整的知识体系。人们常说"知识就是力量""知识改变命运",很大程度上反映了知识对人自身发展的重要性。知识有直接知识和间接知识,知识可以通过自学获得,也可以通过社会实践获得,知识的种类以及获取知识的途径都是多样的。但学校教育无疑是其中最为重要的途径,通过接受正规的国民教育获得全面的、系统的知识体系,从而为个人的发展奠定知识基础。国民教育中的学前教育、初等教育、中等教育、高等教育等可以满足人不同成长阶段的发展需求。通过接受教育,激发人潜在的能力,不断为实现人的发展提供动力。

其次,教育促使人的理性思维不断完善。人是各种社会关系的总和,社会性是人的本质属性。在社会活动中,尤其是在社会经济、政治活动中,每一个人都被要求作为理性人而参与社会交往。个人发展权中的诸多权利,如言论自由权、选举权与被选举权、科学研究创作权等等,无不对人的理性思维提出较高的要求。人接受教育的过程,亦是理性思维不断完善、独立人格不断养成的过程,是人不断社会化的过程。

最后,教育是实现人自身不断发展的重要途径。社会的发展是日新月异的,人要适应社会,人的发展要和社会的发展保持一致,就要不断地实现自身发展的升级。要实现自身不断的发展,最根本的途径还是接受教育,唯有不断地更新知识结构,提高学习能力,提升自身与社会发展相适应的能力,才能更好地适应社会的发展需求。因此,教育为人的发展奠定了知识基础。

二是让人们获得人权(发展权)教育,认真对待自己的发展权利。"不了解人权就不可能捍卫自己的权利,不接受教育就不可能了解人权。"[①]人权从抽象到具体,从应然到实然,人权教育在其中发挥着非常重要的作用。通过人权教育,普及人权知识,提高人权技能,培育人权文化,从而使人的人权观念、法治意识得以提高。可以说,人权教育过程本身就是"人认识自身、探索自身和发展自身的过程"[②]。

一般认为,人权教育有双重属性:第一,人权教育是每个人在生活中获得人格尊严的必要保障;第二,人权教育本身就是一项人权。1993年3月,国际人权和民主教育大会通过了《世界人权和民主教育行动计划》,其中认为人权和民主教育本身就是一项人权,并且认为人权和民

[①] M. Seck, "A Plea for Human Rights Education in Africa", *Human Rights Law Journal*, Vol.11, 1990, pp.283, 295.转引自王孔祥:《试论人权教育的重要性及作用》,《人权》2008年第6期。

[②] 齐延平:《论人权教育的功能》,《人权》2007年第1期。

主教育是实现人权、民主和社会正义的先决条件。1994年12月23日,联合国大会通过的世界人权教育十年行动计划(1995—2004)决议中再次重申人权教育是一项人权。

人权教育的中心目标在于:其一,普及人权知识、价值和观念;其二,通过教育促进对基本人权的尊重和实现。① 通过人权教育,特别是有关发展权的教育,可以提高人对自身的认知水平,使人认识到实现发展权利对于自身生存与发展的重要意义,从而有助于提高人的发展权意识,促进实现人自由而全面的发展。

一方面,认知权利是实现权利的前提。只有认知权利的人才有有可能去实现权利。认知权利,是人权教育的首要目标。《联合国人权教育十年》指出:"人权教育就是要使每一个人都认识到他们的全部人权,包括公民、文化、经济、政治和社会方面的权利,以实现其全部的潜能。"② 从这个意义上来说,认知权利是人的权利意识觉醒与建构的起点。而在权利的获得过程中,权利意识始终起着灵魂般的作用:一个人的权利意识如果没有觉醒,那么他身上所具备的所有发展潜能可能很大程度上也都被尘封着。唯有认知权利尤其是发展权利,建构权利意识,才有可能激发其所有的潜能去创造条件以实现自身的发展。

另一方面,只有认知权利,才会认真对待权利。冯象先生曾有"教鱼游泳"的比喻。鱼生来就会游泳,教鱼游泳是否多此一举?但教过的鱼和未教过的鱼,给人的感受是不同的,重点不在于它们游泳的姿态有何不同,而在于我们可以感觉到的两点进步:有些鱼接受过科学的教

---

① 参见齐延平:《论人权教育的功能》,《人权》2007年第1期。
② 1994年《联合国人权教育十年》,https://documents-dds-ny.un.org/doc/UNDOC/GEN/N95/770/82/IMG/N9577082.pdf?OpenElement。

导;更令人宽慰的是,还有一些鱼即将学习如何游泳。① 接受过人权教育的人与没有接受过人权教育的人,在对待权利的态度上也是会有差别的。认真对待权利意味着,当人意识到实现自身发展是人的一项重要人权,真正从思想上高度重视发展权对于人的重要意义时,就会从主观上积极创造条件,努力去实现其应当享有的发展权利;当人的发展权行使受到阻碍或侵害时,就不会选择容忍和漠视,而是选择通过法律的途径要求义务人履行相应的法定义务,主动捍卫自身的发展权,通过法治保障来实现自身的发展。

三是让人们获得对于别人权利(发展权利)的认识,尊重而不是阻碍别人的发展权及其实现。《联合国人权教育十年》指出:"人权教育应不止于提供信息,而应是一个全面性的终身过程,所有发展阶段和社会所有阶层的人借此学习尊重他人的尊严,并且学习在所有社会内确保此种尊重的方式方法。"②人权教育作为全面性的终身过程,不仅仅要普及人权的知识及观念,而且要在全社会形成一种尊重权利及人性的文化,所有社会成员都能够将这份尊重推己及人,学习这种尊重的方式方法。

权利是否能够实现取决于多种因素。每个人实现自身发展权利,离不开相关义务人的作为或者不作为。正是义务人对权利主体发展权利的尊重,才使得权利主体的发展权利得以顺利实现。在具体的权利义务关系中,人权教育的对象既包括义务人,也包括权利人。尊重自己的权利与尊严,并尊重他人的权利与尊严,将权利与责任(义务)融为一体。在这个过程当中,每个人都在不断地完善自身,使自己的人格得

---

① 参见冯象:《送法下乡与教鱼游泳》,《读书》2002 年 2 月。
② 1994 年《联合国人权教育十年》,https://documents-dds-ny.un.org/doc/UNDOC/GEN/N95/770/82/IMG/N9577082.pdf? OpenElement。

以健康发展。这正是人权教育的要义之所在。有学者认为,人权教育的实现有一个纵向目标和一个横向目标:纵向目标指的是国家作为最大的义务主体,要尊重个体的权利及尊严;横向目标指的是在社会生活中,人与人之间这种对等的权利与义务是社会中每个人必须信守的契约。[①] 这种纵向与横向的目标成为一种正向的激励,也是人权教育的最优先目标。

---

① 参见王孔祥:《国际人权法视野下的人权教育》,时事出版社2008年版,第30页。

第七章　个人发展权的新视野

人权事业是无限发展的事业,个人发展权也必然会随着世界的变化、时代的演进而不断发展。社会发展与人权内容的丰富,为个人发展权营造了更好的增长空间。在当前乃至今后一个较长时期,环境权问题、信息权问题、共同富裕问题、世界全球化发展问题,都为个人发展权的未来提出了新课题,创造了新机遇,开拓了新境界。我们必须对此给予应有的关注,对个人发展权的创新发展做进一步研究。

第一节　个人发展权与环境权

"人类既是他的环境的创造物,又是他的环境的塑造者,环境给予人以维持生存的东西,并给他提供了在智力、道德、社会和精神等方面获得发展的机会。"[1]这是《联合国人类环境会议宣言》中的第一句话,深刻揭示出环境和人类发展之间的关系。

发展权和环境权同是第三代人权的代表,二者之间的关系一直是人权学者所关注的重点问题。环境权指的是人类享有自由、平等、舒适

---

[1] 1972 年《联合国人类环境会议宣言》,https://documents-dds-ny.un.org/doc/UNDOC/GEN/N73/106/78/PDF/N7310678.pdf? OpenElement。

的生活条件,有在尊严和舒适的环境中生活的基本权利。同时,负有为当代人类及其子孙后代保护和改善环境的庄严义务。[①] 作为人类赖以生存和发展的物质基础,环境不仅影响每个人的身心健康、生活质量,也对每个人的发展具有重要的影响。

一、环境权的历史发展及理论基础

(一) 环境权提出的历史发展

环境权本来就是人类及其个体所拥有的权利。只是在它没有遭遇灾难或者受到威胁时,人们并无环境权的自觉意识。是环境的恶化、环境灾难性事件的不断发生给人类以警醒:必须重视作为人权的环境权利,为人类的生存保持应有而且比现实更好的空间。为此,作为一种人权,一种法律人权,环境权被确认、被保护、被愈来愈重视。

自工业革命以来,人类对环境的影响不断加剧。1930年以来发生的大型环境污染事件,以及相关权利人就被侵害的环境权提起诉讼,人类中心主义开始受到质疑,人们开始认真考虑人与环境的相互关系。1962年,美国作家蕾切尔·卡逊(Rachel Carson)《寂静的春天》一书的出版,"犹如旷野中的一声呐喊",被认为开启了世界环境保护运动的大门。该书描绘了一个美丽村庄的突变,书的前半部分对土壤、植物、动物、水源等相互联系的生态系统的阐述,说明了农药对大自然产生的毒害;后半部分则针对人类生活所接触的化学毒害问题,提出严重的警告。该书出版后引发了强烈的反响,它那惊世骇俗的关于农药危害人

---

① 1972年《联合国人类环境会议宣言》,https://documents-dds-ny.un.org/doc/UNDOC/GEN/N73/106/78/PDF/N7310678.pdf?OpenElement。

类环境的预言,不仅受到与之有利益关联的生产和经济部门的猛烈抨击,也强烈震撼了社会广大民众。

当然也有学者认为,人类的环境保护运动其实更早就已经出现,并不是"二战"后出现的一种新现象。① 在18世纪末和19世纪,当工业革命污染和殖民主义毁坏自然资源之时,人们就表达对环境的这种关切。比如,法国植物学家皮埃尔·普瓦夫尔(Pierre Poivre)于18世纪60年代就发出警告,森林的消失会造成降雨减少,建议在岛屿殖民地植树造林。法国和英国很快在其殖民地建立了森林保护区。同样是18世纪60年代,美国驻意大利大使乔治·帕金斯·马什(George Perkins Marsh)出版了《人与自然》,该书强调人类对森林、土壤和其他资源造成的破坏可能令世界各地陷入贫困。《寂静的春天》一书提醒人们注意农药残留的危害,针对的是单一的环境问题,但是在国际上获得了比以往任何一本环保主题的书都大的影响力。

20世纪80年代末90年代初自然科学界提出"人类圈"的概念,人类圈——人类及其环境——强调的是我们相比于其他生物对生物圈的影响和介入程度。② 该概念旨在强调,每种生物与其生活的环境都存在双向关系。一切生命都是生态系统的一部分,所有生态系统共同构成了生物圈,即生物彼此之间、生物与无机物之间相互作用的总和。每种生物不断影响其生态系统,并受其生态系统影响,人类也不例外。

从20世纪60年代开始,环境问题日益引发国际社会的关注。1970年3月,国际社会科学评议会在东京召开"公害问题国际座谈

---

① 威廉·H.麦克尼尔、约翰·R.麦克尼尔等编著:《世界环境史》,王玉山译,中信出版集团2020年版,第158页。
② 威廉·H.麦克尼尔、约翰·R.麦克尼尔等编著:《世界环境史》,王玉山译,中信出版集团2020年版,第15页。

会",发表了《东京宣言》,该宣言提出:"我们请求,把每个人享有其健康和福利等要素不受侵害的环境权利和当代人传给后代的遗产应是一种富有自然美的自然资源的权利,作为一种基本人权,在法律体系中确定下来。"①

1972年6月,联合国在瑞典首都斯德哥尔摩召开人类环境会议,准备通过国际合作为从事保护和改善人类环境的政府和国际组织提供帮助。这是世界各国政府共同讨论当代环境问题,探讨保护全球环境战略的第一次国际会议。会议通过了《联合国人类环境会议宣言》,简称《人类环境宣言》,呼吁各国政府和人民为维护和改善人类环境,造福全体人民,造福后代而共同努力。《人类环境宣言》代表人类对环境问题的认识有了质的飞跃。《人类环境宣言》指出:生存在地球上的人类,在漫长和曲折的进化过程中,已经达到这样一个阶段,即由于科学技术发展的迅速加快,人类获得了以无数方法和在空前的规模上改造其环境的能力。人类环境的两个方面,即天然和人为的两个方面,对于人类的幸福和对于享受基本人权,甚至生存权利本身,都是必不可缺少的。②

(二) 确认环境权的理论基础

人类确认环境权,有着充分的理论根据。在全世界的相关研究中,人们先后提出了一系列重要的理论学说。这些学说奠定了环境权的理论基础,为环境权的法律认可与保护提供了重要的思想指引。其中最主要的有环境信托委托理论、代际公平理论、可持续发展理论等。

---

① 转引自张文显:《新时代的人权法理》,《人权》2019年第3期。
② 参见1972年《联合国人类环境会议宣言》,https://documents-dds-ny.un.org/doc/UN-DOC/GEN/N73/106/78/PDF/N7310678.pdf? OpenElement。

1. 环境信托委托理论

公共信托理论最初起源于罗马法。罗马法将空气、流水、海、海岸等作为共通物，所谓共通物就是可以供所有市民利用的物，任何国家和个人都不得加以控制。国家作为公共权力的管理者或受托者，当有人妨害自由利用时，政府或法院可以发出排除妨害的命令以保护共通利用权，也可以根据侵害诉讼而对妨害人处以制裁。[①] 公共信托理论对环境权的研究产生了极大的影响。

20世纪70年代，美国密歇根大学的法学教授约瑟夫·L.萨克斯（Joseph L. Sax）运用公共信托理论来解释环境权。萨克斯认为，基于环境的公共性品格，用"在不侵害他人财产的前提下使用自己的财产"这一格言作为环境权的理念基础具有重要意义。萨克斯认为公共信托理论具有三个相关原则："第一，像大气、水这样的一定的利益对于市民全体是极其重要的，因此将其作为私的所有权的对象是不明智的。第二，由于人类蒙受自然的恩惠是极大的，因此，与各个企业相比，大气及水与个人的经济地位无关，所有市民应当可以自由地利用。最后，不消说，增进一般公共利益是政府的主要目的，就连公共物也不能为了私的利益将其从可以广泛、一般使用的状态而予以限制或改变分配形式。详细地考察信托问题的指标，不是在事实中单单将公共财产按不同用途作出再分配、或包含各种补助金的要素等，而是其中缺乏因此被达成各种代偿的公共利益的重要证据。对于法院，事实上要有公共利益受到威胁的证据才能起作用。"[②]

以公共信托理念来构筑环境权体系，可以厘清公民个人与国家的

[①] 参见吕忠梅：《环境权的民法保护理论构造——对两大法系环境权理论的比较》，《私法研究》2001年第1期。

[②] 转引自侯怀霞：《私法上的环境权及其救济问题研究》，复旦大学出版社2011年版，第46页。

利益关系,也可以解决公民个人的财产权与环境权的关系,并为公民的环境权诉讼提供了法律依据。

2. 代际公平理论

代际公平理论最早是由佩基(Talbot Page)提出的,即如果一项决策的后果将影响好几代人的利益,那么这个后果就应该在各代人之间进行公平分配。维丝(Edith Brown Weiss)将代际公平理论引入到环境法中,对于环境资源,确保每一代人从前代人手中接下来的时候不能以比前代人更差的状态传递给下一代,其核心就是保护对环境资源未来利用的选择性需要。代际公平理论的立论前提是人类是作为一个时代延续的状态而发展的。我们自身、我们的前辈、我们的后代是作为一个整体来共同拥有地球的环境资源的。1987年,联合国世界环境与发展委员会主席、挪威首相布伦特兰夫人(Gro Harlem Brundtland)在向联合国世界环境与发展委员会提交的报告《我们共同的未来》中,正式提出"可持续发展"。可持续发展是既满足当代人的需求,又不对后代人满足其需求的能力构成危害的发展。代际公平是可持续发展中的重要因素,在很多环境条约和国际环境法文件中都有体现。

3. 可持续发展理论

从1972年斯德哥尔摩会议通过的《人类环境宣言》中,我们就可以看出可持续发展的意识:"地球上的各种自然资源,包括空气、水、土地、动物、植物以及其他各自然生态系中有代表性的种群,应通过精心的规划及最适当的管理,为了当代人类及子孙后代的利益而加以保护。"[1]现在,可持续发展已经成为"适度法典化"编纂环境法典的逻辑

---

[1] 1972年《联合国人类环境会议宣言》,https://documents-dds-ny.un.org/doc/UNDOC/GEN/N73/106/78/PDF/N7310678.pdf? OpenElement。

主线,①且已经成为世界各国编纂环境法典的共同价值目标。可持续发展自提出开始,就把环境保护和人类的永续发展结合起来,既实现了理念上的突破,又提供了行动上的指引。1992年《关于环境与发展的里约热内卢宣言》(简称《里约宣言》)第1条原则就指出:"人类处于普受关注的可持续发展问题的中心。他们应享有以与自然相和谐的方式过健康而富有生产成果的生活的权利。"第3条原则指出:"为了公平地满足今世后代在发展与环境方面的需要,求取发展的权利必须实现。"②一般认为,《里约宣言》正式确认了"可持续发展"的国际地位。2002年,联合国在约翰内斯堡举行可持续发展问题世界首脑会议,会议通过了《可持续发展世界首脑会议执行计划》和《约翰内斯堡可持续发展承诺》(也就是会议的"政治宣言")两个重要文件,并达成了一系列关于可持续发展行动的"伙伴关系项目倡议"。通过这些文件明确了全球未来10—20年人类拯救地球、保护环境、消除贫困、促进繁荣的世界可持续发展的行动蓝图。③

二、环境权的宪法与法律确认

从人权理论上来说,人权有三种存在形态:一是应有权利,即从人权的本来意义上来看,人权是一种人应当享有的权利。也就是说,人的应有权利,在法律没有确认和保障的情况下,依然受到一些社会力量与

---

① 参见吕忠梅:《发现环境法典的逻辑主线:可持续发展》,《法律科学》2022年第1期。
② 1992年《关于环境与发展的里约热内卢宣言》,https://documents-dds-ny.un.org/doc/UNDOC/GEN/N92/836/54/IMG/N9283654.pdf? OpenElement.
③ 参见陈琨:《简述联合国可持续发展世界首脑会议》,《中国人口·资源与环境》2002年第4期。

因素的不同程度和不同形式的保护。环境权作为人的一项应有权利，它并不是以"二战"后大规模的环境污染事件爆发而产生的，而是伴随国家而产生的。在人类改造自然的早期，由于生产力水平低下，环境问题并没有直接挑战人的生存，人对环境所享有的权利处于"休眠"状态。① "二战"后，环境问题成为直接威胁人类生存的重大问题，无论是以保障人类财产安全为核心的私法还是保障人类生存安全的公法，对此都没有很好的解决办法，这些都促使环境权作为人类的一项基本人权而"苏醒"。二是法定权利，即通过法律使人的"应有权利"法律化、制度化，从而使权利得到最有效的保障。法律具有国家意志性、行为规范性、普遍有效性和强制执行性等基本特征，一旦人的"应有权利"被法律确认为"法定权利"，这种权利就不再抽象，而是变得具体、明确，被上升为国家意志，国家就会运用强制力量来保障其实现。三是实有权利，即人们实际能够享有的权利。在法律中对人权的内容做出规定后，还需要使法定权利得到全面的、切实的实现，这中间还有重要的一个过程。其中影响法定权利转变为实有权利的因素主要有法治观念和人权意识、国家政治民主化发展程度、社会经济文化的发展等等。只有现实的人权才是一个国家真正的人权状况。

因此，从应有权利转化为法定权利，再从法定权利转化为实有权利，这是人权实现过程中的三个层次。随着人类文明的发展，应有权利、法定权利、实有权利这三者在外延上将一步步接近，彼此重叠的部分将日益扩大，但永远存在着矛盾，即应有权利永远大于法定权利，法定权利永远大于实有权利。② 正是这种矛盾，推动着人权不断发展。

---

① 参见吕忠梅：《环境权入宪的理路与设想》，《法学杂志》2018年第1期。
② 参见李步云主编：《人权法学》，高等教育出版社2015年版，第26页。

（一）环境权入宪并予以相应的法律确认是时代趋势

环境权作为一项新型权利，丰富了生态伦理，要求人们重新认识人与自然的关系，并确认人对环境所享有的权利。因为其模糊性、抽象性的特点，需要通过立法和司法途径对其进行具体化和明确化。如果环境权入宪，将提高其位阶，推动环境立法，从而真正发挥其规范效力。

20世纪90年代，有40多个国家的宪法确认了环境权，学界把20世纪90年代称为环境权入宪的"黄金十年"。当前，宪法环境条款遍布亚洲、欧洲、非洲、美洲以及大洋洲80多个国家，既有发达国家，也有发展中国家，既有大陆法系国家，也有英美法系国家。就国内来说，环境权入宪对于克服生态危机、保障人格尊严以及推动生态文明建设都有着极为重要的意义；就国际来说，环境权入宪则有利于我国参与环境保护的国际合作。

环境权入宪并予以相应的法律确认，已是大势所趋。宪法是国家的根本大法，宪法上环境权的确立，将赋予公民环境权以最高的法律意义，使公民的环境权获得宪法的根本性保障。当前，许多国家都在宪法中确认环境权或确认与环境权有关的内容，并开始环境权的司法实践。环境权正朝着权利主体逐步扩大、权利内容日益丰富的方向不断发展。另外，从当今世界的立法现状来看，私法与公法相互融合、相互借鉴的趋势已经为各国的实证法所证实，公法与私法已经呈现出"你中有我，我中有你"的态势。[1]

---

[1] 参见侯怀霞：《私法上的环境权及其救济问题研究》，复旦大学出版社2011年版，第92页。

环境权目前在我国宪法中还未有明确规定,只是通过间接的方式体现对环境权的法律保护,这主要体现在我国宪法第 26 条的规定上:"国家保护和改善生活环境和生态环境,防治污染和其他公害。"近 20 年来,我国环境立法迅猛发展,有关环境权的立法体系已经初具规模,《环境保护法》《海洋环境保护法》《水污染防治法》《大气污染防治法》《森林法》《草原法》《矿产资源法》等都为环境权入宪提供了基础和依据。我国一系列重要法律法规已经对环境权予以了特别的关注,我国也采取了一些法律措施来保护公民、公众、社会的环境权益。

(二) 环境权的司法救济

法谚云:"无救济,就无权利"。虽然很多国家在宪法上已经确认了环境权,但实践中环境权是否具有可诉性和可司法性,一直是争论的焦点。

一个时期以来,通过法律手段保护环境权的司法活动的作用凸显。公民为了保护自身的环境权益提起诉讼的数量和种类也日益繁多,司法已经成为保护公民和法人环境权的重要手段。在公民和法人为私益而启动法律诉讼程序,提起环境权诉讼的同时,环境公益诉讼也得到了空前的发展。环境公益诉讼在各国逐步兴起。环境公益诉讼,也被称为环境民众诉讼、环境公民诉讼。尽管名称不一,但实质都是一样的,就是为了保护社会公共包括不特定多数人的环境权利而进行的诉讼活动。它与保护个体环境权利及相关权利的"环境私益诉讼"相并列和对应。

我国环境私益诉讼不断出现,许多受害人得到了相应的赔偿和补偿,有力地维护了环境权。我国环境公益诉讼在近年来也得到了突飞猛进的发展,取得了令人欣慰的成绩。它往往由社会公益机构提出,甚至由人民检察机关提出,以远比个人强大的优势追诉环境侵权与违法行为,保护公民个人、公众与社会的环境权益。在我国,环境公益诉讼已经成为保护环境权益的重要武器。根据我国现行法律的规定,环境公益诉讼甚至不要求原告与被告的侵权行为有直接利害关系,也不要求起诉人是法律关系当事人,这就为环境公益诉讼作用的发挥提供了最好的制度安排。

三、环境权对个人发展权的影响

我国从1982年蔡守秋先生发表《环境权初探》一文开始,环境权研究就引起了民法学、行政法学、刑法学、国际法学等众多学科的兴趣。经过40多年的发展,学界对于环境权研究的广度和深度都在不断拓展。但是作为一项新型权利,环境权的研究一直同质疑相伴随,比如对于环境权的概念是什么、是否具有可诉性、环境权的内容包括哪些等问题,学界一直争论不断。对于环境权的理论研究,有环境权肯定说、环境权否定说。在环境权的肯定说中,又分为广义的环境权和狭义的环境权。

时至今日,也很难说学界对于环境权的基本内涵已经有了明确的共识。比如,蔡守秋认为,环境权的内容包括合理开发利用环境资源、享受适宜的环境条件、保护和改善环境等内容。[①] 陈泉生把环境权的内容分为生态性权利(如生命权、健康权、日照权、清洁空气权等)和经济性权利(如环境资源权、环境使用权、环境处理权等)。[②] 吕忠梅将环

[①] 参见蔡守秋:《环境权初探》,《中国社会科学》1982年第2期;蔡守秋:《论环境权》,《金陵法律评论》2002年春季卷。

[②] 参见陈泉生:《环境权之辨析》,《中国法学》1997年第2期。

境权定义为在清洁、健康的环境中生活的权利,认为环境权不仅包括实体性权利,还包括程序性权利,具体包括环境使用权、知情权、参与权和请求权。① 周训芳认为,环境权的内容包括良好环境权和环境资源开发利用权。这里的良好环境权包括生态性、精神性权利,如清洁水权、安宁权、环境观赏权等。② 以上几位学者都是持广义环境权说的。持狭义环境权说的吴卫星则认为,环境权是一种对一定环境品质的享受权,其内容是从客体中呈现出来的生态的、文化的、精神的或审美的利益。③

从以上学者的观点中我们可以得出如下结论:一方面,随着环境权理论的发展,学界已经赋予环境权日益丰富的内容。无论是持广义说还是狭义说的学者,都已看到了环境权对人呈现出的生态、经济、精神乃至审美等方面的特性。另一方面,环境权的理论研究忽略了环境权对人的发展的重要影响。在中国知网上以"环境权""人的发展"为关键词搜索,国内的文献几乎为零,可见在环境权的相关理论研究中还缺乏对人的发展的关注。

环境权与人的发展有没有关系?作为人类赖以生存和发展的物质基础,应当说,环境不仅影响每个人的身心健康、生活质量,当然也对每个人的发展具有重要的影响。作为环境权的重要依据,《人类环境宣言》第1条就明确指出:人类既是他的环境的创造物,又是他的环境的塑造者,环境给予人以维持生存的东西,并给他提供了在智力、道德、社会和精神等方面获得发展的机会。我国《环境保护法》第2条明确指出:本法所称环境,是指影响人类生存和发展的各种天然的和经过人工

---

① 参见吕忠梅:《环境权入宪的理路与设想》,《法学杂志》2018年第1期。
② 参见周训芳:《环境权论》,法律出版社2003年版,第169页。
③ 参见吴卫星:《环境权理论的新展开》,北京大学出版社2018年版,第9页。

改造的自然因素的总体,包括大气、水、海洋、土地、矿藏、森林、草原、湿地、野生生物、自然遗迹、人文遗迹、自然保护区、风景名胜区、城市和乡村等。值得注意的是,无论是国内法还是国际宣言,不仅都关注到环境对于人的生存不言而喻的意义,也都强调了环境对个人发展的影响。

随着时代的发展,人的自由而全面的发展已成为中国式现代化的重要指标之一,本书认为,在环境权的理论研究中亟待加强对于人的发展相关问题的研究。从哲学上看,人的发展是由低级向高级、由简单向复杂的一种"进化与上升"[①],或者更应该表述为"进步性质的变化"。人的发展所涵盖的内容是非常丰富的,包括政治、经济、文化、教育等各方面的内容。环境权无疑是以环境对于人的影响为重要基础的,下文将从与人的发展密切相关的人的身体健康、生活品质以及成长发展三个方面来分析环境权。

(一) 环境直接影响人的身体健康

《中共中央关于制定国民经济和社会发展第十四个五年规划和二〇三五远景目标的建议》中把全面推进健康中国建设单独列为一章,强调把保障人民健康放在优先发展的战略位置。健康是人发展的基本条件。环境的变化会直接或间接地影响人的健康。人类在长期进化发展过程中,已经逐渐形成了一定的自我调节功能以适应环境的变化。但是,如果环境的异常变化超过了一定的范围,就会引发疾病甚至死亡。近百年来,世界发生了多起环境污染重大事件,给人类的生命健康造成了巨大的损失。具体来说,环境污染主要存在于水体、土壤、光等

[①] 汪习根:《法治社会的基本人权——发展权法律制度研究》,中国人民公安大学出版社2002年版,第55页。

方面。

1. 水体对健康具有直接影响

水是生命之源,是地球表面生物体维持生存不可替代的资源,水体健康关系着人类的发展,影响着每一个人的生存状态与质量。水污染主要是由人类活动产生的污染物造成的,它包括工业污染源、农业污染源和生活污染源三大类。

19世纪的英国,是世界上最发达的国家,其工业革命也带来一系列的生态环境问题。比如在居民的饮用水方面,曾经因为霍乱,造成大量人员死亡。据资料统计,1866年第四次霍乱暴发,整个英国共死亡14 000多人,伦敦则是霍乱的重灾区。此时,人们才意识到,被污染的泰晤士河是"毒药的蓄水池"[1],英国政府也因此加强了河流污染治理和供水改革。

2. 土壤对健康的影响日益加深

土壤被称为地球的皮肤,是地球表面一层疏松的物质,由各种颗粒状矿物质、有机物质、水分、空气、微生物等组成,能生长植物。没有人可以离开土壤而生存。土壤为农作物生长提供水分、无机盐、矿物质及营养物质等,是农业生产的重要物质基础,也为人提供了最基本的生存基础。土壤污染对于农作物生产的影响是巨大的,同时它还是水污染的重要来源之一,使养分、泥沙、农药和化肥沉积并进入供水系统。正如《寂静的春天》一书所说,"生命创造了土壤,而异常丰富多彩的生命物质也生存于土壤之中;否则,土壤就会成为一种死亡和贫瘠的东西了。正是由于土壤中无数有机体的存在和活动,才使土壤能给大地披

---

[1] 铉玉秋、胡志宏:《泰晤士河之殇:霍乱与河流污染事件》,《学习时报》(生态文明版)2022年7月27日。

上绿色的外衣"①。

在国际上,比较典型的土壤污染案例是发生在20世纪70年代的日本土吕久矿山砷污染事件。土吕久矿山位于日本宫崎县西臼杵郡高千穗町地区,是日本最早被用来开采炼制砒霜的矿山之一。矿山附近寸草不生,周边居民人均寿命只有39岁,其中34%的人罹患呼吸道疾病。宫崎县调查委员开展环境检测,在距离矿山几百米的居民家中检测出高达8 000 mg/L的砷化物。调查报告指出,砷化物会引起人体慢性中毒,从而引发神经炎、皮肤病和肺癌等多种疾病。日本土吕久矿山砷污染事件之后,砷污染问题开始引起国际社会的广泛关注。1991年,日本环境省首次规定了土壤中的砷含量不能超过0.05mg/L,1994年该指标被修改为0.01mg/L。②

3. 空气对健康的影响无法忽视

人离不开空气,它是人类生存与发展的前提条件,是个人作为生命体存在的物质基础和客观条件。空气是由一定比例的氮气、氧气、二氧化碳、水蒸气和固体杂质微粒组成的混合物。就干燥空气而言,按体积计算,在标准状态下,氮气占78.08%,氧气占20.94%,稀有气体占0.93%,二氧化碳占0.03%,而其他气体及杂质占0.02%。各种自然变化往往会引起大气成分的变化。按照国际标准化组织(ISO)的定义,空气污染通常是指:由于人类活动或自然过程引起某些物质进入大气中,呈现出足够的浓度,达到足够的时间,并因此危害了人类的舒适、健康和福利或环境的现象。

---

① 蕾切尔·卡逊:《寂静的春天》,吕瑞兰、李长生译,吉林人民出版社1997年版,第46页。

② 参见张成利:《砷毒之患:日本土吕久矿山砷污染事件》,《学习时报》(生态文明版)2022年6月15日。

根据世界卫生组织国际癌症研究机构公布的致癌物清单,室外空气污染在一类致癌物清单中。德国的鲁尔工业区是重要的制造业基地,也是欧洲最大的工业人口聚居区。"二战"后,鲁尔区成为德国空气污染重灾区。1962年12月,严重的雾霾灾害发生,当时的逆温层天气一连持续了好几天,空气中的有害物质不断累积,二氧化硫含量超过每立方米5毫克,150余人死于这场雾霾。

4. 光对健康的影响无处不在

光对于人类来说,是不可缺少的,而有害的光污染又会严重地破坏人类的生存状态。光化学烟雾污染是以汽油作动力燃烧以后,出现的一种新型空气污染现象。这种污染的特征是:天空布满白色、紫色或黄褐色的雾,大气能见度低,有特殊气味,刺激眼睛和喉咙,会导致人们流泪、喉痛、呼吸困难,甚至呕吐。[①]

1943年的洛杉矶光化学烟雾事件是20世纪最为著名的环境污染事件之一。由于洛杉矶独特的地形和气象条件,汽车和工业排出的废气在阳光紫外线的照射下生成剧毒光化学烟雾。1943年7月8日拂晓时分,灰色的烟雾袭击了洛杉矶,吸入的物质使人们眼睛红肿、喉咙嘶哑,脸上皮肤灼烧般刺痛。1955年9月,洛杉矶再次发生严重的光化学烟雾事件,仅两天内因呼吸系统衰竭死亡的老人达400多人。

(二) 环境影响人的生活品质

生活品质指的是生活的质量和品味。《中共中央关于制定国民经济和社会发展第十四个五年规划和二〇三五远景目标的建议》专门对"改善人民生活品质"做出战略部署。党的二十大报告强调要提高人

---

① 参见李振基等编著:《生态学》,科学出版社2014年版,第229页。

民生活品质。学界关于生活质量的研究,一般认为始于20世纪50年代美国经济学家加尔布雷斯(John Kenneth Galbraith)所著的《丰裕社会》。生活满意度一般被认为是衡量生活质量的重要指标之一。有学者将生活满意度划分为情感和认知两个维度,指出生活满意度是认知个体对自身生活的主观判断,是从当下主观体验出发后进行的综合性评价。

影响人们生活满意度的因素是多方面的,不仅包括收入、消费、社会地位、医疗卫生、社会保障等,也包括环境。习近平总书记指出:"中国人民热爱生活,期盼有更好的教育、更稳定的工作、更满意的收入、更可靠的社会保障、更高水平的医疗卫生服务、更舒适的居住条件、更优美的环境。"[1]其中,"更优美的环境"就是人们所追求的一项重要生活品质。人们对生活品质的追求也是一个不断动态发展的过程,在满足环境无害的诉求之后,人们就会追求更加舒适美观的自然环境,这不仅是生存意义上的需要,更是精神层面的追求。同时,环境还和人的尊严相关,人只有在健康适宜的环境中生活,才能实现自身的人格尊严。

优美的环境能够给人的生活和事业发展带来正向的影响。阳光、空气、水等自然资源构成人类生存和发展的必需品,同时自然生态中山川河流、花草树木等则构成了人类生存环境中的自然景观。这些自然景观不可避免地会对生活在其中的人产生种种物理、生理和心理效应。[2]因为人类除了从自然环境中获取物质之外,还要建构一种精神生活,自然环境就成为人类精神和文化生活的源泉。从脑科学上来说,当人们看到美好的自然景观时,大脑的奖励系统会参与其中,体验这份

---

[1] 习近平:《促进共同发展 共创美好未来》,《人民日报》2013年6月7日。
[2] 参见汪瀛:《自然环境与人的生存发展》,岳麓书社2008年版,第139页。

美好。奖励系统指的是主要由脑内多巴胺能神经元构成的神经回路,即大脑中存在的受到刺激能引起自我满足和快感的系统。我们看到美景时,心理上为什么会产生美好的感觉?大脑如何将视觉信号转化为审美信号?有学者指出:当我们看到超出我们预期的东西时,局部的脑组织斑块会产生积极影响的小"原子",视觉系统中许多这样的惊喜信号就会结合起来,构成了一种具有美感的体验。同时,人是具有能动性的生命体,自然景观中的结构、色彩、气味乃至气场都会影响到人类的大脑,从而激发人的潜能。

(三) 环境影响人的成长发展

人的成长发展离不开周围环境,这个环境分为社会环境和自然环境,社会环境对于个人成长的影响毋庸置疑,但我们亦不可忽视自然环境对人的成长发展的影响。

1. 环境影响人的受教育状况与职业选择

受教育权能否实现以及实现的程度,受地缘环境、经济发展、历史文化等各种因素的影响。其中,地缘环境是极为重要的因素,它是偏远山区教育落后的主要原因。我国老少边穷地区,无不是教育相对落后地区。这些地区的教育水平相对落后,无不与环境因素密切相关。因为政府财力有限、教育投资不足、师资力量薄弱,学生身处农村甚至是大山深处的农村,其受教育权的实现必然受到制约。从教育部公布的2021年各地教育基本情况来看,受地缘环境等因素影响,全国具有代表性的一些地区教育资源悬殊(见表1)。受教育权包括受教育的选择权,这种选择权存在于教育的全阶段,包括教育种类的选择权和学校等教育机构的选择权,以及教育形式的选择权等。如果教育资源相对匮乏或单一,学生的选择就会受限,不利于受教育权的充分享有。

表1 2021年部分地区教育基本情况

地区	高等教育学校（机构数）	高等教育学校（机构）教职工情况	高等教育专任教师博士学历（普通高校）
北京	92	159 893	51 056
广东	160	193 522	80 101
浙江	109	110 379	52 633
西藏	7	4 052	423
青海	12	8 490	972
宁夏	20	13 426	1 883

数据来源：教育部网站。

能否享有充分的受教育权，直接影响着人们的职业选择。对于每个人来说，最理想的职业状态就是能够将自身的价值融入职业发展中，融入社会发展中，能够从职业中体会到一种成就感，体验到一种幸福感。将城乡环境中人们的就业情形进行比较，我们就可以发现：在城市尤其是在大城市，无疑有更多的就业机会和职业选项。在自然环境恶劣的地方，人们的生存都十分艰难，更无法做出理想的职业选择。在城市，不同的地理与自然环境也会在一定程度上影响人们的就业选项。

2. 环境影响人的成长与发展状态

在自然环境恶劣的地方，居住人口相对较少。不但不会增加居民，原住民也可能外迁。于是，就业机会较少，经济必然萧条。由于社会对于劳动力的需求减弱，劳动报酬逐步降低，社会居民的生活水平从而下降。在中国历史上有著名的"胡焕庸线"，胡焕庸在1934年率青年教师考察苏北的水利和盐垦工作，系统地研究人口地理学。1935年他发表了《中国人口之分布》一文，编制了中国第一张等值线人口密度图，以"瑷珲—腾冲线"为界将全国分为东南和西北两个半壁。从环境的视角来思考,"胡焕庸线"实际上是中国地理环境的分界线。不难发现,该线的右边即东南部分,是以平原、水网、丘陵为主要地理结构的区域,适于农耕,经济一直较为发达;而该线左边即西北部分,主要是草原、沙漠、高原,以游牧为业,人口密度低。"胡焕庸线"表明,不同自然环境导致不同人文状态,从而影响不同区域人们的成长与发展。其中对东南与西北居民的生存与发展有着深刻影响的,正是这条线所区分的地理环境状况。

第二节　个人发展权与信息权

信息权是个人或者组织基于信息而产生的各种权利的总称。在当代世界和现代社会中,信息与信息权的地位和作用不断凸显,日益受到个人、社会、政府以及国家的高度重视。个人信息权利的保护状态与实现程度,已经成为影响个人发展权保护与实现程度的重要因素,影响着个人发展权的未来。

一、个人信息权已经成为现代世界基本的人权

(一) 个人信息权可能是民事权利

个人信息具有财产的性质,作为个人财产权也就当然地具有民事财产权的性质。个人信息是可以被作为商品而利用和出让的。它可以给权利人带来直接的经济利益,也就是一种财产利益。

个人信息可能具有隐私的性质，因此，个人隐私对于权利人来说也具有民事权利的性质。个人信息中的隐私部分当然地为民事法律所保护，对于这一权利的侵害，理当成为民事侵权，侵权人也应当依法承担侵权责任。

个人信息还可能具有人格权利的性质，因此，民事法律在保护公民人格权利的时候，也就包括保护相关的个人信息。个人信息收集、处理、利用都与公民的人格尊严相关。保护人格尊严是民事法律的重要使命。

个人信息权中的相当大一部分都属于民事权利的范畴，被理解为财产权乃至知识产权等。这些看法都有其道理，但仅仅这样理解是远远不够的。因为信息权除了是民事权利之外，还是宪法权利。

（二）个人信息权可能是宪法权利

说信息权中包括宪法权利，有着充分的学理与政治根据。第一，民主制度要求保障人民的信息权利。在西方，可以将其理解为是主权在民原则的要求。在社会主义国家，更是人民当家作主的要求。人民是国家和社会的主人，当然有权对国家和政府的决策、政策、法律、活动享有知情权。这种知情权无不是通过信息的传递与流动来实现的，也就需要通过保护信息权的方式来实现。第二，公民权利要求保障其信息权利。宪法是关于人民权利的规则。宪法的一个重要职能就是确认人民与国家、人民与国家公权力之间的关系。具体说来，宪法通过确认公民权利的方式，将国与民的关系宪法化、法治化。公民对于其权利，理当享有信息上的权利。第三，公权力的性质要求保证人民的信息权利。公权力原本就是人民的，人民是国家权力的终极来源。公权力的理想目标就是为人民服务，为人民服务就是公权力的职业和使命。公权力要证明自己忠实于职守,就必须尽可能公开一切信息。除非必要,不得以保密为由拒绝公开。作为宪法权利,其他公民和组织不得侵犯信息权,国家、政府更负有不可推卸的保护责任。保护人民的信息权,保障人民享有信息权,是国家包括立法、行政(政府)、司法的义务。

(三) 信息权已经成为个人的基本人权

如果我们将信息权主体加以比较,就不难发现:社会组织、社会公众都是由若干个人所组成的。公权力机构包括政府虽然都是一定的信息权主体,但是它们更承担着对于其他主体尤其是对于个人主体的信息义务。在所有的信息权主体之中,个人具有独特的现实地位和法律地位,理当被视为最为重要的主体。其他主体的信息权利、义务的享有和履行情况都或多或少地影响着个人,成为个人发展的外部条件。个人信息权已经成为现代社会的基本人权。

人权本来就是人与生俱来的,但是它的被发现则是有时代背景与客观条件的。人类社会出现之前,当然谈不上人权。在人类社会出现、公共权力乃至国家和政府等产生之后,人权就被发现并逐步丰富起来。作为整个人类来说,最早认识到的人权当然是人身权利,包括身体、生命、健康、安全等权利,随后才认识到思想与言论的权利、出版的权利,乃至更多的政治权利等。到了现代社会,随着通信技术尤其是网络空间的发展,人们的信息权才日益被重视,以至于成了人们无法离开也不可被剥夺的权利,于是信息权就成为人权的基本内容,甚至成为人权中的基本权利,以至于可以被称为基本人权。它理当受到法律乃至宪法的保护。在人权的研究和保护中,必须对于个人信息权予以认真对待和充分维护。

二、个人是信息权最基本且最重要的主体

个人信息是指那些能够据以识别出信息主体的信息的总和。个人信息权是权利人对于相关信息所享有的控制、支配、使用的权利。信息权并不仅限于个人信息权,但个人信息权无疑是信息权中最为基础、极为重要的组成部分。就整个信息权来说,个人信息权是起点,是基础。个人也就是法律上常说的自然人,但这种个人可能是本国公民,也可能是外国人、无国籍人。个人是信息权的主体之一,而且是最基本、最重要的主体。个人是社会组织和社会公众的细胞,是公权力机构必须依赖的主体基础。

(一) 个人与作为信息权主体的社会组织

社会组织依法享有信息权,是信息权的当然主体。社会组织包括法人和非法人组织、正式组织与非正式组织等,它们都是信息权的重要主体。社会组织至少有法律人格的信息权、相关政策的信息权、依法纳税的信息权等。

首先,社会组织享有法律人格的信息权。社会组织一旦依法设立,就具有了法律人格。它的法律人格一旦成立,就有了开展活动的权利。对这些活动加以许可与限制的法律必须是公开的,设定其权利义务的法律也必须是公开的,相关信息应当是社会组织能够便捷获取的。尤其是法律规定的权利义务信息,政府必须保证相关社会组织能够顺利获取。

其次,社会组织享有了解相关政策的信息权。任何社会组织都有权知道与之相关的政策等信息,这一信息权利的义务主体就是政府。这既是社会组织履行纳税义务的重要前提,也是政府征税的重要根据。

最后,社会组织享有税务相关的信息权。任何社会组织都对政府享有关于整体的税务信息,其中尤其包括政府对其征税的法律根据,以及社会组织自身纳税情况的信息权利。诸如已经纳税的信息(已纳税数额)、即将纳税的信息(应纳税数额)、为何要纳税的信息(征税及纳税的根据)等,社会组织都有权知道。

所有的社会组织都是由个人构成的,没有个人就没有社会组织。个人在社会组织中具有基础性意义。

(二) 个人与作为信息权主体的社会公众

社会公众依法享有信息权,他们同样也是信息权的主体。社会公众对于社会公共利益的相关信息享有知情权,这同样是非常重要的信息权利。个人是社会公众的构成分子。

首先,社会公众对社会公共事务具有信息权。政府相关部门对于涉及公众的信息承担着必须公布与告知的义务。大到政府的重大决策信息,小到国家法定节假日的具体日期等,政府有关部门必须提前或应公民请求而公开。

其次,社会公众对于自己的义务具有信息权。任何社会的公众都须履行一定的义务。对于这些义务,尤其是由国家、政府依照法律设定的义务,公众必须享有事前的知情权。比如什么地方是禁止公众进入的区域,必须有事前的信息发布;比如人员与车辆的禁行标识,必须明显而且事前设置,若未事前设置,则不能在人员或车辆进入之后宣布其违反规则并予以处罚。

最后,社会公众对于权利救济具有信息权。社会公众对于自己权利受到侵犯后的救济途径和方式,应当享有知悉的权利。与之相应,政府等主体则有明确告知的义务。比如对于行政复议决定,做出决定的部门有义务告知相对人不服决定的救济途径方式,包括申请复议、提起诉讼等。

(三) 个人与作为信息权主体的公权力机构

作为信息权主体的公权力机构,主要是指政府及其所代表的国家,包括我们所说的行政机关、立法机关、司法机关、监察机关等。它们同样是信息权的主体。从权利主体的角度看,它们对于一些特殊的信息享有所有权、控制权、支配权。从义务主体的角度看,它们对于公民、社会组织、社会公众又具有提供或者公开信息的义务。权利和义务相较而言,政府及其所代表的国家公权力机构更多的是信息义务主体。公权力机构的信息权利和义务的落脚点都是为公众服务、为每一个人服务。

三、公权力机构的信息行为是个人发展的外在条件

许多学者认为信息权的义务主体是除权利人之外的任何主体。这一说法当然有道理,但是并不全面。信息权的内容极为丰富,可以认为,信息权的义务主体,有的是权利人之外的任何主体,有的则是相对的当事人,而所有的信息权都有一个重要的义务主体——国家公权力机构。因此,在政治国家中,政府及其他公权力机构就必须担负起尊重与保护信息权的责任。从尊重的意义上讲,公权力机构在处理与信息权利人的关系时,必须尊重权利人的信息权利,这是公权力尊重他人信息权的义务。从保护的意义上讲,在特定主体的信息权受到侵害时,公权力机构有予以依法保护的义务。具体说来,体现为以下几个方面。

（一）公权力机构是相关信息的生产主体

公权力机构作为一个日常运行的政治机器，每时每刻都在产生信息。这些信息一旦产生，也就产生了相应的责任，或者是公开，或者是保密。不论是公开还是保密，它都负有不可推卸的责任。当然，由于公权力机构是为个人、社会组织、社会公众乃至一定区域内的所有人（包括外国人和无国籍人）服务的，因此，它公开的信息数量远比保密的信息数量多得多。就国家公权力机构来说，其信息公开是常态，保密则是例外，其所有保密的信息都需要依法确定。作为相当多信息的生产者，公权力机构必须承担公开或者保密的法律责任。

（二）公权力机构是相关信息的提供主体

公权力机构是国家和社会的管理机构，同时也是服务机构。它必须担负起最繁重的信息收集与发布的任务。这些任务的完成是它管理和服务的双重需要，也是它得以继续存在和获得财政供给（征税）的重要根据。比如财政收支信息、预决算信息、产业指导政策、工商登记信息、市场监管信息等等都必须公开，并且向全社会提供。

（三）公权力机构是信息秩序的维护主体

一个良性社会必须有良好的信息秩序。首先，在立法上，公权力机构要提供信息秩序规则。哪些信息是哪些主体必须发布或者公布的，哪些信息的生产、发布与公布要遵守怎样的程序，哪些人应该和有权享有哪些信息，哪些信息的内容必须符合怎样的法律规制，都需要国家及其政府做出规范性的规定——立法与立规。其次，在执法上，公权力机构要努力保证信息法律和规范能够被有效实施。再次，公权力机构担负着保护信息权的责任。国家及其政府要维护信息秩序，就必须保护信息权利人所享有的权利。政府必须为信息权保护提供行政措施,整个国家还必须为信息权保护提供司法的体制机制,确保信息权利人在其权利受到侵犯时可以通过行政或司法途径获得救济。最后,公权力机构必须及时发现和有效制止信息违法行为。信息违法行为的出现必然会对社会造成危害,持续时间愈长,危害就更为深重,因此及时发现和有效制止,就是保护信息权的必需。公权力机构必须对信息违法行为予以法律制裁,从另一个侧面确保权利人的合法权益。制裁是保护信息权人最有力、最有效、最终极的手段,也是相关法律权威性和有效性的体现。

四、个人信息权的状况影响着个人发展权的实现程度

自古以来,信息的影响和作用都是巨大的,甚至可能影响一国的兴衰成败。古代的烽火之警、飞鸽传书都是信息传递的方式,及时与否会影响援兵的到来速度,从而影响战争的成败。至于信息传递中的错误或者信息被误用、误解、滥用,其危险与危害亦不可小视。诸如烽火戏诸侯,就是滥用信息的恶果。对于个人来说,信息也是十分重要的。一个错误的信息可能影响人生的路径。诗人杜甫那首《闻官军收河南河北》就表达了信息对于个人人生路径的影响。公元763年(广德元年),杜甫夫妇为躲避战乱来到四川,突然听说官军收复了河南河北,就立即收拾行囊、打道回府。"剑外忽传收蓟北,初闻涕泪满衣裳。却看妻子愁何在,漫卷诗书喜欲狂。白日放歌须纵酒,青春作伴好还乡。即从巴峡穿巫峡,便下襄阳向洛阳。"这个"官军收河南河北"的信息对于杜甫夫妇如此重要,以至于影响了他们的地理旅途和人生旅程。

信息在现代社会影响和作用更为巨大,以至于成为人们生活、生产

的重要条件。在农耕时代的自然经济之下，虽然信息的作用颇大，但毕竟信息总量较小，传播速度较慢，对于个人有影响，但远没有达到现代社会的重要程度。根据有关统计，在21世纪20年代的当下，信息可以用海量来形容。有资料表明，现代世界每过三年，人类的知识总量就翻一番；最近十年中，人类生产的信息量就已超过人类产生以来100万年信息的总和。

在信息法律关系之中，在权利和义务之间，一般相对人是否依法对待和处理信息，直接影响着权利人的权利是否会受到侵害；特定义务人信息义务的履行情况，直接影响着特定主体信息权利的实现情况。实践中至少存在以下几个方面的问题：一是一方主体对另一方主体的信息收集数量的问题。有的房屋销售员在其卖房的过程中，要求购房者填写家庭人口、家庭收入、现有居住面积等信息，这就是过度收集信息。一个书店的购书会员卡，居然要求填写民族、家庭住址与电话、职业等，这其实是对权力的滥用，也是对相对人权利的侵犯。二是合同当事人对于对方当事人资讯信息的保密问题。三是有关工作人员将有关个人信息非法泄露、出售等问题。比如房屋销售员、快递从业人员、出租车司机与代驾人员泄露客户姓名、住址、电话等信息。

在公权力与个人之间，如果公权力机构能够很好地履行信息义务，每个人都会获得更好的生活与工作环境，从而获得更好的发展。其一，政府将法律法规以适当方式公开发布，就可以使有关公民知法守法，更好地成为守法公民。其二，政府充分提供就业信息，就可能给一些需要工作的人提供切实的帮助，使之获得实现人生价值的舞台。其三，政府充分提供产业政策，就可能有利于一些企业及其工作人员获得更好的创业与投资环境，帮助公民更好地实现人生价值。其四，政府若能对一些公共信息提供更多的查询服务，而不是过度保密，例如公开查询不动产登记、企业登记、行政许可、行政文件等信息,就可以更好地防止刑事诈骗犯罪、民事欺诈交易,从而维护包括市场经济秩序在内的社会秩序等。

政府对于公民个人信息的保护,可以使个人少受或者不受违法侵害,减少人身与财产的损失。一是政府本身就掌握着很多公民个人信息,这些信息必须获得政府良好的保护,一旦被泄露,其后果就不堪设想,给当事人带来的损失甚至无法补救。二是政府是信息权利的保护者,任何信息权利受到侵害的个人都有权寻求政府的保护。保护公民个人信息权利是政府天然的义务,但是它未必都能妥当履行,一旦履行不好,公民被侵害的权利就得不到应有的保护,也就无法实现。三是政府是信息违法犯罪的制裁者,这是对于公民个人权利保护的另一方面。打击信息违法犯罪,就是保护信息权利的合法权益。如果政府履职不力,人们的个人权利就随时处于危险之中。第一个方面是政府的信息守法问题,第二和第三个方面则是执法、司法的问题。

随着信息社会的发展、信息内容的增加与信息权利的丰富,信息权的保障会越来越体现出重要的意义,也会对个人发展与发展权的实现产生深刻而重大的影响。

第三节 个人发展权与共同富裕

个人发展权是个人的权利,但是,个人发展从来都不是个人的事情,它关乎全社会的利益,并受到全体社会成员状况的影响。共同富裕目标的提出,为个人发展权的推进开辟了新的历史空间,为个人发展权的实现提供了新的推动力量,为个人发展权的丰富创造了新的发展前景。

一、共同富裕为个人发展权的推进开辟新的历史空间

个人发展权的推进从来都是在具体的历史空间展开的。历史时代为个人发展提供了特定的背景与现实的可能。我们只有从历史时代的背景来考察,才可能对个人发展有全面而真切的认知。

(一) 共同富裕为人类发展开启新的历史时代

人类在原始时代是集体贫穷。人们对于原始社会总是不惜用最美好的词句来描述它。"先前的一切社会发展阶段上的生产在本质上是共同的生产,同样,消费也是在较大或较小的共产制共同体内部直接分配产品。生产的这种共同性是在极狭小的范围内实现的,但是它随身带来的是生产者对自己的生产过程和产品的支配。"① 这时当然不会有贫富的差异。正是随着家庭、私有制的出现,人们才形成了财富上的分化,甚至被区分为富人和穷人。两极分化的不断演进,最终导致了富有者不但可以拥有财富,还可以拥有别人,甚至成了奴隶主;贫穷者不但没有财富,而且连自己都不属于自己——成了奴隶。从此,人类社会进入了第一个阶段——奴隶制社会。

阶级社会是贫富不均的社会。人类进入奴隶制社会,经过封建社会,乃至资本主义社会,都一直是在贫富不均的状态下运行和发展的。奴隶与奴隶主是穷人与富人的关系;至于农民和地主,虽然情况发生了

---

① 《马克思恩格斯文集》第 4 卷,人民出版社 2009 年版,第 193 页。

重大变化,但仍然是穷人与富人的关系。资本主义社会给人的解放提供了空前的历史条件,但在人人平等的表象下掩藏着严格的阶级差异。资本家对工人剩余劳动及剩余价值的占有是其最根本的原因。"造成工人阶级经济地位低下的,并不是工资的高低,而是下面这个事实,即工人阶级得不到自己劳动的全部劳动产品,而不得不满足于自己生产的产品的一部分,这一部分就叫做工资。资本家攫取了全部产品(从中支付工人的工资),因为他是劳动资料的所有者。因此,工人阶级除非成为一切劳动资料——土地、原料、机器等的所有者,从而也成为他们自己劳动的全部产品的所有者,否则就得不到真正的解放。"[①]

社会主义社会为共同富裕提供了新的历史可能。社会主义社会是建立在对资本主义社会的否定与超越之上的。社会主义以公有制为主体的经济制度,为共同富裕提供了有史以来最好的经济基础;社会主义的平等价值追求,为共同富裕提供了崇高的价值引领;社会主义的先进文化,为共同富裕提供了文化支撑。社会主义社会作为共产主义社会的准备阶段,正是人类快速发展的时期。

(二) 共同富裕为个人成长提供新的历史机遇

任何个人都是特定时代、特定社会中的个人。共同富裕目标的提出及其实践为个人成长提供了新的历史机遇。

个人的基本状况是各不相同的。从身体状况来说,有的人身强力壮,有的人弱不禁风。从智力状况来说,有的聪明智慧,有的人相对智力有限。从家庭状况来说,有的人出身显赫、衣食无忧,有的人则出身寒微、饥寒交迫。人与人的竞争、差异同时并存,弱势者就必然地处于

---

① 《马克思恩格斯全集》第 25 卷,人民出版社 2012 年版,第 494 页。

劣势。在激烈的社会竞争中,弱势者难以生存和发展。共同富裕目标的提出及其实践,就为那些相对弱势的个人和群体提供了较好的生存与发展空间。

个人的发展过程也是各不相同的。人生过程之中,各种偶然因素的介入都可能导致有的人成功了,有的人却处于相对困难的状况之中。比如疾病、车祸,乃至天然的洪水、地震等灾难性事件,都可能使原本衣食无忧的社会成员陷入困顿之中。共同富裕可以为遭遇偶然灾难的人提供更多更好的物质支持,从而改善其生活与生存状态,为其摆脱困境、得到新的发展提供新的历史机遇。

二、共同富裕为个人发展权的实现提供新的推动力量

个人发展权立足于个人,着眼于个人,但它并不是孤立的个人,而是在社会环境中的个人,是社会整体中的个人。因此,不同的个人就会有不同的状态、不同的目标,最终达成共同的理想。就个人原初状况来说,有的富裕,有的不富裕;就发展前景来说,有的会先富,有的会后富。我们共同的目标是先富带后富,最终实现共同富裕的理想。

(一)鼓励"先富起来"以提供客观基础

世界总是发展的,但世界的发展并不平衡。人的发展、人的财富增长与积累也不会是同步的。只有尊重这种差异性,并据此来制定政策规划和发展方向,才可能顺利达成最终的目标。

1978年党的十一届三中全会之后,改革开放的时代春风席卷了神州大地。社会发展与个人发展呈现出蓬勃生机,于是中央提出允许一部分地区、一部分人先富起来。这是遵从马克思主义发展理论的伟大

实践。正是在这样的背景下,就地区来说,作为改革开放前沿的东南沿海地区率先发展了起来;就个人来说,一部分社会成员率先富起来。整个社会展现出争先恐后、朝气蓬勃的崭新气象。

改革开放后,我国的社会生产力得到飞速发展。在1978年到1986年的8年间,中国企业从34.84万个增加到49.93万个;集体所有制企业从26.47万个增加到40.01万个;城镇个体户产值从0元增加到29亿元;全民与集体合营、全民与私人合营、集体与私人合营、中外合营、华侨和港澳工商业者经营、外资经营等企业从0个增加到2 400多个;工业总产值从4 231亿元增加到9 028亿元。① 人民群众的物质文化生活水平得到了很大提高。1978年到1986年间,职工人均纯收入从316元增加到828元,农民人均纯收入从134元增加到424元;城镇人均居住面积从4.2平方米增加到8平方米,农村人均居住面积从8.1平方米增加到15.3平方米;年底城乡居民储蓄存款余额从210.6亿元增加到2 237.6亿元,平均每人存款余额从21.9元增加到211.7元;每百人拥有电视机数量从0.3台增加到8.7台,收音机从7.8台增加到24台,录音机从0.2台增加到4.9台。②

中国社会在改革开放的政策下一路向前,相当一部分地区、一部分人逐渐富裕起来。当然也还有一些贫困人口在走向富裕的道路上艰难跋涉。那些先富起来的人成为后富的表率与带动力量,个人发展取得了丰硕成果。

---

① 参见马宇平、黄裕冲编写:《中国昨天与今天:1840—1987国情手册》,解放军出版社1989年版,第629页。

② 参见马宇平、黄裕冲编写:《中国昨天与今天:1840—1987国情手册》,解放军出版社1989年版,第647页。

(二) 实现"共同富裕"以指明发展方向

共同富裕是以个体在财富上的差异与差距为认识前提的。在社会生活之中,不同的人由于体力、智力、生活环境、人生际遇的不同,就会有千差万别的人生状态与发展路径,也会有不同的财产状况。总体来说,体力、智力相对较弱的人,比如残疾人、慢性疾病患者等在维持生活和获得发展的能力上必然会处于劣势,在相对竞争中也需付出更多的艰辛。即使是同样的辛劳,也会有不同的收入,其物质生活状况、生活富裕程度必然就会出现种种差异。再说生活环境,总体上说,在城市,人们谋生相对容易,会更有较为良好的医疗保障、失业救济等社会保障,而偏远山区的人们甚至连打工的机会都无法获得,更难以有良好的社会保障。每个人不同的发展基础、状况,也就决定了必然会存在一定的贫富差距。为此,脱贫作为总体任务,在全面建成小康社会的时候已经完成,而个体的脱贫还将长期存在。

共同富裕让先富起来的个人获得了更好的发展空间,并努力担负起带动共同富裕的时代使命。先富起来的有地区,也有个人。共同富裕的目标为先富起来的人提供了新的发展方向,也为其他社会成员提供更多的就业机会、更好的发展可能。从改革开放几十年的实践中可以看到,一些民营企业在自身的发展过程中创造了大量的就业机会,为社会上相当多的人提供了工作岗位,这就是对社会的贡献,在一定意义上也是先富帮后富,具有促进共同发展、共同富裕的重大意义。

共同富裕让个人有了新的发展方向,个人奋起直追,用自己的实际行动为共同富裕做出自己应有的贡献。公民个人在社会生活中自强不息、发愤图强,不断改善自己和家人的生活状况,从贫穷走向富裕,从较差的生活状态走向较好的生活状态,这就是奋斗的人生、令人尊敬的人生。由于种种原因,目前尚不富裕的个人仍然很多。一些天灾、疾病、偶然事件还可能让一些本来脱贫的人重新返贫。我们要使全体社会成员在党的共同富裕政策的感召下充分发挥自己的能动性，在为社会做出自己贡献的同时，为自己的发展开辟新的路径，赢得新的机遇，从而得到新的发展。

三、共同富裕为个人发展权的丰富创造新的发展前景

世界是发展的，个人发展权本身也是不断丰富的。随着人类社会的进步，个人发展权的内容也会不断被充实。共同富裕的提出与实践，一定会为个人发展权的丰富创造出新的发展前景。

（一）提高物质生活水平为其提供物质基础

共同富裕的崇高目标是每个人乃至一切人都达至富裕的状态，而其最基本和首要的还是使人们免于贫穷，达到温饱及以上的水平。共同富裕之下，相对贫困者能够在温饱基础上获得更多的物质保障，为每一个人的发展提供客观基础和有利条件。

衣食住行是人们最基本的物质生活需要，也是个人发展权得以丰富充实的物质前提。人类要生存发展，首先必须进行物质资料生产，首先必须吃、喝、住、穿，然后才能从事政治、科学、艺术、宗教等活动。物质财富是不断累加的，人类社会是渐进发展的。人类社会的进步发展在相当大的程度上都体现为物质财富的增加。人们不仅要有维持生命所需的生活资料，还要有提升生活品质、实现美好生活的追求。共同富裕的前提是共同劳动、共同创造。共同富裕必将为个人发展权的丰富提供更深厚的物质基础。

（二）丰富精神生活内容为其提供精神滋养

精神生活是人类社会生活的重要内容，是人作为人的最基本要求。精神生活的丰富与匮乏对于任何人都具有决定性的影响，它严重地影响着个人的发展状况。精神与物质总是相伴随行的，就个人发展权的丰富发展而言，首先必须有物质生活的改善和发展，其次还必须有精神生活水平的提升。共同富裕必将充实人们的精神生活，为个人发展权的丰富提供更多更好的精神滋养。

共同富裕的主体是全体人民，是包括全体社会成员在内的广大人民群众。从共同富裕的内容来看，其中除了有物质生活之外，还有精神生活。我们在提升物质生活水平的同时，必须关注和着力提高精神生活水平。人的精神富裕是共同富裕的文化支撑。精神生活富裕是全体人民在小康社会全面建成之后的新期待，也是社会发展的新目标。丰富精神生活，促进精神富裕，是与物质富裕并行的。二者必须在新的历史条件下实现新的协调与统一。

（三）促进人的全面发展为其提供无限可能

马克思、恩格斯在《共产党宣言》中将共产主义社会的理想定位为每个人乃至一切人的全面自由发展。他们说："代替那存在着阶级和阶级对立的资产阶级旧社会的，将是这样一个联合体，在那里，每个人的自由发展是一切人的自由发展的条件。"[①]从人的自由发展来考察，我们不难得出结论，它就是人的全面发展。这种全面发展不是凭空实现的，它必然要以物质生活资料的空前丰富为前提和基础，也必须以长期持续供给的物质生活资料为保证。只有共同富裕才可能给每一个人

---

① 《马克思恩格斯选集》第 1 卷，人民出版社 2012 年版，第 294 页。

乃至一切人提供应有的物质基础。共同富裕可以说是马克思主义思想家崇高理想的构成部分,也是他们对于未来社会的美好期待。

所谓每个人的自由发展,其自由,当然地包含着自然意义、哲学意义上的自由,也包含着法律意义、社会意义上的自由;其发展,当然需要物质基础、社会环境、精神生活。每个人乃至一切人的自由发展,就是全面发展,它离不开共同富裕作为前提条件与客观基础。共同富裕一定会促进人的全面发展,共同富裕与人的全面发展不断提升,为个人发展权的丰富提供最基本而现实的路径,以及持续的推动力量。

第四节　个人发展权与全球化背景下的人权发展

当前,世界进入新的动荡变革期,联合国 2030 年可持续发展议程的落实进程受阻。西方国家强加给其他国家的单方面制裁给受制裁国人民的发展权造成了灾难性影响。

联合国单边强制措施对人权负面影响问题特别报告员阿莱娜·杜晗在接受新华社记者采访时表示,西方国家强加给其他国家的单方面制裁措施加剧了这些国家的经济和社会危机,对受制裁国人民,特别是这些国家的贫困者以及慢性病患者造成了灾难性影响。杜晗访问津巴布韦期间,亲身感受到西方国家单方面制裁给该国经济造成的毁灭性影响,以及对津巴布韦人民的生命权、食物权、健康权、发展权、受教育权与经济和文化权利的损害。受这种单方面制裁的影响,一些津巴布韦学生被迫从全日制学习转为不定期学习。①

在这样的国际背景下,加强和改善全球人权治理,成为世界人民的共同期盼。中国提出的以发展促人权、共同构建人类命运共同体等理念更加凸显出其重大意义以及深远影响,为世界人权事业的发展贡献了中国智慧和中国方案。

一、以人类命运共同体理念推动人权事业进步

继2017年2月10日联合国社会发展委员会第55次会议协商一致通过《非洲发展新伙伴关系的社会层面》决议,"构建人类命运共同体"理念首次被写入联合国决议之后,3月23日,联合国人权理事会第34次会议通过关于经济、社会、文化权利和粮食权的两个决议,"构建人类命运共同体"理念再次被写入联合国决议。这标志着人类命运共同体这一理念成为国际话语体系,特别是国际人权话语体系的重要组成部分。

(一)人类命运共同体理念是时代的产物

中国关于构建人类命运共同体的重要倡议,引起国际社会的热烈反响。当今时代由于人类交通工具的改善、互联网的普及、国际交流交往的日益频繁,世界逐步成为一个地球村。人类生活在历史和现实交汇的同一个时空里,你中有我、我中有你,构成了人类命运共同体。我国认为,构建人类命运共同体,要从伙伴关系、安全格局、经济发展、文

---

① 参见《专访:西方国家强加给其他国家的单方面制裁给受制裁国人民造成了灾难性影响——访联合国特别报告员杜晗》,新华网,http://www.xinhuanet.com/world/2022－07/23/c_1128857499.htm。

明交流、生态建设等方面做出努力,建设持久和平、普遍安全、共同繁荣、开放包容、清洁美丽的世界。这对构建公正、合理的国际人权治理体系具有重要指导意义,因此获得了广泛的国际认同。

理念引领行动,方向决定出路。人类命运共同体理念的提出反映出我国及时认识并把握住了全球化所带来的新变化,契合国际社会求和平、谋发展、促合作的共同愿望,为应对全球性问题的挑战指明了根本出路。

从人权发展的历史进程来看,世界自近代以来产生了三代人权。第一代人权主要是消极权利,重点是维护个人自由,这为公民权利和政治权利的出现奠定了基础。第二代人权主要是积极权利,侧重于经济、社会和文化权利,旨在敦促国家创造条件来满足个人的需要。第三代人权则是社会连带的权利。连带性人权需要在国内和国际层面达成相当程度的共同意见和承诺,共同建立协调有效的保障人权的应对机制。

在今天,连带性人权的典型代表就是发展权和环境权。1993年《非政府组织曼谷人权宣言》在重申了发展权利是一项普遍、不可剥夺的权利之后,强调必须通过国际合作、尊重所有基本人权、设立监测机制和为实现此种权利创造必要的国际条件等途径,促其实现。[①] 环境权关系到整个人类生态系统的平衡,保护和改善环境是一项造福全人类的公益事业,单凭一己之力难以完成,各国都必须从全人类的整体利益出发,实行国际合作。社会连带性是第三代人权的根本特征,这使得我们比以往任何时候都更需要国际社会的通力合作,只有这样,才可以更好地实现和保障人权。

因此,人类命运共同体理念准确把握住了人权发展的历史趋势,对

---

① 参见1993年《非政府组织曼谷人权宣言》,https://www.un.org/zh/documents/treaty/A‐CONF.157‐PC‐83。

完善国际人权治理具有重要启示。

(二) 人类命运共同体理念对人权建设的更高要求

人类命运共同体理念内涵丰富深刻,影响积极深远。虽然这一理念并不是专门针对人权建设而提出的,有着更宽广丰富的内涵,但是对人权发展的理论和实践意义重大。

从人权发展的历史进程上来看,人类命运共同体理念是在人权发展进入到一个全新的阶段,在人权发展与进步、风险与挑战并存的实践基础上,所提出的符合历史客观规律的重大价值理念。这一重大人权理念必将对人权的发展提出新的更高的要求。

坚持主权平等原则。主权平等原则是一项公认的国际法准则,也是国际人权法和联合国人权工作的基本原则。《联合国宪章》明确规定:"本宪章不得认为授权联合国干涉在本质上属于任何国家国内管辖之事件,且并不要求会员国将该项事件依本宪章提请解决。"[1]1965年通过的《关于各国内政不容干涉及其独立与主权之保护宣言》也指出:"任何国家,不论为任何理由,均无权直接或间接干涉任何其他国家之内政、外交。"[2]

世所公认,第二次世界大战以来的国际秩序主要是建立在尊重主权与保护人权这两大重要原则之上的,二者互为支撑,缺一不可。主权平等,是促进和保护人权的根本。国家之间的平等,其真谛在于国家不分大小、强弱、贫富,主权和尊严都必须得到尊重,内政不容干涉,都有权自主选择社会制度和发展道路。新形势下,我们一定要坚持主权平

---

[1] 1945 年《联合国宪章》,https://www.un.org/zh/about-us/un-charter/full-text。
[2] 1965 年《关于各国内政不容干涉及其独立与主权之保护宣言》,https://www.un.org/zh/documents/treaty/A‐RES‐2131(XX)。

等,推动各国权利平等、机会平等、规则平等,确保法律、法治在人权保护上发挥出应有的重大作用。

坚持人权的普遍性与特殊性相结合。人类命运共同体理念强调尊重文明的多样性,认为人类文明多样性正是人类进步的源泉。当代的普遍人权观念产生于人们对法西斯残暴践踏人权的反思,成型于战后人权立法的过程,确立于1948年《世界人权宣言》之中。长久以来,围绕着人权问题,发达国家和发展中国家的分歧和论争比比皆是。这些争论与分歧的背后,既有意识形态、社会制度、历史传统的因素,也有对人权问题认识差异的因素。其中,对人权的普遍性和特殊性问题的认识是国际人权领域中争论最为激烈的问题。

我们必须承认的是,国与国之间,因为不同的社会制度、历史发展状况、宗教信仰等等,在人权所处的发展阶段上不同,对人权的理解不同。发达国家和发展中国家在经济、政治、文化等方面处于不同的发展阶段,各自在人权上所面临的问题不同,因此在人权的普遍性与特殊性认识上的差异是客观存在的,也是合理的,但又是我们必须着力去解决的。人类命运共同体理念尊重文明的多样性,强调包容互鉴是促进和保护人权的动力,不同的国家、不同的文明之间应平等交流,相互借鉴,取长补短,共同进步。各方应尊重他国的人权发展道路,坚持对话与合作,妥善处理分歧与矛盾,为促进和保护人权寻求更加有效的途径。人类命运共同体理念对于化解人权问题上的普遍性与特殊性的纠纷具有重要的指导意义。

加强人权的法治保障。法律是保障人权最普遍、最基本、最有效的手段。第一次世界大战以后,人权开始进入国际法领域,在保护少数者(人种、语言、宗教等方面处于少数群体)、禁止奴隶贸易、保护劳工权益等领域,逐渐开始出现人权规范。人权全面进入国际领域,则是在第二次世界大战之后,这标志着人权的发展进入了一个全新的阶段。全人类共同经历的灾难使得人们痛定思痛,开始意识到尊重和保障人权绝不是某一个国家、某一个民族的事务,而是关系到世界上所有人和所有国家切身利益的事情,需要所有国家和人民来共同努力。正因如此,人权也就成为连接人类共同体的纽带,是人类命运共同体中集体与个体权利的重要保障。

法治通过人权保障的独特路径,对人类命运共同体的维系和发展发挥着重要的作用。当前,各国以《联合国宪章》为基础,在政治安全、贸易发展、社会人权、科技卫生、劳工产权、文化体育等领域达成了一系列国际公约和法律文书。在这一系列的国际公约中,各种具体的人权几乎已经在各种国际公约文书中被详细列举。法律的生命力在于实施,这些人权的实施则主要是通过各个国家的立法、执法、司法等措施来予以实现。加强人权的法治保障,在国际层面需要各国按照国际社会公认的国际法原则、国际人权宣言和公约,承担国际义务与责任,对人权保障进行合作与保证;在国内层面则需要各国完善国内立法,从立法、执法、司法等程序,保障人权在现实中切实被尊重与实施,同时加强人权的法治教育,使得依法保障人权的观念在全社会深入人心。

加强人权领域的对话与合作。我们并不回避这一事实:国与国之间因为不同的社会制度、历史传统、意识形态等因素,对人权的认识会有差异。正是因为有这些差异,我们才更加需要国际人权的对话与合作,才更加需要各国共同努力去推动人权事业的发展。在人权问题上,坚持对话与合作,就会减少分歧和矛盾,从而扩大共识,增进彼此的理解,这是国际人权交往的唯一正确途径。人权问题上的分歧,是人类社会在现阶段必然而又正常的现象,通过对话与合作,消除误解,增进了解,强化互动与互助,必将有力地推动人权事业的发展。从人类命运共同体的视角来看待这一问题,一定会使我们发现,对话与合作是促进和维系人类命运共同体的重要方式和有力手段。我们完全可以通过人权的对话与合作,增强互信,促进不同国家、不同地区之间在人权认知、人权保障上的互动共振,在促进人权事业发展的同时,推动人类命运共同体建设。

二、坚持以发展促进人权事业进步

使人民充分享有人权是人类社会的共同奋斗目标,这一目标的实现所依赖的就是人类社会的不断发展。没有发展就没有人权得以实现的坚实基础,发展本身就是极为重要的基本人权。发展是人类社会永恒的主题,发展权是一项不可剥夺的人权,对各国人民而言,发展寄托着生存和希望,象征着人类的尊严和荣耀。2017年6月22日,联合国人权理事会通过了中国倡导的《发展对享有所有人权的贡献》决议,首次将"发展促进人权"理念引入国际人权体系。这是继"构建人类命运共同体"重大理念被写入联合国决议之后,中国又一次为全球人权治理贡献出了中国方案。当前,安全威胁从传统领域向非传统领域扩散,恐怖主义、难民危机、粮食安全、资源短缺、气候变化、环境污染、网络攻击等全球非传统安全问题层出不穷,任何一个国家都难以独善其身,这对国际秩序和人类生存都构成了新的严峻挑战。面对重重危难,人类走出困境的根本路径就是发展。发展是硬道理,只有发展才能满足人类文明进步的需要。

(一)中国对发展权主流化的贡献

《发展对享有所有人权的贡献》决议获得70余国联署,得到了各国特别是发展中国家的支持和拥护,反映了广大发展中国家的诉求和心声。"发展促进人权"重大理念的提出,将提升发展中国家在国际人权领域的话语权,推动和引领国际人权事业朝着积极的方向发展。

作为最大的发展中国家,中国为发展权的主流化贡献了中国方案。发展权的产生历程充满了争论与分歧,而其最终能够在国际法律文件中得以通过并予以确定,发展中国家付出了艰苦卓绝的努力。必须指出的是,中国作为最大的发展中国家,作为联合国的创始成员国,积极参与推动国际人权事业,为在1986年正式通过《发展权利宣言》做出了重要的贡献。

中国参与起草并签署了《联合国宪章》,推动通过《世界人权宣言》,秉持《经济、社会及文化权利国际公约》和《公民权利及政治权利国际公约》精神,支持联合国通过《关于人权新概念的决议案》和《关于发展权的决议》。中国参加了联合国人权委员会起草《发展权利宣言》的政府专家组的历届会议,并且一直是联合国人权委员会关于发展权问题决议的共同提案国,积极支持人权委员会关于实现发展权问题的全球磋商,支持将发展权作为一个单独的议题在人权委员会中加以审议。自2006年联合国人权理事会成立以来,中国四度当选人权理事会成员,为发展权的主流化贡献了中国方案。

(二) 与时俱进,不断丰富完善发展权理念

中国有14亿多人口,是世界上最大的发展中国家。改革开放40多年来,中国立足自身国情,坚持将人权的普遍性原则与本国实际相结合,坚持生存权和发展权是首要人权的基本主张,把发展作为解决所有问题的关键,特别是党的十八大以来,提出创新、协调、绿色、开放、共享

的新发展理念,走出了一条中国特色发展道路,为丰富和完善发展权的理念做出了积极的贡献。

坚持以人民为中心的发展思想。《发展权利宣言》明确指出:"人是发展的主体,因此,人应成为发展权利的积极参与者和受益者。"①中国奉行人民至上的价值取向,始终坚持发展权的主体是人民,视人民为推动发展的根本力量。坚持发展为了人民、发展依靠人民、发展成果由人民共享,同时把增进人民福祉、促进人的全面发展作为发展的出发点和落脚点,充分调动人民的积极性、主动性、创造性,使人民成为发展的主要参与者、促进者和受益者。中国基本实现了千年发展目标,贫困人口减少了4.39亿,在教育、卫生、妇女权益等领域取得了显著成就。可以说,中国的发展不仅增进了14亿多中国人的福祉,也有力促进了全球发展事业。

坚持发展权是个人人权与集体人权的结合。发展权的历史充满了发达国家与发展中国家之间不断的争论。对于发展权的分歧,很重要的一点集中在发展权究竟是个人人权还是集体人权。传统的人权原则重在保护个人人权,发达国家认为发展权是个人的权利,而非集体的权利。《发展权利宣言》在序言中载明:"确认发展权利是一项不可剥夺的人权,发展机会均等是国家和组成国家的个人一项特有权利。"②这表明,发展权的基点既在个人,同时还包括具有社会属性的人按特定方式结合而成的民族和国家等集体。中国赞赏并恪守《发展权利宣言》的精神,既重视个人发展权,又重视集体发展权,并在实践中努力使二者相互协调、相互促进。没有个人的发展,就没有集体的发展;同时,也

---

① 1986年《发展权利宣言》,https://www.un.org/zh/documents/treaty/A‐RES‐41‐128。

② 1986年《发展权利宣言》,https://www.un.org/zh/documents/treaty/A‐RES‐41‐128。

只有在集体中,个人才能获得全面发展。发展权既是每个人的人权,又是国家、民族和全体人民共同享有的人权,个人发展权只有与集体发展权统一起来,才能实现发展权的最大化。

推动实现共同发展。作为第三代人权的代表,发展权是把人和社会联系在一起的纽带,社会连带性是其重要属性。国家、民族、地区之间不是孤立存在、互不相关的,在全球融合趋势加速的大环境下,人类愈来愈成为"你中有我,我中有你"的命运共同体。中国推动建设人类命运共同体,强调不同文明间的交流互鉴,坚持相互尊重、平等相待、合作共赢、共同发展的原则,把中国人民的利益同各国人民的共同利益结合起来。中国积极为各国特别是发展中国家争取公平的发展,逐渐承担起面向其他发展中国家的"特殊和差别待遇"义务,重点保护最不发达国家人民的发展权,使各国都成为全球发展的参与者、贡献者,公平分享发展权益。推动在同一目标下不同发展程度的国家承担共同但有区别的责任,提升发展中国家在全球治理体系中的规则制定权和话语权。

积极落实可持续发展。发展权具有历史的连续性和延展性。可持续发展是发展权的应有之义,体现着代际公平。中国率先响应可持续发展战略,支持并全力落实《联合国千年宣言》,已经实现或基本实现了 13 项千年发展目标、指标。中国积极促进国际社会达成并实施 2030 年可持续发展议程,发布了《落实 2030 年可持续发展议程中方立场文件》和《中国落实 2030 年可持续发展议程国别方案》,在二十国集团领导人杭州峰会上共同制定了《二十国集团落实 2030 年可持续发展议程行动计划》《二十国集团支持非洲和最不发达国家工业化倡议》等等,为世界各国尤其是发展中国家共同落实可持续发展战略注入了强劲的动力。

三、人民生活幸福是最大的人权

追求幸福是人类的价值目标,也是人权目标。人人享有幸福生活,是人类社会追求的美好理想,也是最大的人权。如何满足人们幸福生活的需要,是中国人权事业必须回答的重大问题,也是今后长期的奋斗目标。

我们已经坚持把尊重和保障人权作为治国理政的一项重要工作,推动我国人权事业取得历史性成就。让人民生活幸福,是党和政府人民情怀的具体体现,也是中国人权观的集中体现。它凝结着人民的梦想、社会的期求、民族的希望、国家的规划。

不断发展全过程人民民主,保障人民当家作主。我国是人民当家作主的社会主义国家,国家的一切权力属于人民。中国共产党自成立之日起就高举起"争民主、争人权"的旗帜,鲜明宣示了救国救民、争取人权的主张。我们要不断发展全过程人民民主,保障人民当家作主,保证人民依法参与民主选举、民主协商、民主决策、民主管理、民主监督,把人权落实在经济、政治、文化、社会、生态文明等各个领域,让人民成为人权事业发展的主要参与者、促进者、受益者。

顺应人民对高品质美好生活的期待,不断满足人民群众日益增长的多方面的权利需求。中国特色社会主义进入新时代,我国社会主要矛盾转化为人民日益增长的美好生活需要和不平衡不充分的发展之间的矛盾。我国坚持全方位维护和保障人权,统筹推进经济发展、民主法治、思想文化、公平正义、社会治理、环境保护等建设。比如,为满足人民群众日益增长的优美生态环境需要,在《国家人权行动计划(2021—2025年)》中将之前从属于"经济、社会和文化权利"的"环境权利"独立成章。《"健康中国2030"规划纲要》将"健康环境"作为五大领域之一,突出体现了保护健康环境权的理念。据统计,2020年,我国主要污染物排放总量减少目标超额完成,全国受污染耕地安全利用率和污染地块安全利用率双双超过90%。天更蓝了,山更绿了,水更清了,空气更清新了,人民生活环境质量得到很大改善。

将促进全体人民的自由全面共同发展作为人权事业发展的总目标,切实加强少数民族的人权保障。新中国成立以来,国家把支持少数民族和民族地区经济社会发展作为国家发展建设的重要内容,通过实施西部大开发战略、兴边富民行动、扶持人口较少民族、保护与发展少数民族特色村镇、对口支援以及制定少数民族事业专项规划等举措,坚决打赢民族地区脱贫攻坚战,有力地促进了少数民族和民族地区的经济社会发展;注重保护少数民族使用和发展本民族语言文字的自由,建设中国少数民族濒危语言数据库,设立并实施"中国语言资源保护工程"等。各民族在中华民族大家庭中紧密团结、和衷共济,共同推动人权事业发展,提高人权保障水平。

一国人权状况好不好,关键是看该国人民的权益是否得到很好的维护,人民的获得感、幸福感、安全感是否得到增强,这是检验一国人权状况最重要的标准。如今,人民幸福生活是最大的人权在中华大地上已得到了很好的体现。

四、坚持全方位维护和保障人权

致力于全方位维护和保障人权是当下中国政府的原则立场。全方位维护和保障人权,是推动人权事业发展的内在要求。享有充分的人权,是长期以来人类追求的理想。人权的内涵十分丰富,是一个庞大的体系,也是随着经济社会发展与时俱进、不断丰富和完善的。

虽然我国古代没有明确的人权概念,但是儒家文化中早已有人权意识的萌芽,成为当代中国人权理念的传统文化渊源与资源。而从世界范围来看,从强调公民权利和政治权利的第一代人权,到强调经济社会文化权利的第二代人权,再到建立在集体基础上、以环境权和发展权为代表的第三代人权,人权的内容也在不断扩展。人权不仅包括每个人的人身人格权利,还包括每个人在经济、文化、政治和社会生活方面的各种权利。人权内涵的广泛性、全面性、时代性必然会对维护和保障人权提出现实的需要,这既是全方位维护和保障人权的立论依据,也是推动人权事业发展的内在要求。

全方位维护和保障人权,是我们党和政府的一贯主张,也是实际行动。尊重和保障人权一直是我们的不懈追求,曾经是,现在和将来仍然是我们坚定不移的奋斗目标。当前,我们党和政府坚持把尊重和保障人权作为治国理政的一项重要工作,推动我国人权事业取得历史性成就。我们实现了第一个百年奋斗目标,全面建成小康社会,历史性地解决了绝对贫困问题,为我国人权事业的发展打下了更为坚实的物质基础;我们不断发展全过程人民民主,推进人权法治保障,坚决维护社会公平正义,使人民享有更加广泛、更加充分、更加全面的民主权利;我们推动实现更加充分、更高质量的就业,建成了世界上规模最大的教育体系、社会保障体系、医疗卫生体系,大力改善人民生活环境质量;等等。特别要指出的是,我国是世界上唯一持续制定和实施四期国家人权行动计划的主要大国,通过制定国家人权行动计划,推动实现人权建设与国家发展规划的对接和统一。每一期的国家人权行动计划,都顺应人民对高品质美好生活的期待,不断满足人民日益增长的多方面的权利需求。比如在最新一期的国家人权行动计划中,为满足人民对优美生态环境的需要,把"环境权利"独立成章;面对数字化时代人权保障的挑战,对信息权利做出具体回应。

全方位维护和保障人权要求我们必须具备系统思维。系统思维强调一种整体观、全局观。人权体系涉及范围很广,权利与权利之间并不是彼此孤立的,而是相互影响的,因此人权保障不能非此即彼、厚此薄彼。对此,要统筹兼顾各类人权,综合施策,系统推进,全面推进。在新冠肺炎疫情防控中,我们始终统筹推进疫情防控和经济社会发展,既保障人民的生命健康权,又保障人民的生存权和发展权,目的正是统筹兼顾各类人权。全方位维护和保障人权,要求我们既重视集体人权,又重视个人人权;既重视生存权、发展权的首要地位,又重视公民权利、政治权利和经济社会文化各项权利的协调发展,努力实现更高质量、更有效率、更加公平、更可持续、更为安全的发展,为人权事业发展提供坚强保障。

四、为世界做出中国贡献

人权事业是人类共同的事业。中国人权事业是人类人权事业的组成部分。在人权建设中,中国做出了极为卓越的贡献。这些贡献为世界呈现了中国样本,我们可以与世界各国和国际社会交流互鉴。我们既要学习世界上其他国家的有益成果,也要为人权发展做出中国实践与中国贡献。

1991年11月1日,国务院新闻办公室发表《中国的人权状况》白皮书,这是新中国成立以来中国政府发表的第一部白皮书,也是中国政府向世界公布的第一份以人权为主题的官方文件。

这份约4.5万字的白皮书包括前言和10个部分,阐述了中国关于人权问题的基本立场和基本政策,以大量的事实向国际社会全面系统地介绍了中国关于人权问题的基本立场、观点以及中国人民享有人权的事实,有力驳斥了当时西方敌对势力对我国人权状况的攻击。《中国的人权状况》白皮书还是我国人权宣传的重大突破,从此,定期或不定期就我国的人权状况发表白皮书,成为我国人权国际传播的一个重要内容。

白皮书发表 30 多年的历程充分表明,中国共产党带领人民创造的尊重和保障人权的辉煌成就,为我们向世界讲好中国人权故事提供了强有力的事实依据。

讲好中国共产党的人权观,人民幸福生活是最大的人权。中国共产党从诞生那一天起,就把全心全意为人民服务作为根本宗旨。回顾党的百年历史,正是因为我们始终坚持人民至上,我们党才带领人民成功走出了一条中国特色社会主义人权发展道路,书写了世界人权发展史上的伟大奇迹。

讲好全球人权治理中的中国贡献。中国恢复联合国合法席位 50 年来,始终致力于在联合国框架下推动全球和平与发展,在推进自身人权事业发展的同时,积极为全球人权治理提供中国智慧和中国方案,在国际减贫、联合国维和、全球抗疫、环境治理等领域做出了卓越的贡献。据 2021 年 10 月 22 日外交部发布的《中国联合国合作立场文件》,自 1990 年以来,中国向联合国派出 5 万多人次参加维和行动。

讲好普通人守望相助的人权故事。中华优秀传统文化作为中国人的文化基因,潜移默化地影响着我们每个人的思想和行为。"仁者爱人""出入相友,守望相助""老吾老,以及人之老;幼吾幼,以及人之幼"等传统文化思想丰富着人权的内涵。我们要讲好身边普通人的人权故事,这些故事往往最易打动人心。

"苟日新,日日新,又日新",时代在发展,人权在进步,人权保障没有最好,只有更好。向世界阐释中国人权理念,展示中国人权形象,传播中国人权声音,讲好中国人权故事都是极为重要的,但是保障好中国人权才是根本之根本。我们一定要在包括个人发展权在内的整个人权保障上做出更好更多的努力,为中国人民、为世界人民做出中国应有的贡献。

参考文献

一、中文著作

白桂梅.国际人权与发展——中国和加拿大的视角[M].北京:法律出版社,1998.

蔡伦倬.马克思主义法学新探[M].重庆:重庆出版社,1992.

常凯.劳动权——当代中国劳动关系的法律调整研究[M].北京:中国劳动社会保障出版社,2004.

程燎原,王人博.权利及其救济[M].济南:山东人民出版社,1998.

陈志尚.人的自由全面发展论[M].北京:中国人民大学出版社,2004.

丁东红.米德文选[M].北京:社会科学文献出版社,2009.

董云虎.从国际法看人权[M].北京:新华出版社,1998.

方竹兰.市场化与马克思主义的发展[M].北京:中国人民大学出版社,2007.

郭宝宏.论人的需要[M].北京:经济科学出版社,2008.

韩德培.人权的理论与实践[M].武汉:武汉大学出版社,1995.

韩庆祥,邹诗鹏.人学——人的问题的当代阐释[M].云南:云南人民出版社,2001.

侯怀霞.私法上的环境权及其救济问题研究[M].上海:复旦大学出版社,2011.

胡建淼.公权力研究——立法权·行政权·司法权[M].杭州:浙江大学出版社,2005.

黄枬森,陈志尚,董云虎.当代中国人权论[M].北京:当代中国出版社,1993.

黄枬森,沈宗灵.西方人权学说(上)[M].成都:四川人民出版社,1994.

黄枬森.人学原理[M].南宁:广西人民出版社,2000.

姜明安.行政执法研究[M].北京:北京大学出版社,2004.

蒋银华.国家义务论——以人权保障为视角[M].北京:中国政法大学出版社,2012.

李步云.人权法学[M].北京:高等教育出版社,2005.

李步云.论人权[M].北京:社会科学文献出版社,2010.

李君如.中国人权事业发展报告(2016)[M].北京:社会科学文献出版社,2016.

李培林等.中国社会分层[M].北京:社会科学文献出版社,2004.

李振基等.生态学[M].北京:科学出版社,2014.

刘同君.守法伦理的理论逻辑[M].济南:山东人民出版社,2005.

齐延平.人权与法治[M].济南:山东人民出版社,2003.

齐延平.社会弱势群体的权利保护[M].济南:山东人民出版社,2006.

邵津.国际法[M].北京:北京大学出版社、高等教育出版社,2001.

沈宗灵,黄枬森.西方人权学说(下)[M].成都:四川人民出版社,1994.

宋增伟.制度公正与人的全面发展[M].北京:人民出版社,2008.

万鄂湘,郭克强.国际人权法[M].武汉:武汉大学出版社,1994.

王海明.伦理学原理[M].北京:北京大学出版社,2001.

王建均.市场经济与人权[M].北京:社会科学文献出版社,2006.

王孔祥.国际人权法视野下的人权教育[M].北京:时事出版社,2008.

王利明.司法改革研究[M].北京:法律出版社,2000.

王利明.司法改革研究(修订本)[M].北京:法律出版社,2001.

王利明.法治:良法与善治[M].北京:北京大学出版社,2015.

王铁崖.国际法[M].北京:法律出版社,1995.

汪习根.法治社会的基本人权——发展权法律制度研究[M].北京:中国人民公安大学出版社,2002.

王勇.条约在中国适用之基本理论问题研究[M].北京:北京大学出版社,

2007.

魏晨明.人的发展问题研究[M].北京:中国社会科学出版社,2012.

吴忠民等.发展社会学[M].北京:高等教育出版社,2002.

夏勇.人权概念起源[M].北京:中国政法大学出版社,1992.

徐春.人的发展论[M].北京:中国人民公安大学出版社,2007.

徐显明.国际人权法[M].北京:中国政法大学出版社,2004.

颜晓峰,谈万强.发展观的历史进程[M].北京:人民出版社,2007.

杨一平.司法正义论[M].北京:法律出版社,1999.

余建萍.人的发展与社会发展的一致性研究[M].北京:中国社会科学出版社,2013.

袁贵仁.马克思的人学思想[M].北京:北京师范大学出版社,1996.

张文显.权利与人权[M].北京:法律出版社,2011.

张晓玲.人权法学[M].北京:中共中央党校出版社,2016.

赵敦华.西方人学观念史[M].北京:北京出版社,2005.

赵曜等.马克思列宁主义基本问题[M].北京:中共中央党校出版社,2014.

郑永廷等.人的现代化理论与实践[M].北京:人民出版社,2006.

中国大百科全书·法学(修订版)[M].北京:中国大百科全书出版社,2006.

周叶中,周佑勇.高等教育行政执法问题研究[M].武汉:武汉大学出版社,2007.

卓泽渊.法的价值论(第二版)[M].北京:法律出版社,2006.

卓泽渊.法政治学研究[M].北京:法律出版社,2011.

卓泽渊.法理学[M].北京:法律出版社,2012.

二、中文译著

马克思恩格斯选集(第1卷)[M].北京:人民出版社,1995.

马克思恩格斯选集(第1卷)[M].北京:人民出版社,2012.

马克思恩格斯选集(第2卷)[M].北京:人民出版社,1995.

参考文献

马克思恩格斯选集(第4卷)[M].北京:人民出版社,1995.
马克思恩格斯选集(第4卷)[M].北京:人民出版社,2005.
马克思恩格斯选集(第8卷)[M].北京:人民出版社,1961.
马克思恩格斯全集(第1卷)[M].北京:人民出版社,1956.
马克思恩格斯全集(第3卷)[M].北京:人民出版社,1960.
马克思恩格斯全集(第3卷)[M].北京:人民出版社,2004.
马克思恩格斯全集(第4卷)[M].北京:人民出版社,1958.
马克思恩格斯全集(第12卷)[M].北京:人民出版社,1962.
马克思恩格斯全集(第19卷)[M].北京:人民出版社,1960.
马克思恩格斯全集(第19卷)[M].北京:人民出版社,1963.
马克思恩格斯全集(第20卷)[M].北京:人民出版社,1971.
马克思恩格斯全集(第21卷)[M].北京:人民出版社,2003.
马克思恩格斯全集(第23卷)[M].北京:人民出版社,1975.
马克思恩格斯全集(第25卷)[M].北京:人民出版社,1974.
马克思恩格斯全集(第30卷)[M].北京:人民出版社,1995.
马克思恩格斯全集(第31卷)[M].北京:人民出版社,1998.
马克思恩格斯全集(第34卷)[M].北京:人民出版社,1972.
马克思恩格斯全集(第42卷)[M].北京:人民出版社,1979.
马克思恩格斯全集(第46卷·上)[M].北京:人民出版社,1979.
马克思恩格斯全集(第46卷·下)[M].北京:人民出版社,1980.
马克思恩格斯全集(第47卷)[M].北京:人民出版社,1979.
马克思恩格斯全集(第47卷)[M].北京:人民出版社,2004.
马克思恩格斯全集(第49卷)[M].北京:人民出版社,1982.
阿马蒂亚·森.以自由看待发展[M].任赜,于真译.北京:中国人民大学出版社,2013.
埃米尔·涂尔干.社会分工论[M].渠东译.北京:生活·读书·新知三联书店,2000.
博登海默.法理学—法哲学及其方法[M].邓正来译.北京:华夏出版社,1987.

大须贺明.生存权论[M].林浩译.北京:法律出版社,2001.

大沼保昭.人权、国家与文明[M].王志安译.北京:生活·读书·新知三联书店,2003.

德沃金等.认真对待人权[M].朱伟一等译.桂林:广西师范大学出版社,2003.

川岛武宜.现代化与法[M].申政武等译.北京:中国政法大学出版社,1994.

霍布斯.利维坦[M].黎思复等译.北京:商务印书馆,1985.

季塔连科.马克思主义伦理学[M].黄其才等译.北京:中国人民大学出版社,1984.

康德.实践理性批判[M].邓晓芒译.北京:人民出版社,2003.

康芒斯.制度经济学[M].于树生译.北京:商务印书馆,1962.

科斯塔斯·杜兹纳.人权的终结[M].郭春发译.南京:江苏人民出版社,2002.

拉兹洛.决定命运的选择[M].李吟波等译.北京:生活·读书·新知三联书店,1997.

蕾切尔·卡逊.寂静的春天[M].吕瑞兰,李长生译.长春:吉林人民出版社,1997.

理查德·利基.人类的起源[M].吴汝康译.上海:上海技术出版社,1995.

鲁道夫·冯·耶林.为权利而斗争[M].郑永流译.北京:法律出版社,2007.

卢梭.社会契约论[M].何兆武译.北京:商务印书馆,1997.

路易斯·亨金.权利的时代[M].信春鹰等译.北京:知识出版社,1997.

罗比·凯斯.智慧的发展:一种新皮亚杰主义理论[M].吴庆麟等译.上海:上海教育出版社,1994.

洛克.教育漫话[M].傅任敢译.北京:人民教育出版社,1963.

洛克.政府论[M].叶启芳,瞿菊农译.北京:商务印书馆,2004.

马斯洛.动机与人格[M].许金声,程朝翔译.北京:华夏出版社,1987.

米尔恩.人的权利与人的多样性——人权哲学[M].夏勇,张志铭译.北京:中国大百科全书出版社,1995.

米海依尔·戴尔玛斯-马蒂.世界法的三个挑战[M].罗结珍等译.北京:法律

出版社,2001.

米夏埃尔·兰曼德.哲学人类学[M].张乐天译.上海:上海译文出版社,1988.

乔治·H.米德.心灵、自我与社会[M].赵月瑟译.上海:上海译文出版社,1992.

R.J.文森特.人权与国际关系[M].凌迪等译.北京:知识出版社,1998.

托克维尔.论美国的民主[M].董果良译.北京:商务印书馆,1988.

托马斯·弗莱纳.人权是什么[M].谢鹏程译.北京:中国社会科学出版社,2000.

威廉·H.麦克尼尔、约翰·R.麦克尼尔等.世界环境史[M].王玉山译.北京:中信出版集团,2020.

休谟.人性论[M].关文运译.北京:商务印书馆,1980.

亚里士多德.政治学[M].吴寿彭译.北京:商务印书馆,1965.

伊恩·迈尔斯.人的发展与社会指标[M].贾俊平译.重庆:重庆大学出版社,1992.

约翰·汉弗莱.国际人权法[M].庞森等译.北京:世界知识出版社,1992.

西塞罗.论义务[M].王焕生译.北京:中国政法大学出版社,1999.

三、中文期刊及其他文献

常健.利益与自由:人权的两个内在维度[J].广州大学学报,2011(11).

陈功等.2012年度中国残疾人状况及小康进程检测报告[J].残疾人研究,2013(2).

陈琨.简述联合国可持续发展世界首脑会议[J].中国人口·资源与环境,2002(4).

陈瑞华.司法权的性质——以刑事司法为范例的分析[J].法学研究,2000(5).

陈武英等.共情的性别差异[J].心理科学进展,2014(9).

陈志尚.马克思的人权观在中国[J].北京大学学报,2012(6).

戴菁.以人类命运共同体理念推动人权事业发展[J].学习时报,2017(5).

戴菁.坚持以发展促进人权事业进步[J].学习时报,2017(7).

范进学.财产权:法治的基石[J].法制日报,2002(10).

范进学.尊重权利[J].法制日报,2002(3).

冯彦君.劳动权的多重意蕴[J].当代法学,2004(2).

冯象.送法下乡与教鱼游泳[J].读书,2002(2).

付康.发展价值的哲学研究[D].北京:中共中央党校,2012.

付子堂.自由与法律——马克思早期政论文之于言论自由权的意义[J].甘肃政法学院学报,2012(5).

郭道晖.论集体权利和个体权利[J].上海社会科学学术季刊,1992(3).

胡玉浪.劳动报酬权研究[D].厦门:厦门大学,2007.

黄宪起.科学认识和把握我国社会主要矛盾的转化[J].学习时报,2017(11).

黄枬森.人性的抽象不等于抽象的人性[J].河北学刊,1985(1).

黄枬森.人学:作为整体的人及其一般规律的科学[J].学术月刊,1996(4).

黄枬森.人的发展规律[J].江海学刊,1997(2).

黄镇.我国劳动领域中的休息权研究——历史、现状与展望[J].理论与改革2016(1).

江必新.关于完善人权司法保障的若干思考[J].中国法律评论,2014(2).

蒋劲松.被选举权、竞选正当性与竞选权[J].法学,2010(2).

姜莹等.科学发现的最佳年龄与我国科技人力资源的年龄结构[J].科技进步与对策,2003(17).

靳松,黄永俊.教学中男女性别角色差异现状的社会学探析[J].文教资料,2009(26).

李步云.论人权的三种存在形态[J].法学研究,1991(4).

李步云.社会主义人权的基本理论与实践[J].法学研究,1992(4).

李步云.论个人人权和集体人权[J].中国社会科学院研究生院学报,1994(6).

李步云.发展权的科学内涵和重大意义[J].人权,2015(4).

李步云.坚持生存权、发展权是首要人权[J].北京日报,2015(12).

李怀海等.体质与体能概念之辨析[J].解放军体育学院学报,2001(3).

李路路.中国城镇社会的阶层分化与阶层关系[J].中国人民大学学报,2005(2).

李路路.从阶层分化到阶层结构化——我国社会阶层结构有哪些新变化[J].人民论坛,2016(18).

李培林.改革开放近40年来我国阶级阶层结构的变动、问题和对策[J].中共中央党校学报,2017(6).

林来梵.论私人财产权的宪法保障[J].法学,1999(3).

林喆.知情权:民主政治的组成部分[J].学习时报,2004(9).

陆德山.也谈人权的主体[J].中国法学,1992(2).

吕忠梅.环境权入宪的理路与设想[J].法学杂志,2018(1).

吕忠梅.发现环境法典的逻辑主线:可持续发展[J].法律科学,2022(1).

莫凡,谭培文.马克思主义财产权思想及其当代价值——以经典著作为依据[J].南京社会科学,2013(10).

莫纪宏.论人权的司法救济[J].法商研究,2000(5).

庞森.发展权问题初探[J].国际问题研究,1991(1).

齐延平.论发展权的制度保护[J].学习与探索,2008(2).

齐延平.论人权教育的功能[J].人权,2007(1).

沈宗灵.二战后西方人权学说的演变[J].中国社会科学,1992(5).

田华.受教育权理论发展综述[J].法制与社会,2012(11).

汪习根.发展权含义的法哲学分析[J].现代法学,2004(6).

汪习根.论发展权的法律救济机制[J].现代法学,2007(6).

汪习根.新发展理念与中国人权保障——纪念联合国《发展权利宣言》通过三十周年理论研讨会综述[J].人权,2016(4).

魏波.狄骥社会连带主义法学思想研究[J].政治法学研究,2016(1).

夏清瑕.联合国"立足人权的发展方针"的形成过程[J].人权,2016(4).

夏清瑕.个人发展权探究[J].政法论坛,2004(6).

夏勇.权利哲学的基本问题[J].法学研究,2004(3).

信春鹰.论亚洲国家的人权观[J].政治学研究,1996(1).

徐俊忠.世界人权之争的由来及实质[J].马克思主义研究,1996(4).

徐爽,习亚伟.《残疾人权利公约》的"中国转化"——以我国残疾人权利法律保障体系为视域[J].人权,2014(2).

徐永峰.社会保障权研究[D].吉林:吉林大学,2013.

徐显明.人权主体之争引出的几个理论问题[J].中国法学,1992(5).

徐显明.法治的真谛是人权——一种人权史的解释[J].学习与探索,2001(4).

徐显明.人权建设三愿[A].人权研究(第2卷)[M].济南:山东人民出版社,2002.

铉玉秋,胡志宏.泰晤士河之殇:霍乱与河流污染事件[J].学习时报,2022(7).

杨慧.女性就业现状及行业与职业分布性别差异[J].中国妇女报,2013(3).

叶静漪,魏倩.《经济、社会和文化权利国际公约》与劳动权的保护[J].北京大学学报,2004(2).

易继明.财产权的三维价值——论财产权之于人生的幸福[J].法学研究,2011(4).

袁贵仁.论马克思人的全面发展观[J].高等师范教育研究,1992(3).

袁立.作为基本权的劳动权之本位价值:人的自我实现[J].法学论坛,2011(6).

张成利.砷毒之患:日本土吕久矿山砷污染事件[J].学习时报,2022(6).

张丽萍.年龄结构性问题关乎社会发展[J].中国社会科学报,2016(11).

张文显.论人权的主体与主体的人权[J].中国法学,1991(5).

张晓玲.世界人权宣言与中国的人权观[J].中共中央党校学报,1998(3).

张晓玲.人权是否包括集体人权[J].学习时报,2002(7).

赵红州.关于科学家社会年龄问题的研究[J].自然辩证法通讯,1979(4).

赵文广.论言论自由权的界定与保障[J].人大研究,2007(4).

朱晓青.《公民权利和政治权利国际公约》的实施机制[J].法学研究,2000(2).

邹佰峰.从个体价值定位看集体主义的时代演变[J].攀登,2008(1).

邹吉林等.性别发展的生物学取向研究述评[J].心理科学进展,2009(5).

四、外文资料

Arjun Sengupta, Archna Negi, Moushumi Basu, *Reflection on the Right to Development*, Sage Publications India Pvt Ltd, 2006.

Frances Stewart, "Basic Needs Strategies, Human Rights, and the Right to Development", *Human Rights Quarterly*, Vol.11, Iss.3, 1989.

Héctor Gros Espiell, "The Right to Development as a Right of Human Beings", *Revista de Estudios internacionales*, Vol.1, Iss.1, 1980.

N. J. Udombana, "The Third World and the Right to Development: Agenda for the Next Millennium", *Human Rights Quarterly*, Vol.22, Iss.3, 2000.

Noel G. Villaroman, "Rescuing a Troubled Concept: An Alternative View of the Right to Development", *Netherlands Quarterly of Human Rights*, Vol.29, Iss.1, 2011.

Russel Lawrence Barsh, "The Right to Development as a Human Right: Results of the Global Consultation", *Human Rights Quarterly*, Vol.13, Iss.1, 1991.

Sakiko Fukuda-Parr, "The Right to Development: Reframing a New Discourse for the Twenty-First Century", *Social Research*, Vol.79, Iss.4, 2012.

Stephen P. Marks, *The Right to Development: A Primer*, Sage Publications India Pvt Ltd, 2004.

Taixia Shen, "The Development of Human Rights Education in China", *Asian Education and Development Studies*, Vol.4, Iss.3, 2015.

Winston P. Nagan, "The Right to Development: Importance of Human and Social Capital as Human Rights Issues", *CADMUS*, Vol.1, No.6, 2013.

W. Mansell, J. Scott, "Why Bother about a Right to Development", *Journal of Law and Society*, Vol.21, Iss.2, 1994.

后　记

　　发展，是人类个体、集体包括整体及其社会的永恒主题。人类的存在总是以个人的存在为先决条件的。对于个人的尊重，对于个人的关注，对于个人发展的重视，是必需而首要的。

　　个人发展的差异性要求我们必须对个人发展及其权利进行更为全面的研究。个人状态是多样的，多样的个人状态为个体发展提供了不同的条件和能力。人的个体差异性为人的不同发展提供了前提，也为人与人之间的不平等发展和发展不平等创造了条件，于是个人的发展状况也是千差万别的。随着人类文明的发展，人类个体应当获得更自由、更全面的发展空间。对每一个人自由而全面的发展空间的保障，需要我们从政治、经济、文化、社会等各个方面做出努力，法律就是这种努力必须借助的重要和必要手段。

　　从人权法研究的角度，学界对于个人发展权的研究还处于初步阶段。但是在新时代，随着社会的发展，我们每个人对自身发展的需求更为强烈，也更为丰富，个人发展权已经无疑是一项重要的人权。从读博开始，我就把个人发展权作为自己的研究课题，这几年工作之余，又有了一些新的思考。本书是我对个人发展权研究的一个归纳和总结，期待能够有更多的学者关注这一领域，为个人发展权、为我们每个人的发展，做出更多的努力。

图书在版编目（CIP）数据

个人发展的法理探究 / 戴菁著. — 北京：商务印书馆, 2023
ISBN 978-7-100-22163-4

Ⅰ.①个… Ⅱ.①戴… Ⅲ.①人权法—法理学—研究—中国 Ⅳ.① D922.74

中国国家版本馆 CIP 数据核字（2023）第 173335 号

权利保留，侵权必究。

个人发展的法理探究
戴菁 著

商 务 印 书 馆 出 版
（北京王府井大街 36 号 邮政编码 100710）
商 务 印 书 馆 发 行
江苏凤凰数码印务有限公司印刷
ISBN 978-7-100-22163-4

2023 年 9 月第 1 版　　开本 880×1240　1/32
2023 年 9 月第 1 次印刷　印张 8¾
定价：66.00 元